2022 개정 교육과정 가치 반영

한 권으로 끝내는 미술 수업 가이드북

현직 미술 교육 전문가들이 만든 제대로 된 미술 수업 가이드북!

김유미 · 최소라 · 정선혜

교육과학사

미술 교사 김유미

대한민국의 중등 미술 교사로 14년 동안 재직하며 현장에서 느끼고 열심히 수업한 것들을 다른 분들과 함께 나누고 싶다는 생각에 이 책을 쓰게 되었습니다. 현재 우리의 교육은 경쟁을 빼놓고는 생각할 수 없는 현실에서 모두가 조금이라도 좋은 대학을 가기 위해, 좋은 직장을 갖기 위해 무서울 정도로 달려가고 있는 것 같습니다.

이런 현실 속에서 입시와는 동떨어져 있는 미술 교과는 얻을 것이 하나도 없는 시간 낭비이자 있어도 되고 없어도 되는 과목으로 여겨지기도 합니다. 이런 교육 현실에서 미술 교육의 위치는 어디쯤일까요?

교육과정에서 목 아프게 소리치는 역량 중심의 교육은 과연 공교육의 테두리 속에서 이루어지고 있는 것인지 가끔 의문이 듭니다. 사실은 교육과정의 문서 속에만 존재하는 신기루와 같다는 생각을 해 보는데 그 이유가 계속해서 바뀌는 교육과정과 달리 현장에서는 각자 다른 길을 걷고 있기 때문이라는 생각이 듭니다.

어떤 선생님은 어린 시절 접했던 표현주의 미술 교육의 창의성 함양을 목적으로 기법, 재료에 중점을 두고 수업을 하고 어떤 선생님은 교육과정을 무시하고 자신이 하고 싶은 실기 수업을 하기도 합니다. 초등 미술 교육은 이런 현상이 더욱 두드러지게 나타나고 있습니다. 요리에만 밀키트가 있는 것이 아니라 미술 수업에도 키트가 유행입니다. 손쉽게 그럴듯한 결과물을 보장해 주는 키트 수업이 좋은 수업으로 여겨지는 현실이죠. 환경 미화에 좋은 결과물을 만드는 것이 미술 교육의 일부가 되어버린 현실에서 초등 6년간의 미술 교육이 만들기와 꾸미기, 프린트된 색칠 공부 중심으로 진행되기도 합니다.

중등 미술 또한 마찬가지로 미술 교육이 창의성이란 이름 안에서 백화점식으로 제시되거나 미술 교사 개인의 취향만이 남아 있기도 합니다. 이런 현실 속에서도 미술 교육이 나아가야 할 방향은 분명히 존재하기 때문에 저는 그 답을 세 가지 방향에서 찾고 수업 디자인에 반영하였습니다.

첫째, 2022 개정 교육과정을 반영한 미술 수업 설계입니다.

2022 개정 교육과정에서 추구하는 가치는 생태전환교육/ 민주시민 교육/ 일과 노동 교육/ 디지털 AI 역량 강화 교육입니다. 이러한 가치를 반영할 수 있는 미술 수업을 통해 교육과정안에서 미술 교육의 역할을 제시하고자 합니다.

둘째, 동시대 미술의 반영입니다.

미술은 시대와 문화를 담는 그릇입니다. 미술의 정의 또한 고정된 것이 아니라 시대에 따라 달라져 왔습니다. 과거의 미술 문화 유산도 중요하지만 동시대 문화를 알아야만 미래 사회에서 역량을 발휘할 수 있습니다.

셋째, 인지 중심의 메타인지와 관련된 미술 수업입니다.

2022 개정 교육과정이 추구하고 있는 교육 이론은 개념 중심 교육과정에 가깝습니다. 이것은 미술 교육의 흐름 중 DBAE의 핵심과 상통하는 면을 가지고 있습니다. DBAE는 창의성 중심의 표현주의 미술의 대안으로 나온 미술 교육 이론으로 미술 교과 또한 학문의 구조를 가지고 미적 사고의 과정을 인지의 작용으로 바라보고 있으며, 미술 문화 교육을 중요하게 생각하는 이론입니다. 미술 작품을 만드는 과정을 자세히 들여다보면 작품을 발상, 계획하고 제작하는 이 모든 과정은 메타인지의 전략과 비슷합니다. 예술가들이 작품을 제작하는 과정 또한 마찬가지입니다. 미술 교과는 이러한 특징으로 인해 역량 중심 수업이 가능한 교과입니다. 현재 유행하고 있는 많은 학습 기법들인 비주얼 싱킹, 마인드맵 등도 기승전결 미술이란 말이 있을 정도입니다. 단순히 실기 위주의 수업이 아니라 미술 수업 과정 자체가 메타인지를 길러줄 수 있도록 미술 수업 과정을 설계하는 것이 중요하다고 할 수 있습니다.

위 세 가지 중점사항을 반영하여 만든 이 책이 미술교육에 관심 있는 분들께 조금이나마 도움이 되기를 바랍니다.

미술 교사 최소라

아무런 준비도 하지 못한 채 어느 날 갑자기 미술 교사가 되었습니다.

미술 교사가 되고 싶었습니다.
그래서 열심히 공부했고 꿈이 이루어졌습니다.

이름도 생소한 낯선 업무, 처음 보는 나이스...
그리고 담임으로서 아이들과 마주하게 되는 모든 예측불허의 상황들...
피곤한 몸을 이끌고 늦은 밤과 주말을 활용해 겨우 만들어낸 PPT와 활동지...
하루살이와 같은 미술 교사로서의 삶...
이 모든 것에 적응하는 과정에서 점점 미술 교사로서의 정체성을 잃어가고 있었습니다.

날씨가 더워지던 무렵.
꽤 신경 쓴 수업을 진행하는 과정에서 저는 살아있음을 느꼈습니다.
고민 끝에 창작해 낸 수업은 교사가 자신감과 에너지를 발산하게 합니다.
그 자신감과 에너지를 바탕으로 진행되는 수업은 다시 아이들에게 달리 전달된다는 것을 경험했습니다.
그때부터였습니다. '나의 가슴과 머리를 스쳐 간 고민이 담긴 수업을 만들자!'라는 결심을 했습니다.

장석주 시인의 「대추 한 알」이라는 시야말로
미술 수업을 대하는 제 마음을 대변할 수 있는 시입니다.

저게 저절로 붉어질 리는 없다
저 안에 태풍 몇 개
저 안에 천둥 몇 개
저 안에 벼락 몇 개
저게 저 혼자 둥글어질 리는 없다
저 안에 무서리 내리는 몇 밤
저 안에 땡볕 두어 달
저 안에 초승달 몇 달

우리에겐 모두 자신만의 대추 한 알이 손에 놓여 있습니다.
대추 한 알이 붉어지는 과정에서의 다양한 경험이 그러하듯
저 역시 경험해나가며 붉어지고 익어가는 과정이라는 생각이 듭니다.

좋은 미술 수업을 향한 저의 수많은 고민과 도전 그리고 좌절의 과정들이
붉어지고 익어가는 대추처럼 양질의 수업을 만들어 나간다고 생각합니다.
하지만 그 무수한 시간과 진실한 정성을 담은 미술 수업을 만들어 나가는 과정이
외롭지만은 않습니다.
이 책을 읽고 있는 선생님의 마음 또한 저와 같으실 테니까요.
좋은 미술 수업을 향한 우리의 마음이 많은 학생들에게 전달될 수 있도록 함께
만들어가요. 행복한 미술 수업, 좋은 미술 수업.
같이 고민해주셔서 감사합니다.

장학사 정선혜

'미술 수업을 어떻게 해야 할까'라는 고민을 하면서 미술 교육과정을 들여다보게 되었고, 학생들이 미술이라는 교과를 배우면서 그림을 잘 그리는 것보다 미술을 통해서 인성을 키우고 일상과 삶 속에서 문화를 향유할 수 있는 문화시민으로 성장하게끔 도와주는 것이 공교육 안에 있는 미술 교사로서 더 많이 고민하고 노력해야 하는 영역이라고 생각하게 되었습니다. 그래서 학교 현장에서 교사들은 이러한 고민을 반영하여 인성덕목이나 사회적 가치가 있는 주제 표현으로 다양한 영역을 미술과 관련지어 보고 생각해볼 거리를 만들어주어야 한다고 생각합니다.

학교 현장에서 만나는 아이들은 미술을 전공하는 아이들보다 작품을 감상하고 즐기는 관람자 또는 미술을 소비하는 사용자가 되는 경우가 더 많기 때문에 실기 위주의 수업과 문화이해 수업이 어느 한쪽으로 치우치지 않고 적절하게 잘 배분이 되어 있어야 합니다. 이 책은 실제 교육 현장에서 적용할 수 있는 미술 교육의 실기 방법론을 제안하고 있습니다. 미술 수업과 활동을 의미 있고 보편적인 주제를 중심으로 정리하여 단원별 수업 사례들을 제공하고 미술 교사로서의 역량을 키우고 미술 교육의 방향성을 잡는 데 도움이 되기를 희망합니다.

이 책의 구성은요?

1. 2022 개정 교육과정 가치 반영

2022 개정 교육과정에서 추구하고 있는 목표와 가치를 반영한 수업으로 구성되었습니다.

2. 수업 소개

수업의 의도와 목적을 설명하고 수업에 내재되어 있는 사회 · 문화 · 교육적 가치를 제시하고 있습니다.

3. 체험 – 표현 – 감상의 연계

체험-표현-감상이 통합적으로 제시되도록 수업을 구성하였습니다.

4. 관련 미술 이론

학생의 인지발달 수준에 맞게 미술 지식이나 이론을 제시하여 수업에서 바로 활용할 수 있도록 하였습니다.

5. 수업 과정 안내

직관적인 설명과 풍부한 시각 자료로 누구나 쉽게 수업에 적용해 볼 수 있도록 과정을 안내하였습니다.

6. 풍부한 작품 예시

실제 수업에서 이루어진 학생 작품을 통해 어떤 방향으로 수업이 진행되었는지 한눈에 파악할 수 있도록 하였습니다.

7. 평가는 이렇게

분석적 채점 기준인 루브릭 평가표를 제시하고 핵심 아이디어를 기본으로 지식 · 이해, 과정 · 기능, 가치 · 태도를 바탕으로 한 내용요소에 의한 평가 기준을 만들어 현장 적용성을 높였습니다.

8. 수업의 확장

심화된 내용을 알아가는 탐구활동, 수업 관련 작가 및 작품 소개, 기존 수업을 응용한 다양한 활동들을 제공하여 수업을 확장시켜나갈 수 있도록 하였습니다.

목차

1

나와 만나는 순간

(감각, 탐색, 반응, 지각, 정체성 역량)

'미'라는 레시피로 만들어가는 컷 드로잉~!!

오감으로 체험하는 조형 요소와 원리

2022 개정 교육과정 핵심 역량 하위 요소 - 심미적 감수성, 공동체

수업소개 '오감으로 체험하는 조형 요소와 원리' 수업은요?

'미(美)'라는 레시피로 만들어가는 컷 드로잉~!!

감각을 통해 대상을 인식하고 지각하는 것은 세상과 소통하는 가장 기본적인 단계입니다. 시각, 청각, 촉각, 미각 등 오감을 통해 미술의 가장 기본이 되는 시각 언어인 조형 요소를 체험하고 그 느낌과 생각을 표현해 보는 활동이에요. 평범한 흰색 도화지가 자신의 감각을 통한 체험의 흔적으로 세상에 하나밖에 없는 특별한 종이로 변신합니다. 3가지 감각을

이용한 3장의 특별한 종이로 멋진 컷 드로잉 작품을 만들어봅시다. 매일 보고 듣고 느끼는 모든 것들을 조금 더 열린 마음으로 바라볼 수 있으며 이 세상에 존재하는 수많은 아름다움을 알아차릴 수 있는 심미적 감수성을 길러줄 수 있는 의미 있는 활동입니다.

영역 통합 2022 개정 교육과정 미술 교과 역량 함양을 위한 미적 체험 - 표현 - 감상 연계

교과 역량	미적 체험	표현	감상
심미적 감수성 공동체	오감으로 체험하는 조형 요소	조형 요소와 원리를 활용한 컷 드로잉	서로의 작품 감상

수업 설계 '오감으로 체험하는 조형 요소와 원리' 수업 디자인

조형 요소와 원리 알아보기 > 모둠 만들기 > 오감으로 선 체험하기 > 맛으로 표현하는 색 > 질감을 찾아라! > 조형 요소와 원리를 활용한 컷 드로잉 > 완성작 감상

수업 과정 안내 수업 과정을 알아볼까요?

❶ 조형 요소와 원리에 대해 알아볼까요?

- 어려운 단어들로 가득한 조형 요소와 원리!
  다양한 식재료로 조리하여 맛있는 음식이 되듯이 그림 또한 조형 요소라는 재료를 가지고 조형 원리로 요리하면 다양한 표현의 그림이 됩니다.

• 감자라는 '재료'를 요리하는 '방법'에 따라 다른 요리가 만들어집니다.

• 그림 또한 조형 요소라는 '재료'를 가지고 조형 원리라는 '요리 방법'에 따라 다양한 느낌의 그림이 탄생합니다.

❷ 조형 요소와 원리를 찾아라!

조형 요소와 원리의 종류에 대해 알아보고 작품이나 이미지를 통해 조형 요소와 원리를 발견해 보는 재미있는 퀴즈로 개념 이해! 정답을 맞히는 친구들에게는 간단한 보상을(스티커, 간식) 해 줍니다. 즐겁게 참여하다 보면 조형 요소와 원리의 개념을 저절로 알게 됩니다.

❸ 모둠 만들기- 3~4명 정도로 모둠을 만들고 모둠명, 모둠장 등을 정합니다.

❹ 오감으로 '선' 체험하기 - 첫 번째 특별한 종이!

• 16절지 반 크기의 종이에 빨간 볼펜으로 자유롭게 그어보고 오감을 활용하여 그 느낌을 마인드맵 활동지에 적어봅니다. 감각의 예민성을 높이고 생각을 확장시켜 볼 수 있답니다. 조용한 음악과 함께 집중할 수 있는 분위기를 조성하면 더 좋겠죠?

• 이렇게 평범한 하얀 종이가 자신만의 느낌이 담긴 특별한 빨간 종이로 변신 완료!!

선으로 열리는 감각 감각을 예민하게 느끼기 위해 언어 감각은 닫습니다.(쉿!!!!) 완성 후 빨간 볼펜 종이는 나중에 컷 드로잉을 위해 사용합니다.			
활동 후 느껴지는 감각의 느낌을 마인드맵을 통해 생각을 확장시켜보면서 적어 보세요.			
시각	청각	촉각	느낌

- 이렇게 평범한 하얀 종이가 자신만의 느낌이 담긴 특별한 빨간 종이로 변신 완료!!

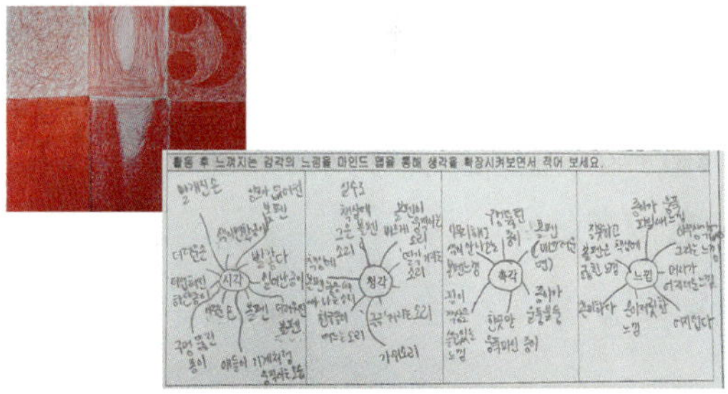

- 시각 - 빨개진 손, 더럽혀진 하얀 종이 등
- 청각 - 실수로 책상에 그은 볼펜 소리, 친구들이 이야기하는 소리
- 촉각 - 한쪽만 움푹 파인 느낌, 울퉁불퉁한 느낌
- 느낌 - 손이 저릿한 느낌, 어지럽다

❺ 맛을 느낌으로!! 조형 요소 '색' 체험하기 - 두 번째 특별한 종이!

- 모둠별로 맛을 볼 수 있는 액체류나 가루류를 각자 준비해옵니다(레몬즙, 설탕, 액젓, 주스, 소금 등).
- 가지고 온 가루와 액체는 종이컵에 담은 다음 무작위로 번호를 매깁니다.

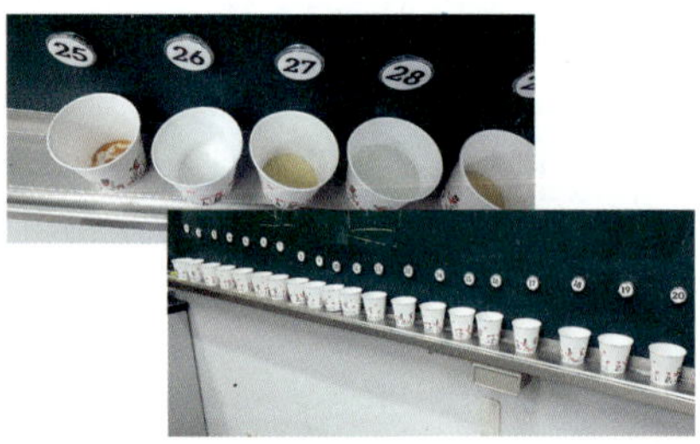

• 모둠장이 무작위로 4개의 컵을 선택하고 모둠원들이랑 같이 맛을 보면서 그 느낌을 다양한 채색 재료를 활용하여 표현해 봅니다.

• 맛의 느낌을 문장으로 표현해 보고 친구들의 작품을 같이 감상하면서 이야기를 나누어 봅니다.

• 자신의 느낌을 담은 두 번째 특별한 종이로 변신 완료!!

⑥ 미술실에 숨겨진 질감을 찾아라! '질감' 체험하기 – 세 번째 특별한 종이!

• A4 용지와 색연필 등 채색 재료를 미리 나누어 줍니다. 교실 속 다양한 물체의 질감을 찾아보고 종이에 프로타주 기법으로 표현해 봅니다.

> 프로타주: 나뭇가지, 잎, 천 등 입체감이 있는 사물의 표현 위에 종이를 대고 문질러 나타난 무늬로 표현하는 기법

• 다양한 질감으로 가득한 특별한 세 번째 종이 변신 완료!!

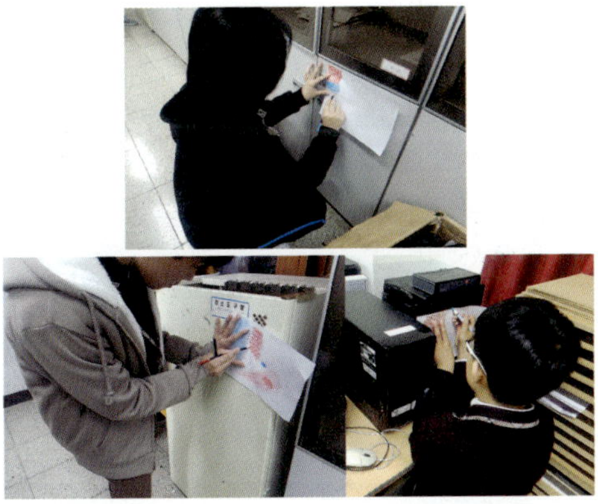

⑦ 조형 요소와 원리를 활용한 컷 드로잉

첫 번째 종이 / 두 번째 종이 / 세 번째 종이 / 색종이

선 / 색 / 질감

• 자! 이제까지 만든 특별한 3가지 종이와 보너스로 색종이 3장을 준비합니다.

- 3가지 종이를 자르거나 칼로 오려서 조형 원리를 활용한 컷 드로잉을 완성합니다. 단순히 아무렇게나 구성하는 것이 아니라 대비, 조화, 변화 등의 조형 원리를 생각하면서 화면을 채워나가도록 합니다.

완성 작품 완성 작품을 감상해 볼까요?

완성작을 다 같이 감상하고 가장 잘된 작품을 학생들이 직접 정하도록 합니다. 직접 선택해 보는 과정에서 조형 요소와 원리를 한번 더 찾아보고 이해할 수 있답니다.

평가하기 평가는 이렇게!

학습내용	평가 요소	평가 기준	내용 요소	
컷 드로잉	조형성	조형 요소와 원리의 특징을 활용하여 조형적 아름다움을 잘 표현하였는가?	지식 · 이해	조형 요소와 원리의 개념 이해
			과정 · 기능	조형 요소 표현과 조형 원리에 따른 화면 구성
			가치 · 태도	평면 화면에서 조형적 아름다움을 발견하고 내면화

관련 미술이론 조형 요소와 원리

▶ 조형 요소란? 점, 선, 면, 형, 색, 질감, 양감 등 조형의 기본 단위를 말함

① 점: 조형의 기본 단위
② 선: 사물의 윤곽이나 형을 나타냄. 강약, 농담, 속도 등으로 느낌도 표현 가능
③ 면: 선이 모여 이루어진 것. 면으로 다양한 구성 가능
④ 형태: 2차원과 3차원이 있음. 사물의 윤곽선
⑤ 명암: 빛에 따라 밝고 어두운 정도. 물체에 입체감 부여
⑥ 색: 명도, 채도, 색상으로 이루어져 있음
⑦ 질감: 물체의 표면의 촉각적인 느낌. 그림에 실재감 부여

점

선

면

명암

색

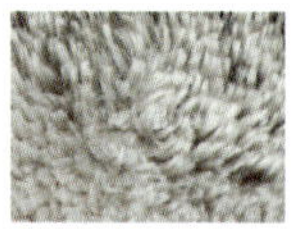
질감

▶ 조형 원리란? 조형 요소가 화면이나 공간에 구성되는 다양한 질서와 규칙의 원리

① 조화: 부분과 전체를 구성하는 조형 요소 등이 잘 어울리는 상태
② 변화: 조형 요소가 일정하게 반복되지 않고 부분 혹은 전체적으로 달라지게 표현된 것
③ 강조: 어떤 부분을 특별히 두드러지게 하는 것
④ 반복: 여러 가지 같은 조형 요소가 되풀이되면서 나타나는 시각적 효과
⑤ 대칭: 오른쪽과 왼쪽, 위, 아래로 나누어 양쪽의 모양이나 색 등을 같게 구성하는 것
⑥ 변화: 형과 색을 다르게 하여 단조롭지 않게 하는 것
⑦ 율동: 형과 색 등이 반복되어 느껴지는 운동감
⑧ 점이, 점증: 점점 커지거나 점점 작아지는 것

조화

변화

강조

대칭

율동

점이, 점증

수업의 확장

이렇게도 수업할 수 있어요!

▶ 잡지책을 활용한 조형 요소와 원리 수업

1. 잡지책을 도화지에 오려 붙여 다양한 색과 무늬로 가득 찬 종이로 변신시켜요.

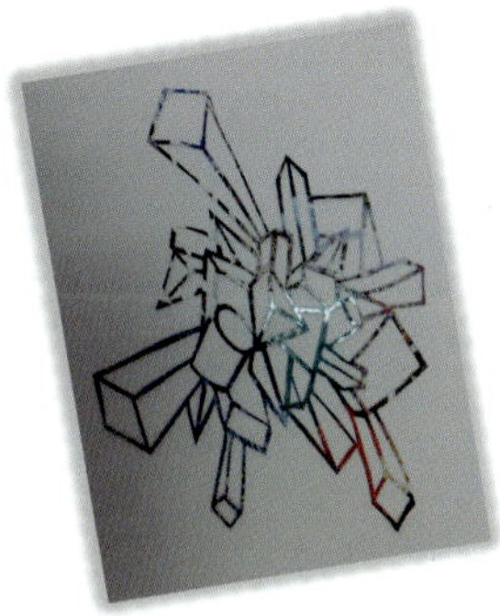

2. 가위로 여러 가지 모양의 선을 오린 후 조형 원리를 적용하여 멋진 작품으로 완성!!!

나를 알고 꿈을 키우는 삶

나에게로 떠나는 상상여행

2022 개정 교육과정 핵심 역량 하위 요소 – 정체성, 시각적 소통

수업소개 '나에게로 떠나는 상상여행' 수업은요?

"WHO AM I?"

자신을 긍정적으로 인식하고 자신의 내면세계를 이해하여 자아 정체성을 찾고, 진로와 미술을 연계하여 주도적인 삶을 살아갈 수 있도록 하기 위한 의도를 가지고 몽유도원도라는 작품과 연계하여 삶을 성찰해 보게 함으로써 자아 발견을 통한 자기 이해 역량을 키울 수 있는 수업입니다.

영역 통합 2022 개정 교육과정 미술교과 역량 함양을 위한 미적 체험 - 표현 - 감상 연계

교과역량	미적 체험	표현	감상
정체성 시각적 소통	자기 인식 활동 나를 색으로 말해요!	과거 - 현재 - 미래를 상징과 은유로 표현하기	몽유도원도 작품분석하기

수업 설계 '나에게로 떠나는 상상여행' 수업 디자인

나를 색으로 말해요 > 표현 주제와 의도 계획하기 > 상징적으로 표현하기 > 나의 진로와 연계하여 작품 발표하기 > 몽유도원도 알아보기 > 금강전도/인왕제색도 비교 분석하기

수업 과정 안내 수업 과정을 알아볼까요?

❶ 수업 안내

나는 어떤 사람일까요? 자신의 지난 삶을 되돌아보며 과거의 나의 모습이 어떻게 기억되고 있는지, 현재의 나는 어떤지, 미래의 나는 어떻게 달라져 있을지, 나의 꿈을 상상하면서 자신의 인생 이야기를 상징과 은유를 이용하여 표현해 봅시다.

❷ 나를 색으로 말해요

나를 색으로 표현한다면 어떤 색으로 표현해 볼 수 있을지 생각해볼까요? 자신의 과거 - 현재 - 미래를 상징하는 색을 찾아 색칠해 보고 연상되는 단어나 문장을 만들어 보면서 이미지를 시각화합니다.

	과거	현재	미래
색으로 말해요			
연상 단어 쓰기			
문장 만들기			
상징 이미지			
의미 만들기			

❸ 표현 주제와 의도 계획하기

나에게로 떠나는 상상의 여행 1학년 반 번 ____조 성명:

<탄생배경>
세종의 셋째 아들 안평대군의 꿈에서 탄생됨. 너무도 생생한 도원의 모습을 안견에게 설명하고 그것을 그림으로 그려달라고 부탁, 3일만에 그림을 완성
<이 작품의 독창적인 면모>
그림의 왼쪽으로부터 오른쪽으로 이야기가 전개되어 가는 독특한 화면구성. 크게 세부분으로 나뉘는데 왼쪽은 현실세계, 가운데는 도원으로 들어가는 동굴과 험난한 길, 오른쪽에는 복숭아꽃이 만발한 도원의 이상세계가 그려져 있음. (평원-고원-심원)
상상의 세계, 이상의 세계를 그린 관념산수의 대표적인 작품임
<비교분석>
정선의 진경산수화는 사실적으로 객관적인 대상을 그려낸 것.

나의 과거 1.____ 2.____ 3.____
나의 현재 1.____ 2.____ 3.____
나의 미래 1.____ 2.____ 3.____

제작의도 및 작품설명 :

활동지를 통해 몽유도원도에서 나타난 상징성과 은유적 표현 방식을 활용하여 작품 계획서를 작성해 봅니다.

❹ 상징적으로 표현하기

① 나의 경험과 상상으로 표현 의도를 계획하고, 표현 의도에 따른 주제를 상징과 은유를 이용하여 표현해 봄으로써 창의적 표현능력을 향상시킬 수 있으며, 자신의 삶에 대해 성찰하고 진로 설정에 활용될 수 있도록 합니다.

② 의도를 생각하며 상징적으로 표현해 봅니다.
연상 단어 쓰기 → 문장 만들기 → 상징 이미지 만들기 → 의미 만들기 활동 후 표현 의도에 따른 이미지를 상징적으로 아이디어 스케치하고 주제에 적합한 표현 매체로 채색합니다.(수채 색연필, 파스텔, 물감 등 사용)

③ 배경은 나의 과거 - 현재 - 미래의 상징성과 잘 어울리는 색으로 배경색을 나누어 색칠하여 이미지뿐 아니라 색으로도 의미를 전달할 수 있음을 강조합니다.

❺ 나의 진로와 연계하여 작품 발표하기

자신의 작품에 대해 의미 담기

미술 용어를 이용하여 자신의 생각을 언어화하는 경험은 창작 활동의 깊이를 더해줍니다.

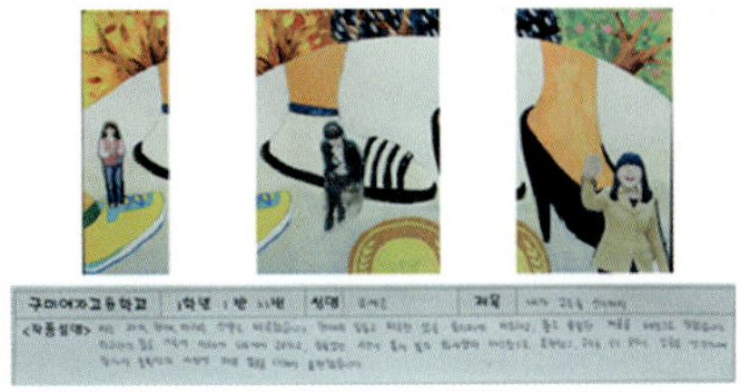

❻ 몽유도원도 알아보기

① 미술 수업은 표현활동에서 그치지 않고 미술 작품이 지닌 특징을 이해하고 비평할 수 있어야 합니다.

ebs 지식채널e 〈가운데 그림〉 영상을 참고하면서 학생들과 상징과 은유가 어떻게 표현되었는지 이야기를 나눠보며 작품에 대해 알아가는 시간을 만들어 보세요.

② 펠트먼 감상 단계를 활용하면 작품에 대한 이해 및 분석력도 함께 키울 수 있답니다.

	교사교수활동	학생탐구활동
서술	작품의 제목, 작가는 누구인가? 왜 그려졌는가? 무엇이 그려져 있는가?	➡ 몽유도원도 관찰하기
분석	시점은 어떠한가?	➡ 삼원법 이해하기
해석	무엇을 상징하고 있는가?	➡ 몽유도원도의 상징성 이해하기
판단	자기 작품과 어떻게 닮아 있는가? 무엇을 느꼈는가?	➡ 몽유도원도의 미적 가치 판단하기

❼ 발표하기

몽유도원도에 대해 분석한 내용과 자신이 그린 작품을 연계하여 작품 설명을 하도록 합니다.

몽유도원도라는 미술 작품에 대한 이해와 함께 자신의 작품에 대해 의미 있는 성찰을 통해 우리의 삶은 서로 분리된 것이 아니라 유기적인 관계에 의해 삶과 인생이 만들어지는 과정임을 강조합니다.

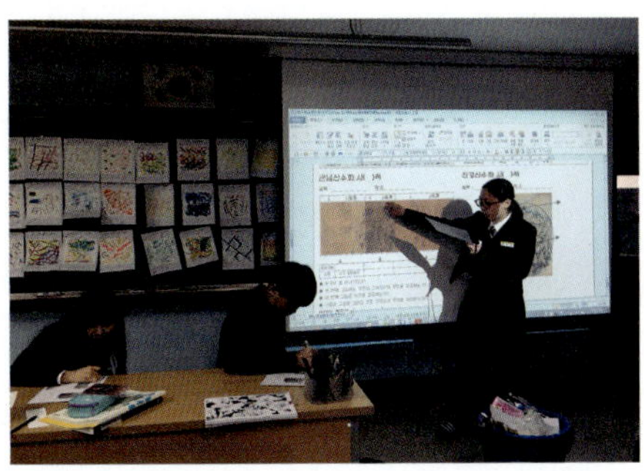

완성 작품 완성 작품을 감상해 볼까요?

평가하기 평가는 이렇게!

학습내용	평가 요소	평가 기준	내용 요소	
상징과 은유로 표현하기	주제표현	안견의 몽유도원도의 상징성과 은유적 표현을 이해하고 자신의 생각과 느낌을 상징과 은유적인 이미지를 활용하여 창의적인 작품을 제작하였는가?	지식 · 이해	미술 용어와 지식
			과정 · 기능	미술 작품의 내용과 형식 분석하고 설명하기 주제에 적합한 표현 계획하기
			가치 · 태도	표현 과정에서의 주도성과 성찰

관련 미술이론

안견의 몽유도원도

- 몽유도원도(夢遊桃源圖)는 1447년 4월 20일 안평대군이 무릉도원의 꿈을 꾸었고, 그 내용을 안견에게 설명하여 3일 만에 완성된 그림입니다.
- 안견의 몽유도원도는 안평대군의 꿈 이야기를 그린 것으로 왼쪽에서 오른쪽으로 3단계의 이야기가 전개되고 있습니다. 왼쪽의 평지는 현실세계를 상징하고, 험난한 바위산으로 둘러싸인 도원으로 들어가는 입구는 고통의 세계를 상징하며, 오른쪽의 복숭아꽃이 만발한 언덕은 이상향의 세계를 상징하고 있어요.

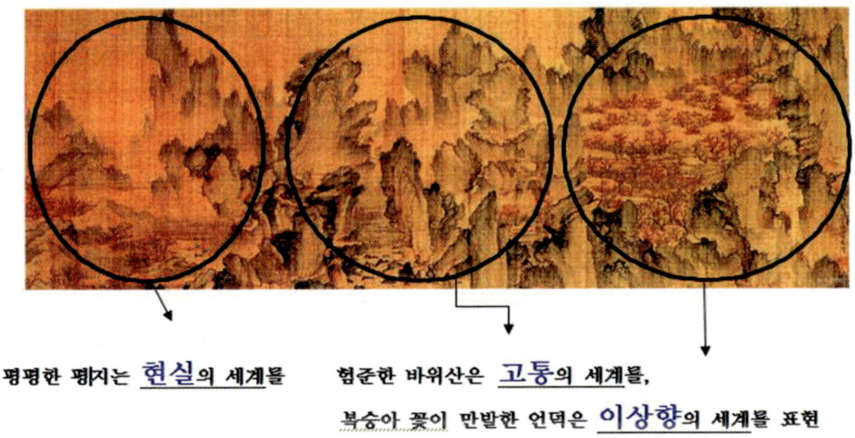

수업의 확장

탐구활동

안견의 몽유도원도의 작품 분석 후 정선의 금강전도와 인왕제색도를 제시하여 두 그림이 어떻게 다른지 비교 분석해 보도록 합니다(* 부록: 나에게로 떠나는 상상여행 활동지 활용).

▶ 몽유도원도는 지금 어디에 있을까?

주제를 찾고 제작하는 과정 속에서 경험한 것들을 공유하고 소통하는 경험을 통해 자신과 타인에 대해 더 관심을 가지고 이해할 수 있는 기회가 되기도 합니다.
'몽유도원도가 현재는 어디에 있을까?'라는 화두를 던져 현재 몽유도원도가 일본에 있는 이유, 문화재 반환을 위해 우리가 해야 할 일 등을 생각해보면서 삶의 다양한 문제 해결에 활용할 수 있도록 합니다.

▶ 진경 산수화와 비교하기(협력학습)

안견의 몽유도원도와 겸재 정선의 작품이 어떻게 다른지 찾아보도록 공동의 학습문제를 제시합니다. 협력학습은 모둠원들과 상호작용하며 보다 적극적인 참여를 이끌어 낼 수 있습니다. 모둠별 수행결과 발표 시 서로 배울 수 있어 학습자 간 상호 피드백의 기회가 되기도 합니다.

안견의 몽유도원도

겸재 정선의 인왕제색도

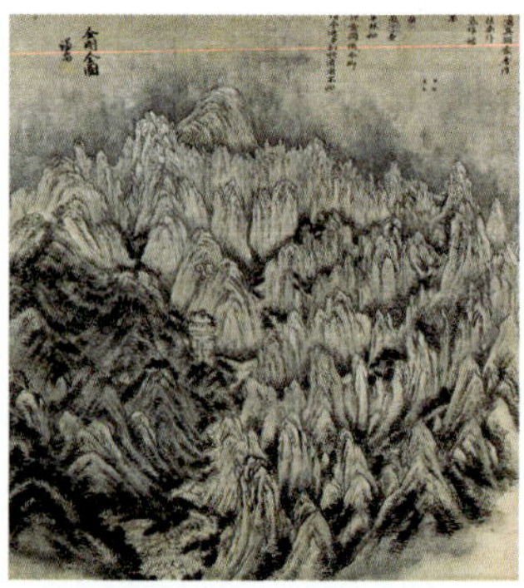

겸재 정선의 금강전도

갈등을 극복할 수 있는 삶

프리다 칼로에게서 배우는 긍정의 힘

2022 개정 교육과정 핵심 역량 하위 요소 – 심미적 감수성, 공동체

수업소개 '프리다 칼로에게서 배우는 긍정의 힘'

같이 고민하고 같이 성장하기

〈두 명의 프리다〉라는 작품을 감상하고 작품과 작가의 삶을 이해하는 과정을 통해 작품의 의미를 해석하는 능력을 키우고, 학생들이 살아가면서 만날 수 있는 다양한 문제들을 해결하고 내면의 성장을 도와주는 미술 수업입니다.

영역 통합 2022 개정 교육과정 미술교과 역량 함양을 위한 미적 체험 - 표현 - 감상 연계

교과역량	미적 체험	표현	감상
심미적 감수성 공동체	서로의 고민 공유하기	상징과 은유를 이용하여 표현하기	프리다 칼로 작품 분석하기

수업 설계 '프리다 칼로에게서 배우는 긍정의 힘' 수업 디자인

고민을 말해봐! 미션활동 → 친구와 함께 해결 방안 찾기 → 하브루타로 프리다 칼로 작품 알아보기 → 콜라주로 표현하기 → 발표하기

수업 과정 안내 수업 과정을 알아볼까요?

❶ 수업 안내

모두 나름대로의 고민이 있으시다고요? 친구들과 자신의 고민을 서로 이야기해 보세요. 그리고 친구들과 고민에 대한 해결방법을 찾아볼까요? 서로 고민을 나누다 보면 힘듦의 무게가 한층 가벼워질 수도 있을 거예요. 미술은 예쁘고 아름다운 것만을 표현하지 않아요. 화가들은 자신이 느끼는 슬픔이나 어두운 내면을 표현하기도 하죠. 자, 이번에는 우리의 고민이 주제입니다. 단, 해결 방법을 함께 이미지로 표현해 보도록 해요!

❷ 고민을 말해봐! 미션활동

먼저 자신의 고민을 친구들과 나누어 보세요. 친구들은 그 고민에 대한 해결 방법을 제시해 주어야 하며, 방법을 제시하기 전에는 반드시 공감의 표현을 먼저 해주어야 합니다. 친구들과 함께 여러분의 고민에 대한 해결 방법을 찾아보아요!

❸ 하브루타로 프리다 칼로 작품 알아보기

- 프리다 칼로의 작품을 〈질문과 답하기 짝 하브루타〉로 함께 알아보면서 어떻게 프리다 칼로가 자신의 삶의 문제를 해결했는지 생각해 보고, 고민을 표현 의도와 연결하여 주제를 찾아봅시다.
  - 모둠원(4명 기준)에게 서로 다른 프리다 칼로의 작품 사진 4장을 제시합니다.
  - 각자 마음에 드는 사진을 1장씩 선택한 후 두 명이서 짝지어 그림을 보고 질문과 답을 2개씩 만들어 봅니다.
  - 작품에 대한 설명이 있는 자료를 배부합니다.
  - 자료에서 정보를 수집하고 정리하여 사진과 함께 리플릿을 만듭니다.
  - 모둠별로 만든 리플릿을 게시하여 발표 및 상호 평가를 합니다.

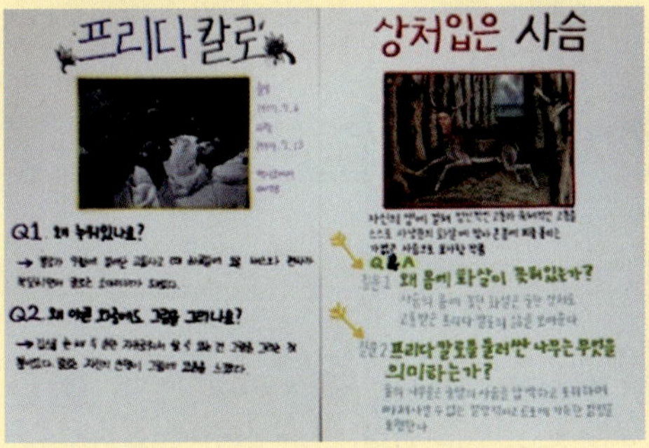

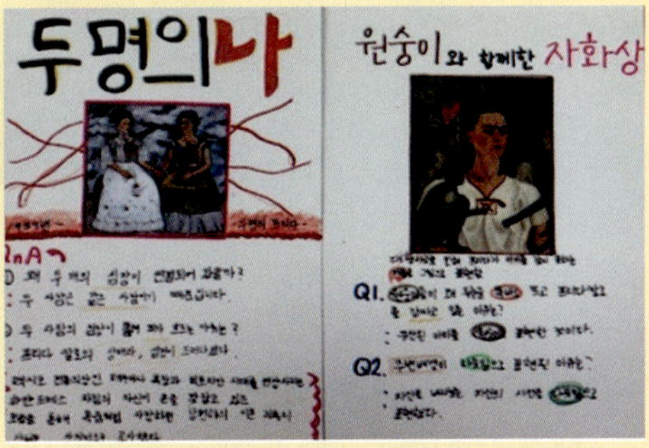

❹ 콜라주로 표현하기

- 프리다 칼로처럼 자신의 표현 의도를 계획하고 자신의 생각이 잘 드러나는 주제를 콜라주라는 기법을 이용해서 표현해 봅니다.
  - 주제 표현을 위한 작업 계획서를 작성합니다.
  - 나의 고민과 해결방안을 상징적인 이미지로 아이디어 스케치를 합니다.

  - 새, 동물, 꽃 이미지의 컬러링 인쇄물을 다양하게 준비해 두고 원하는 이미지를 선택하여 작품 제작에 활용합니다.
  - 자신의 사진은 흑백으로 출력하여 콜라주 기법으로 완성합니다.
  - 배경으로 나의 고민과 해결 방법에 대한 상징적인 이미지를 그려 넣고 채색합니다.
  - 미술 용어를 이용하여 자신의 작품 설명서를 작성합니다.

❺ 감상 활동

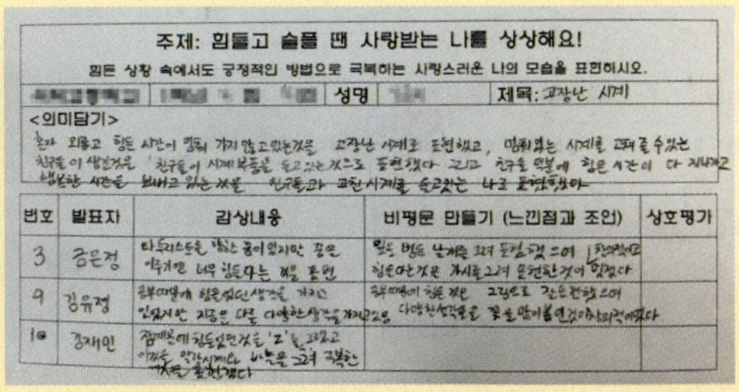

주제: 힘들고 슬플 땐 사랑받는 나를 상상해요!

힘든 상황 속에서도 긍정적인 방법으로 극복하는 사랑스러운 나의 모습을 표현하시오.

성명 | 제목: 고장난 시계

<의미담기>

[illegible]

번호	발표자	감상내용	비평문 만들기 (느낀점과 조언)	상호평가
3	금은정	[illegible]	[illegible]	
9	김유정	[illegible]	[illegible]	
10	강재인	[illegible]		

• 프리다 칼로의 작품을 보고 난 후 어떤 생각이 들었나요? 발표를 통해 서로의 생각을 공유해 봅니다.

- 프리다 칼로가 나에게 던진 메시지를 포함하여 발표합니다.
- 다른 사람들의 발표를 경청하면서 감상평과 비평문을 만들어 보세요.

수업 tip

작품이 완성되면 자신의 작품에 대한 의미를 작성하고 발표를 듣고 간단한 비평문을 작성하여 작품 뒷면에 부착하고 과정 평가에 활용합니다. 자신의 작품에 대해 발표하는 시간은 지금까지 알게 된 미술에 대한 지식을 한 번 더 정리해주는 시간으로 활용할 수 있으며, 자신의 견해를 형성하고 다른 사람의 생각을 경청하고 수용하는 경험이 되므로 의미 있는 시간이 될 수 있습니다.

완성 작품 완성 작품을 감상해 볼까요?

과학 과목에서 점수가 안 나와서 지옥과 천당을 오가는 것과 같이 속상했던 자신의 경험을 표현함.

혼자 외롭고 힘든 시간이 멈춰 가지 않고 있는 것을 고장난 시계로 표현하였고 멈춰있는 시계들을 고쳐줄 수 있는 친구들이 생긴 것을 친구들이 시계 부품을 들고 있는 것으로 표현함.

학교생활을 하며 친구와 사이가 좋다가도 가끔 의견 충돌로 싸울 때도 있지만 친구들 덕분에 힘을 얻고 위로를 받고 있는 자신을 표현함.

원하는 대학을 들어가기 위해 집과 학원을 쳇바퀴처럼 오고 가며 TV나 스마트폰을 멀리하여 공작새처럼 미래에 화려한 모습으로 변신할 자신의 모습을 표현함.

평가하기 평가는 이렇게!

학습내용	평가 요소	평가 기준	내용요소	
감상연계 표현활동	주제 표현	프리다 칼로의 작품 세계를 이해하고 자신의 삶의 문제를 은유적 이미지와 상징으로 시각화하여 표현하였는가?	지식 · 이해	다양한 비평 관점과 방법
			과정 · 기능	미술 표현 경험을 삶과 연결하기 주제에 적합한 표현 계획하기
			가치 · 태도	자신과 타인의 작품 존중

관련 미술이론

프리다 칼로의 '두 명의 프리다'

▶ 프리다 칼로(Frida Kahlo, 1907~1954) 고통, 사랑, 예술의 일생

① **그녀의 고통** – 6살에는 소아마비, 1925년 18세의 어린 나이에 통학버스를 타고 가다가 교통사고로 온몸이 부서져 버리고 몇 년 동안 꼼짝없이 침상에 누워서 생활을 할 수밖에 없던 프리다는 천정에 거울을 매달아 놓고 자화상을 그리기 시작하면서 멕시코 사람들에게 가장 사랑받는 화가가 되었다.

② **그녀의 사랑** – 멕시코 문화 운동을 주도하며 벽화를 그리던 거장 리베라 디에고와 사랑에 빠진 그녀는 천하의 바람둥이에다가 20년 이상의 나이 차이에도 불구하고 1922년 주변의 반대를 무릅쓰고 결혼을 하여 디에고의 세 번째 부인이 되었지만 디에고로 인해 많은 마음의 상처를 받게 된다.

③ **그녀의 예술** – 프리다 칼로가 남긴 143개의 작품 중 55개는 병상에 누워 그린 자화상이다. 자화상에서 자신의 결점을 숨김없이 표현했다. 그녀는 사랑, 욕망, 욕구불만 등 그녀의 현실을 거침없이 담았다. 그녀는 작품을 통해 자신의 고통을 알리고 세상과 소통했다.

▶ 프리다 칼로의 〈두 명의 프리다〉

상처받은 나
남편에게 버림받고
상처받는 자신의 모습을
웨딩드레스를 입은
모습으로 표현한 것

사랑받는 나
멕시코의 전통의상을 입고
있는 모습은 화가로서
국민들에게 사랑받고 있는
자신의 모습을 표현한 것

프리다 칼로, 1939, 캔버스에 유채, 172×172cm

나를 알리는 홍보 포스터 디자인

나를 알리는 홍보 포스터 - 나를 뽑아줘!

2022 개정 교육과정 핵심 역량 하위요소 – 정체성, 공동체, 시각적 소통

수업소개 '나를 뽑아줘!' 수업은요?

자기소개서는 누구나 써 본 경험이 있을 거예요.
글로 쓰는 자기소개서가 아닌 그림으로 그리는 자기소개서를 만들어 봅시다.
이 수업을 통해 포스터의 개념과 종류에 대해 학습하고 포스터의 종류 중 구인 광고 포스터의 특징을 활용하여 나 자신에 대해 알아보는 시간을 가져 봅시다!

영역 통합 2022 개정 교육과정 미술 교과 역량 함양을 위한 미적 체험 - 표현 - 감상 영역 연계

교과 역량	미적 체험	표현	감상
시각적 소통 창의 · 융합 정체성	나에 대해 탐구하기 시각이미지로 소통하기	홍보 포스터 제작 활동	작품 감상

수업 설계 '나를 뽑아줘!' 수업 디자인

동기 유발	포스터에 대한 개념과 특징 학습하기	나의 MBTI 찾아보기	작품 제작	감상 및 투표

수업 과정 안내 수업 과정을 알아볼까요?

❶ 동기 유발

- 포스터 속에서 시각 요소 찾아보기
  - 일상생활 속에서 볼 수 있는 포스터의 구성 요소를 찾아보는 활동입니다. 일상생활 속에서 광고 중인 포스터 한 장을 제시하고 포스터의 구성 요소를 찾아봅니다.

- 학생들의 다양한 답변을 유도해 주세요. 이 모든 것들이 포스터의 구성 요소에 해당된다는 것을 학습합니다.
  학생들의 대답을 이론과 연관하여 정리합니다.

  포스터의 구성 요소: 주목성, 간결성, 명료성, 장식성

❷ 포스터에 대한 개념과 특징 학습하기

핵심 개념

- 포스터(Poster)는 일정한 내용을 상징적인 그림과 간단한 문장으로 나타내어, 길거리나 사람의 눈에 많이 띄는 곳에 붙이는 인쇄물을 의미합니다.
- 포스터의 종류: 공익 광고, 상업 광고, 문화 광고, 모집 & 공고 등

포스터 디자인의 특징 찾아보기

- 주목성: 눈에 잘 띄는 장소에 제시, 장기간 노출
- 명료성: 큰 제목과 복잡하지 않은 디자인
- 장식성: 전달하고자 하는 주제와 잘 맞는 색과 디자인

❸ 나의 MBTI 찾아보기

- 학생들과 MBTI 성격유형 검사를 통해 나의 성향과 친구의 성향을 파악하는 활동을 합니다.

수업 tip

MBTI 성격유형 검사란?

마이어스(Myers)와 브릭스(Briggs)가 만든 성격 유형 검사 도구.
스위스의 정신분석학자인 카를 융(Carl Jung)의 심리 유형론을 토대로 만든 도구이며 사람의 성격을 16가지의 유형으로 나누어 설명함.
https://www.16personalities.com/

❹ 작품 제작

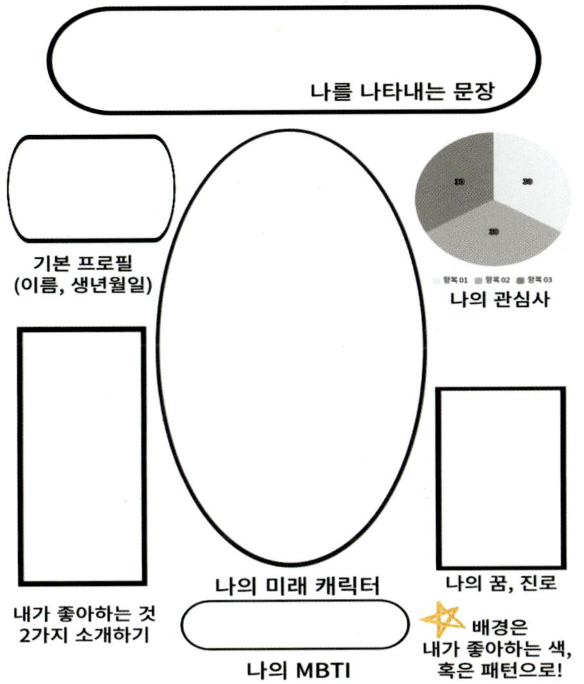

나를 홍보하는 포스터 작품에서 꼭 들어가야 할 요소	
1	다양한 글씨체를 활용하여 '나를 나타내는 문장' 문자 디자인하기
2	기본 프로필(이름, 생년월일)
3	나의 관심사
4	나의 꿈, 진로
5	내가 좋아하는 것 2가지 소개하기
6	나의 미래 캐릭터(진로 자화상)
7	나의 MBTI
8	배경은 내가 좋아하는 색, 혹은 패턴 활용하기

❺ 감상 및 투표

Mission

CEO가 된 당신!
홍보 포스터만을 보고 당신의 직원을 뽑아라!

학생들은 작품을 감상하고 마음에 드는 포스터에 스티커를 붙여 투표를 합니다.

완성 작품 완성 작품을 감상해 볼까요?

평가하기 평가는 이렇게!

학습내용	평가 요소	평가 기준	내용요소	
포스터 디자인	표현력	자신에 대한 정보를 바탕으로 활동지에 제시된 조건들을 모두 포함하였으며 주제 표현 능력이 뛰어나고 작품의 완성도가 높은가?	지식 · 이해	주제에 적합한 표현 매체
			과정 · 기능	주제의 확장을 통한 작품 계획하기
			가치 · 태도	미술 활동에 대한 관심과 참여

관련 미술이론 포스터(Poster)

"광고나 선전을 위한 매개체의 하나."

▶ 포스터(Poster)는 일정한 내용을 상징적인 그림과 간단한 문장으로 나타내어, 길거리나 사람의 눈에 많이 띄는 곳에 붙이는 인쇄물을 의미합니다. 보통 대중의 관심을 유발하고 정보 전달력까지 고려하여 제작됩니다.

▶ 포스터의 종류

① **공익 광고 포스터**
국가의 정책과 규칙 혹은 안내 사항, 현대 사회에서 발생하고 있는 문제점들을 대중들에게 인지시키고 설득하기 위한 목적으로 제작함

② **상업 광고 포스터**
기업에 한정되며 제품과 브랜드를 알리고자 하는 포스터. 구매욕, 이용률 증가 등 이윤 추구의 궁극적인 목표를 달성하기 위한 목적으로 제작함

③ **문화 광고 포스터**
전시회, 공연, 지역 행사 등에 대한 정보가 담겨있는 포스터. 기간과 장소 등을 적어 많은 사람들의 참여를 유도하는 목적으로 제작함

④ **모집 & 공고 포스터**
구인이나 공모전, 사업, 제도 등을 소개하는 포스터. 사람들의 참여를 이끌어내는 목적으로 제작함

공익 광고 포스터	상업 광고 포스터	문화 광고 포스터	모집 & 공고 포스터

2

지구를 지키는 미술
(생태환경, 지속 가능한 발전)

자연과 함께 살아가기

자연에게 주는 예술가의 선물

2022 개정 교육과정 핵심 역량 하위요소 – 정체성, 공동체, 환경, 생태

수업소개 '자연에게 주는 예술가의 선물' 수업은요?

자연에게 주는 예술가의 선물

과학기술이 발달할수록 인간의 생활은 편리해졌지만 그만큼 지구는 병들어 가고 있습니다. 일부 과학자들은 지구의 수명이 얼마 남지 않았다고 경고를 하고 있죠. 이런 심각성은 교육과정에도 반영되어 2022 개정 교육과정에서는 환경교육, 생태교육을 더욱 강조하고 있답니다. 미술사에서 자연환경의 중요성을 인식하고 인간과의 조화를 강조한 작가들이 있었는데 바로 대지 미술가들입니다. 그들의 작품을 감상해 보고 자연의 아름다움을 활용하여 인간과 환경이 조화롭게 살아가는 세상을 위한 예술가의 선물을 만들어 봅시다.

영역 통합 2022 개정 교육과정 미술 교과 역량 함양을 위한 미적 체험 - 표현 - 감상 연계

교과 역량	미적 체험	표현	감상
정체성 공동체 생태교육	환경과 인간의 관계	자연에게 대지미술 작품 선물하기	대지미술 감상

수업 설계 '자연에게 주는 예술가의 선물' 수업 디자인

대지미술이란? → 대지미술 작가와 작품 알아보기 → 찰흙으로 자연에게 주는 선물 만들기 → 자연 속에 어울리는 장소에 설치 후 사진 촬영

수업 과정 안내 수업 과정을 알아볼까요?

❶ 대지미술이란? - 대지미술 작가와 작품 알아보기

대지미술이란 무엇인지 대표적인 작품 감상을 통해 알아봅니다.

❷ 찰흙으로 자연에게 주는 선물 만들기

결과물로서 작품을 남기지 않는 대지미술가처럼 우리도 자연과 조화를 이루면서 자연으로 소멸되어 사라지는 '흙'이라는 재료를 사용하여 입체 조형물을 만들고 작품의 제목과 의미를 생각해 봅니다.

❸ 자연 속에 어울리는 장소에 설치 후 사진 촬영

자연과 어울리는 장소에 설치한 후 촬영합니다.

❹ 작품 사진을 감상하고 발표하기

완성 작품 완성 작품을 감상해 볼까요?

제목: 나무에 걸린 구름

예전부터 좋아하던 구름은 나에게 커다란 기대와 상상 같은 존재였다. 나처럼 나무에게도 행복하게 웃는 구름을 선물하고 싶었다. 만져 볼 수 없는 구름을 만들고 자연에 설치해 보는 활동을 통해 상상력을 기를 수 있었고 구름을 선물 받은 나무가 기뻤으면 하는 행복한 상상을 해 보았다.

제목: 지구 열 내리기

갈수록 심해지는 환경 오염으로 지구의 온도가 점점 올라가서 지구 온난화의 문제가 심각해지고 있는 상황이다. 지구 온난화를 막는 것처럼 얼음 주머니를 땅에 올려놓아 지구의 온도를 내리는 모습을 연출하였다. 대지 미술을 통해 자연을 한 번 더 살펴볼 수 있는 계기가 되었고 푸릇한 자연의 모습을 보니 눈의 피로가 풀리는 느낌이 들었다.

제목: 포켓 몬스터 '디그다'

'디그다'는 주로 땅속에 있는 애니메이션 캐릭터로 '포켓몬 GO'라는 게임을 하다가 게임 속의 포켓몬 캐릭터를 실제로 만나보고 싶어서 만들었다. 디그다를 자연으로 돌려보내 아쉽지만 나중에 다른 포켓몬들도 만들어서 자연으로 보내주고 싶다.

제목: 표정 나무

우리는 눈으로 보고, 코로 냄새를 맡고 입으로 음식을 먹고 눈, 코, 입으로 표정을 지을 수 있다. 하지만 나무는 그런 눈, 코, 입이 없어 표정을 짓지 못한다. 그래서 나무도 표정을 지을 수 있게 해주고 싶어서 눈, 코, 입을 만들어 주었다. 이번 활동을 통해 자연에 대해 생각해 볼 수 있는 멋진 시간이었고 재미있는 활동이었다.

평가하기 평가는 이렇게!

학습내용	평가 요소	평가 기준	내용 요소	
대지미술 작품	창의성	대지미술의 특징을 이해하고 창의적인 아이디어로 자연과 조화를 이루는 작품을 제작하였는가?	지식 · 이해	삶과 미술의 관계
			과정 · 기능	새로운 표현을 실험하고 작품 제작하기 미술의 감상 경험을 삶과 연결하기
			가치 · 태도	자신과 환경에 대한 감수성 환경에 대한 소중함 알기

관련 미술이론 대지미술(Land art)

▶ 대지미술이란?

랜드아트, 프로세스 아트 등으로도 불림. 1960년대 이후 미술의 지나친 상업화에 반기를 들고 캔버스와 미술관을 벗어나 자연으로 미술의 영역을 확장시킨 미술사조입니다.

예술은 정신적 VS 물질적?

1960년대 미술의 지나친 상업화를 비판한 화파 등장

⬇

대지미술

▶ 대지미술의 특징에 대해 알아봅시다.

- **작품의 결과보다 과정을 중요시**
  물질로서의 작품을 남기지 않아요.
- **일정 기간 전시 후 작품을 철거, 또는 스스로 소멸**
  그래서 대지 미술은 주로 사진으로만 남아있답니다.
- **미술의 영역과 개념을 확장**
  자연의 모든 것이 미술의 소재가 될 수 있게 되었죠.
- **자연의 재인식, 자연환경과 인간의 조화 추구**
  현대 기계 문명에서 자연을 다시 인식하고 자연을 창조적으로 응용해요.

수업의 확장 이런 활동도 할 수 있어요!

자연의 색을 담다

종이에 구멍을 뚫어 그 사이로 자연의 모습을 사진으로 담아 보는 활동입니다.

수업의 확장 대지미술 작가들을 만나볼까요?

로버트 스미스슨(Robert Smithson/1938~1973)

- 미국 유타주 그레이트솔트 호수까지 돌과 흙을 날라 만든 대지미술이다.
- 오랜 시간에 걸쳐 미생물의 번식과 소금의 형성, 침식 작용으로 인해 서서히 변화하는 모습을 보여준다.

나선형의 방파제

크리스토와 잔클로드(Chisto and Jeanne-Claude/1935~)

- 40톤의 쓰레기로 가득 찬 마이애미의 11개 섬을 사비를 들여 쓰레기를 치우고 환경 훼손 없이 3년에 걸쳐 섬을 포장했다.
- 반짝이는 핑크천으로 덮인 아름다운 섬으로 재탄생, 섬의 아름다움을 재인식하게 하였다.

둘러싸인 섬

짐 데네반(Jim Denevan/1961~)

- 반지름 약 2.4km 둘레가 무려 15km 이상인 원과 그 원 안에 원을 그려 모두 1,000개의 원으로 구성된 세계에서 가장 큰 그림이다.

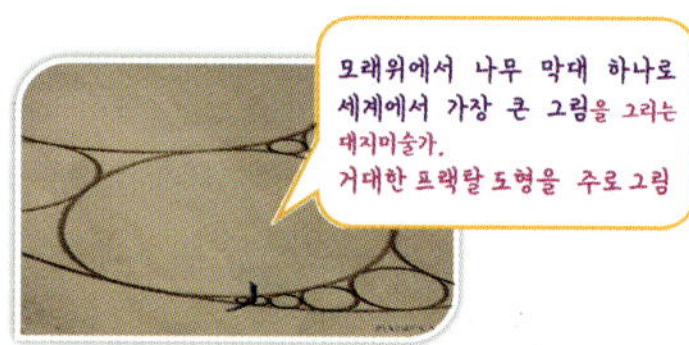

아폴로니안 개스킷

앤디 골즈워디(Andy Goldsworthy/1956~)

- 계절의 변화 속에서 자연이 주는 모습의 아름다움, 그리고 자연의 변화와 색을 활용한 작품을 제작하였다.
- 그가 자연 속에서 만들어낸 작품은 물의 흐름에 의해 때로는 바람의 힘으로, 때로는 온도의 변화로 다시 자연으로 돌아간다.

Rowan leaves with hole

지구와 더불어 살아가기

환경 타이포그래피 디자인

2022 개정 교육과정 핵심 역량 하위요소 – 공동체, 민주시민 사회, 환경

수업소개 '환경 타이포그래피 디자인' 수업은요?

이제 환경 문제는 미래의 문제가 아닌 현재의 문제가 되었습니다. 환경 문제의 심각성에 대해 같이 이야기를 나누어 보고 현대 사회의 지나친 소비 지향성에 대해서도 생각해 보도록 합니다. 독일 청소년의 대부분은 소비 활동 시 환경에 대해 죄책감을 가진다고 합니다. 그에 반해 우리 청소년들은 오히려 비싼 물건을 사는 것을 자랑스러워하는 문화가 있습니다. 물론 소비를 하도록 조성하는 기업이나 자본주의 사회 시스템도 문제입니다. 이런 가운데 환경을 고려한 디자인 제품 등이 등장하는데 이러한 경향의 디자인을 알아보고 시각적 이미지, 특히 글자의 조형성과 의미를 활용한 환경 타이포그래피 디자인 수업으로 환경 문제에 참여해 보도록 합니다.

영역 통합 2022 개정 교육과정 미술 교과 역량 함양을 위한 미적 체험 – 표현 – 감상 연계

교과 역량	미적 체험	표현	감상
공동체 민주시민 사회	환경 문제에 대해 생각 나누기	환경 타이포그래피 디자인하기	환경 타이포그래피 디자인 감상 및 발표

수업 설계 '환경 타이포그래피 디자인' 수업 디자인

동기 유발	타이포 그래피 디자인이란?	환경 문제에 대한 생각 나누기	자신이 선택한 환경 문제에 대한 단어, 문장 선택하기	선택한 단어나 문장으로 타이포그래피 디자인	완성작 감상 및 발표

수업 과정 안내 수업 과정을 알아볼까요?

❶ 동기 유발 – 환경 문제에 대한 동영상 시청

- 환경 문제의 심각성에 대한 영상을 통해 주제를 환기시킵니다.

〈5분 안에 지구가 멸망하는 애니메이션〉
https://youtu.be/WfGMYdalCIU

- 자본주의 사회의 유지를 위해서는 기업들은 끊임없이 생산하고 소비자들로 하여금 끊임없이 소비하게 합니다.
- 독일의 청소년들의 80%는 소비에 대한 죄책감을 느끼고 있다고 합니다.
  지금 우리에게 소비에 대한 죄책감, 환경에 대한 미안함이 필요하지 않을까요?

❷ 타이포그래피 디자인이란?

타이포그래피 디자인이 무엇인지 알아보고 다양한 타이포그래피 디자인 예시 작품을 통해 표현 특징을 알아봅니다.

❸ 자신이 생각한 환경 문제에 대한 단어 선택

- 활동지를 통해 자신이 생각하는 가장 심각한 환경 문제와 그 이유를 적어보고 자신의 의견을 발표하며 서로의 생각을 나눕니다.
- 자신이 선택한 환경 문제에서 핵심 단어나 문장을 선택합니다.

내가 생각하는 심각한 환경 문제 2가지	
그 이유는?	

내가 선택한 환경 문제 단어는 ______________________________입니다.

❹ 자신이 선택한 환경 문제 단어나 문장을 사용하여 타이포그래피 디자인하기

- 자신이 선택한 단어, 문장 등으로 타이포그래피 디자인을 합니다.
- 타이포그래피 디자인을 쉽게 하는 두 가지 방법 중 자신의 제작 의도와 가장 잘 맞는 방법을 선택합니다.

• 첫 번째, 관련 단어의 크기를 다르게 하여 양적으로 배치하여 나타내고 싶은 형태가 되도록 하는 방법	
• 두 번째, 특정 단어의 의미와 상징성을 나타내는 시각적 이미지가 되도록 글자의 자형을 변형하여 나타내는 방법	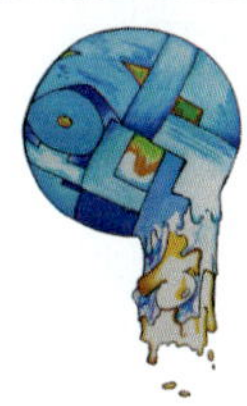

❺ 완성작 감상 및 발표

완성 작품 완성 작품을 감상해 볼까요?

지구 온난화로 인해 빙하가 녹고 북극곰이 터전을 잃어버리는 상황을 표현함

플라스틱의 무분별한 사용으로 지구가 녹아내리는 이미지로 환경오염의 심각성을 표현함

수질오염과 관련된 단어를 배치하여 물방울 이미지로 만듦

지구 온난화 단어를 녹아내리는 지구 형상으로 자형을 변형하여 표현함

쓰레기 단어를 쓰레기 봉투의 이미지를 사용하여 표현함

지구 온난화 단어를 화분의 식물로 사막화되어 물이 필요한 상황을 디자인

지구 온난화로 터전을 잃어 슬퍼하는 북극곰을 귀여운 이모티콘 이미지를 활용하여 표현

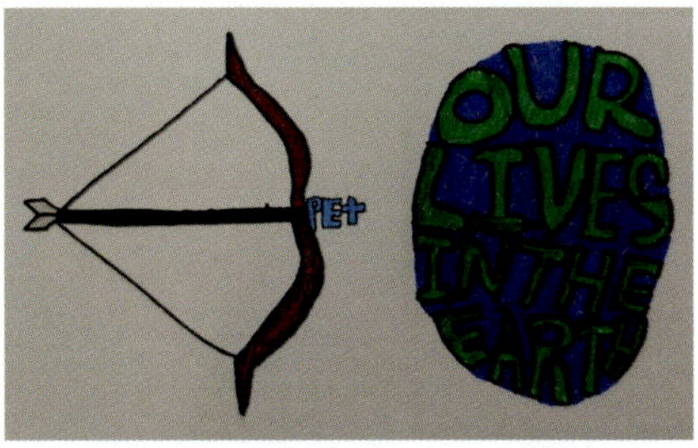

플라스틱의 PE성분이 지구를 공격한다는 의미를 화살로 표현함

바다, 땅, 이산화탄소, 매연 등의 단어로 지구와 대기 이미지를 디자인함

바다가 오염되어 물고기들이 죽어가고 있는 상황을 병 속에 물고기와 'SEA' 단어를 활용하여 디자인함

평가하기 평가는 이렇게!

학습내용	평가 요소	평가 기준	내용 요소	
환경타이포그래피 디자인	주제의식	환경 문제에 대한 주제 의식이 잘 담긴 단어를 선택하고 이미지에 잘 반영되었는가?	지식 · 이해	시각 문화의 의미와 역할
			과정 · 기능	이미지를 활용하여 소통하기 미술의 표현 경험을 삶과 연결하기
			가치 · 태도	환경 문제에 대한 문제 의식과 관심 공동체 문화에 참여
	창의성	문자가 가지는 조형성과 자신이 표현하고 싶은 이미지가 조화롭게 표현되었는가?	지식 · 이해	표현 주제와 의도
			과정 · 기능	주제에 적합한 표현 계획하기
			가치 · 태도	표현 과정에서의 주도성과 성찰

관련 미술이론

환경과 인간을 위한 디자인

▶ 환경과 인간을 위한 디자인

유니버설 디자인

모두를 위한 디자인. 문화, 국적, 연령, 장애의 유무 등과 관계없이 모든 사람들이 보다 편리하고 안전하게 이용할 수 있도록 제품, 또는 환경을 디자인하는 것이다.

업사이클링 디자인

재사용하는 리사이클링이 야기하는 문제(재처리 과정에서 발생하는 환경 오염)까지 고려하여 질적, 미적으로 보다 높은 가치를 창출하는 디자인이다.

에코 디자인

자연 생태계에 피해를 주지 않으면서 환경을 배려하는 환경 친화적인 디자인으로 그린 디자인이라고도 한다.

▶ 타이포그래피(Typography) 디자인이란?

- 그래픽 디자인의 바탕을 이루는 분야로 문자 조형을 만드는 것
- 글자체는 고유의 이미지를 가지게 되는데 시각적 소통의 수단으로서 문자의 조형을 만드는 것
- 글꼴과 배열 등 가독성분 아니라 디자인적인 요소가 나타남
- 타이포그래피를 통해 글자의 뜻은 물론 상징성, 의미 등도 표현함

수업의 확장

이런 활동도 할 수 있어요!

타이포그래피 디자인을 활용하여 에코백, 장바구니, 생활용품 등을 제작할 수 있습니다. 실제 수업에서 그치는 것이 아니라 실생활에서 환경을 위해 실천할 수 있다면 금상첨화겠죠?

바느질 없이 10분 만에 완성하는 티셔츠 장바구니

1. 티셔츠를 뒤집은 뒤 사용하지 않는 티셔츠를 팔 부분이 대칭이 되도록 그린 다음 가위로 잘라냅니다.

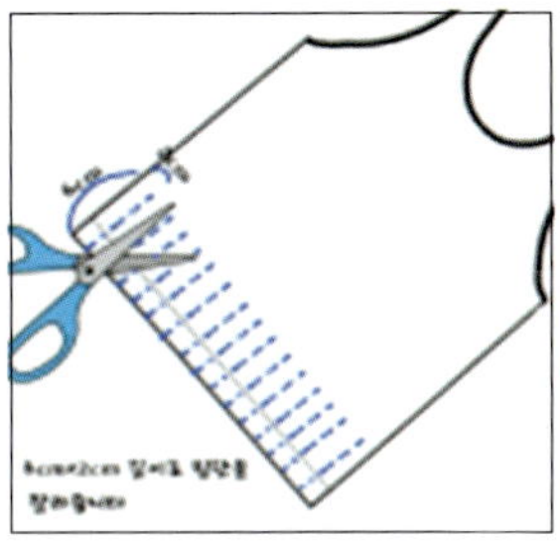

2. 티셔츠 아랫단을 6cm×2cm 폭으로 잘라줍니다.

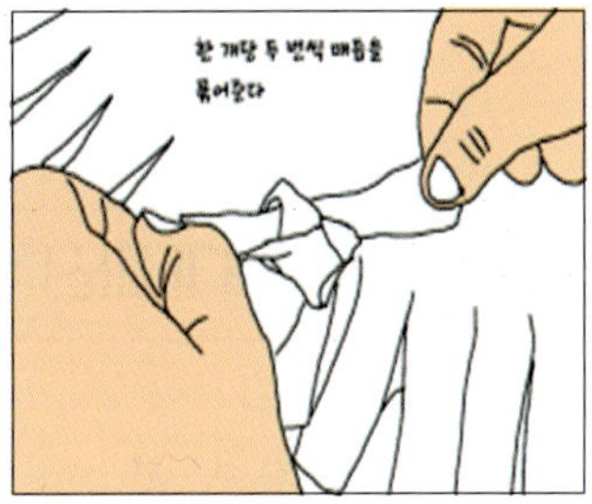

3. 한 개당 두 번씩 매듭을 묶어줍니다.

4. 티셔츠를 뒤집어서 매듭이 보이지 않게 합니다.

5. 자신이 디자인한 타이포그래피를 티셔츠 전사지에 프린트한 후 다리미로 다려줍니다.

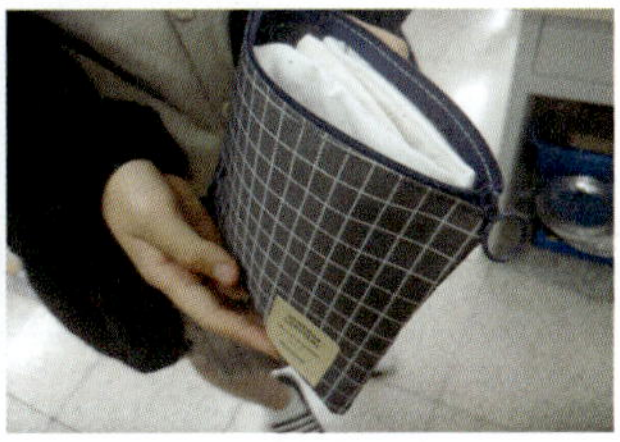

6. 짜잔!! 완성한 장바구니는 파우치에 담아서 사용하면 됩니다.

낡고 버려지는 것들의 재탄생!

업사이클링 디자인①-내가 마신 우유팩이 지갑으로!

2022 개정 교육과정 핵심 역량 하위요소 – 공동체, 생태, 환경

수업소개 '내가 마신 우유팩이 지갑으로!' 수업은요?

종이팩의 재활용률은 얼마나 될까요? 정답은 고작 15.8%랍니다.
종이팩은 고급 펄프 자원으로 고품질의 화장지 등으로 재활용이 가능한 좋은 자원입니다.
만약 종이팩을 100% 재활용하게 되면 그 효과는 마치 20년생 나무를 130만 그루 심는 것과 같다고 합니다.
왜 우유팩을 사용하고자 할까요? 우유팩은 장점이 많은 재료입니다.
먼저 우유팩은 방수가 되는 튼튼한 소재랍니다. 또한, 문자나 독특한 색감, 캐릭터 등의 다양한 디자인적 요소를 갖추고 있어 시중에 나오는 다양한 우유팩은 디자인지가 따로 없는 훌륭한 재료랍니다.
그럼 내가 마신 우유팩이 지갑으로 변하는 마법을 함께 경험해볼까요?

수업 설계 '내가 마신 우유팩이 지갑으로!' 수업 디자인

동기 유발 > 업사이클링 개념 학습 > 정보 탐색 > 우유팩 지갑 제작하기 > 소감 발표

수업 과정 안내 수업 과정을 알아볼까요?

❶ 동기 유발

• 일상생활 속 환경 문제를 통한 동기 유발

[올바른 분리수거 방법 퀴즈 활동 (O, X퀴즈)]

〈문제〉

영수증은 일반쓰레기로 버린다.
영수증은 재활용쓰레기(종이류)로 버린다.

정답: 영수증은 일반쓰레기에 분류하여 버립니다.
영수증을 종이류에 분류하여 버리는 경우가 꽤 많은 것으로 생각됩니다. 하지만 영수증을 종이류로 분류하여 버리면 No! No!
영수증에는 약품 처리가 되어있고 혼합재질인 감염지로 만들어져서 재활용이 불가능해요. 따라서 일반쓰레기로 분류하여 버려야 합니다.

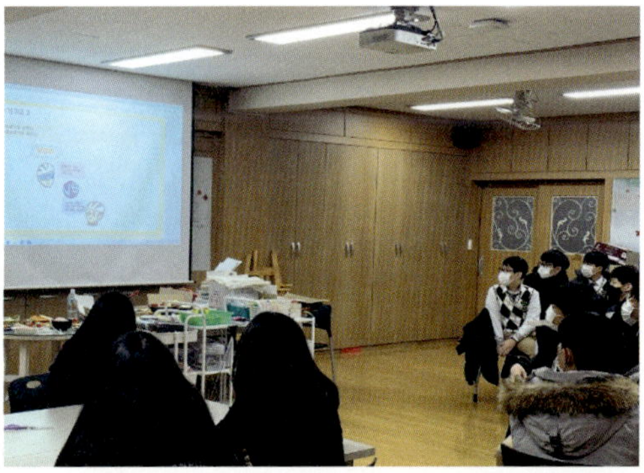

• 퀴즈활동을 통해 학생들은 환경 문제에 관심을 가지고 올바른 분리수거 방법에 대하여 학습하게 됩니다.

❷ 업사이클링 개념 학습

- 업사이클링 디자인에 대한 개념 학습

- 업사이클링(Upcycling) 디자인이란?
  - 업사이클링은 리사이클(Recycle)이 현시대에 맞게 다시 재구성된 새로운 개념으로 'upgrade'와 'recyle'의 합성어로 만들어진 용어입니다.

❸ 정보 탐색

- 태블릿PC 혹은 스마트폰을 활용하여 업사이클링 디자인 예시를 찾아보는 활동을 합니다(착한 소비 제품에 대하여 발표하기).

예) 브랜드명: 프라이탁(FREITAG)
프라이탁 제품은 이미 많은 사람들에게 사랑받고 있는 브랜드입니다. 몸통 부분은 트럭 방수포, 마감 부분은 자전거 타이어, 가방끈은 차량 안전벨트로 제작하여 제품의 내구성을 높이면서 환경 보호까지 된답니다. 심지어 모든 제품이 수작업이기 때문에 세상에서 딱 하나밖에 없는 내 가방을 소유할 수 있어요!

❹ 우유팩 지갑 제작하기

아래의 설명을 참고하여 학생들이 우유팩 지갑 제작하기 전에 전 과정을 함께 살펴보고 이해하도록 지도합니다.

준비물

1. 우유팩 지갑 도안
2. 우유팩
3. 가위, 칼
4. 송곳
5. 자
6. 마스킹테이프, 양면테이프(혹은 본드)
7. 똑딱이 부자재

④-1 우유팩 펼치기

우유팩 재료를 직접 마련하고
분리수거 과정을 함께 실천하는
단계입니다.

물기가 있다면 깨끗하게 닦아주세요!
햇빛에 말려주는 과정이 꼭 필요합니다.
씻고, 펼치고, 말리기!

수업 tip

우유 냄새 어떻게 제거하나요?

해결 방법이 있어요!
식초물로 한 번 헹궈 잘 말려주면
우유 비린내가 싹 사라진답니다!

④-2 도안대로 우유팩 자르기

먼저, 우유팩 라인을 따라 잘라주세요.
섬세하게 작업하는 것이 중요합니다.
구기듯 펼치면 지갑에 주름이 생길 수 있으니 주의해 주세요!

이 단계는 도안에 맞게 우유팩을 재단하는 작업입니다. 그림이나 폰트 등 원하는 디자인이 올바른 위치에 잘 오도록 확인하세요. 마스킹 테이프를 이용하여 도안이 움직이지 않도록 붙여주고 자와 칼을 사용하여 예쁘게 잘라줍니다.

〈우유팩 지갑 도안〉

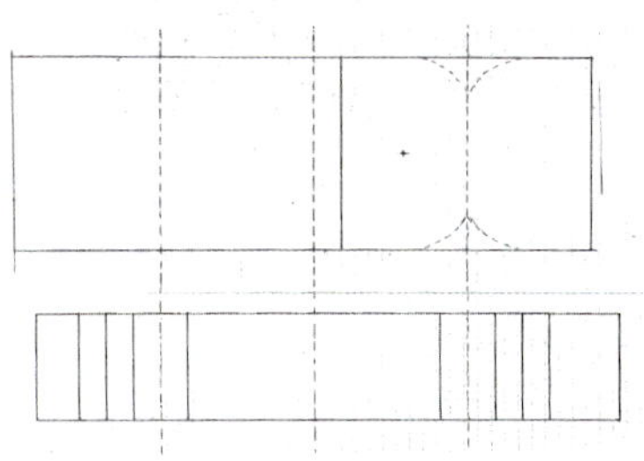

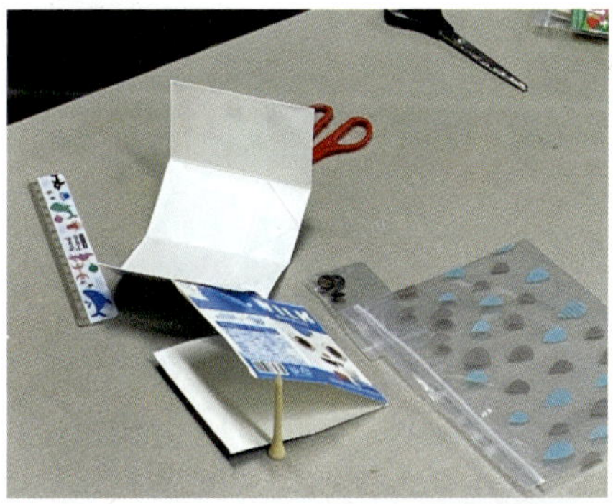

수업 tip

부자재를 넣을 '앞쪽 윗면'에 송곳으로 표시해 주세요. 헷갈릴 수 있기 때문에 이 과정에 표시를 합니다. 이후에 구멍을 뚫기 때문에 강하게 눌러 표시하셔도 됩니다.

이 과정이 끝나면 자와 칼을 이용하여 도안대로 잘라냅니다.

❹-3 도안 접기

잘 자른 도안을 뒤집어 안쪽 면에 붙여준 후 송곳으로 접는 면을 표시합니다. 도안에 힘을 세게 주어 그어야 깔끔하게 접힐 수 있는데 이때 자를 사용해서 깔끔하게 접히도록 꾹꾹 눌러주면 더욱 좋아요.

도안에 아코디언 부분이 있어 카드 섹션을 나누어주기 때문에 더욱 편하게 카드 지갑을 사용할 수 있답니다!

❹-4 구멍 뚫고 똑딱이 단추 채우기

구멍을 뚫기 전 도안의 앞부분을 양면 테이프를 이용해 붙여주고 4-2단계에서 송곳으로 표시한 부분을 뚫어 구멍을 만들어 줍니다.

수업 tip

송곳을 불에 달궈 사용하면 잘 뚫립니다(교사의 도움 필수!).

윗면 구멍을 잘 뚫었다면 접어서 아랫면에도 체크하여 뚫기! 이 과정 후에 똑딱이 단추 부자재를 달아주고 양면 테이프나 본드를 활용하여 붙이면 완성됩니다.

❺ 소감 발표

업사이클링 디자인 수업을 통해 변화한 자원과 환경에 대한 자신의 생각을 발표합니다.

완성 작품 **완성 작품을 감상해 볼까요?**

양말의 재탄생!

업사이클링 디자인②-핑거 니팅을 활용한 양말목 공예

2022 개정 교육과정 핵심 역량 하위요소 - 공동체, 생태, 환경

수업소개 '핑거 니팅을 활용한 양말목 공예' 수업은요?

우리가 매일 신는 양말을 주목해주세요!

양말을 만들 때 공정상 나오는 부산물인 머리 끈 모양같이 생긴 양말목은 그동안 사용처가 딱히 없어서 1년에 백만 톤 이상 버려지는 산업 폐기물이었답니다.

하지만 우리는 업사이클링 디자인 활동을 통해 어쩔 수 없이 폐기물로 버려질 수밖에 없었던 양말목을 재료로 활용하여 생활 전반적인 곳에서 활용하는 방석, 러그, 열쇠고리 등의 다양한 일상 생활용품으로 만들어 볼 거예요!

양말목은 면소재에 컬러도 다양하고 뜨개질을 하면 도톰하게 짜이기 때문에 생활용품을 만드는 데 아주 적합한 재료랍니다. 또한 버려지는 재료라 가격도 저렴한 장점까지 있어요.

버려지는 양말목을 수거하여 생활용품을 만드는 새활용 디자인.
우리 함께 시작해 볼까요?

수업 과정 안내 수업 과정을 알아볼까요?

❶ 준비물 확인

양말목은 1단에서 11단까지 총 342개를 준비합니다.

수업 tip

1단부터 11단까지 필요한 양말목 양을 나눠두면 더 편합니다.

수업 tip

양말목은 여러 가지 색상이 섞인 상태로 판매 중입니다.
그래서 색상을 선택할 수 없죠.
(색상별로 판매 중인 양말목은 가격이 상대적으로 비싸요.)
하나의 팁을 알려드리자면
봄, 여름에 구입을 하면 보통 밝은 색상의 양말목이 많고
가을, 겨울에 구입하면 어두운 색상의 양말목이 많답니다!

❷ 기본 작업

다음 3단계만 익히면 무엇이든 제작할 수 있어요!

• 1단계

양말목을 8자로 두 번 꼬아서 구멍을 만들어 줍니다.

• 2단계

구멍 사이에 양말목 두 개를 끼워줍니다.

• 3단계

왼쪽 양말목을 오른쪽 구멍으로 빼줍니다.
(토끼 귀 모양이 되도록 해주세요.)

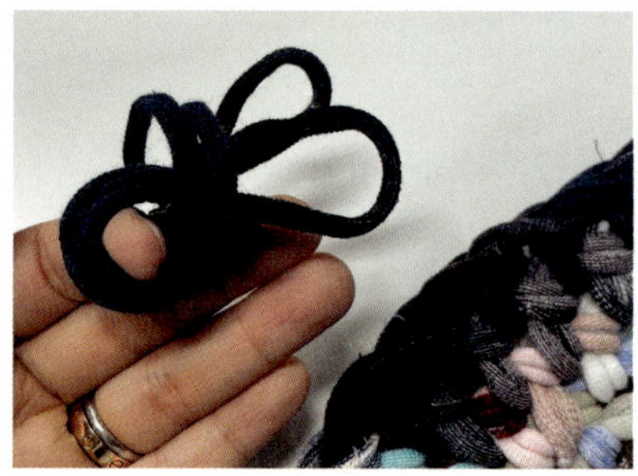

1단이 완성될 때까지 이 과정을 반복합니다. (8코)

❸ 방석 제작 작업

① 2단은 한 코에 양말목 2개씩 7번 반복합니다. (14코)
② 3단은 한 코에 양말목 1개 - 2개 - 1개 - 2개 반복합니다. (21코)
③ 4단은 한 코에 1개씩 반복합니다. (21코)
④ 5단은 한 코에 양말목 1개 - 2개 - 1개 - 2개 반복합니다. (31코)
⑤ 6단은 한 코에 1개씩 반복합니다. (31코)
⑥ 7단은 한 코에 1개씩 반복합니다. (31코)
⑦ 8단은 한 코에 양말목 1개 - 2개 - 1개 - 2개 반복합니다. (46코)
⑧ 9단부터 11단까지는 한 코에 1개씩 반복합니다. (46코)
⑨ 방석 완성!

완성 작품 완성 작품을 감상해 볼까요?

바다와 거울이 만나다!

업사이클링 디자인③-바다 생태계와 나를 이어주는 거울

2022 개정 교육과정 핵심 역량 하위요소 - 공동체, 생태, 환경

수업소개 '바다 생태계와 나를 이어주는 거울' 수업은요?

Make a foam mirror

바다 인근 지역에 거주하는 우리 학생들과 함께 바닷가로 떠났어요.
바닷가에서 주운 예쁜 조개들을 활용하여 폼 거울을 제작해봅시다.

폼 거울 하나만 있으면 우리 집도 감성 인테리어 맛집!

수업 설계 '바다 생태계와 나를 이어주는 거울' 수업 디자인

동기 유발 > 개념 학습 > 재료 구하기 > 제작 과정 > 소감 발표

수업 과정 안내 '바다 생태계와 나를 이어주는 거울' 수업 과정을 알아볼까요?

❶ 동기 유발

환경 문제 제시하기

- 지난 5월 제주 앞바다에서 방류된 붉은바다거북이 11일 만에 죽은 채로 발견되었습니다. 바다거북의 뱃속엔 플라스틱 쓰레기가 가득 차 있었습니다. 인간이 버린 플라스틱이 썩지 않은 채로 바다로 흘러 들어간 것이 문제였습니다. 이렇게 버려진 플라스틱 쓰레기는 해양 생물은 물론, 우리의 건강까지 위협하고 있습니다.
- 바다 생태계를 위해 우리가 할 수 있는 일들은 무엇이 있을까요?

❷ 개념 학습

비치 코밍이란?

- **해변**(beach)을 **빗질**(combing)하듯이 조개껍데기, 유리 조각 따위의 표류물 등의 쓰레기를 주워 모으는 것을 뜻합니다.
  이렇게 주워 모은 물건을 재활용하여 작품을 만듦으로써 재미와 환경보호를 동시에 잡을 수 있답니다!
  이렇게 쉽게 해양 쓰레기 문제를 해결하는 데 일조할 수 있고, 주워 모은 표류물과 쓰레기를 재활용해 예술 작품이나 액세서리를 만들 수 있으니 일석이조겠죠?

  또한 비치코밍은 최근 환경을 보호하면서 건강까지 얻을 수 있는 **플로깅**(plogging: 조깅하면서 쓰레기를 줍는 행동)과 함께 큰 호응을 얻고 있답니다.

❸ 재료 구하기

- 비치코밍의 개념을 바탕으로 인근 바다 지역으로 재료를 직접 구하러 갑니다.

학생들과 함께 인근 바다로 나가 직접 비치코밍을 실천하는 모습

- 바다에서 폼 미러에 붙일 재료인 예쁜 조개를 모으도록 합니다.

❹ 제작 과정

〈준비물〉

- 아크릴 거울
- 친환경 우레탄폼
- 비닐
- 장갑
- 바다에서 주워온 조개 등

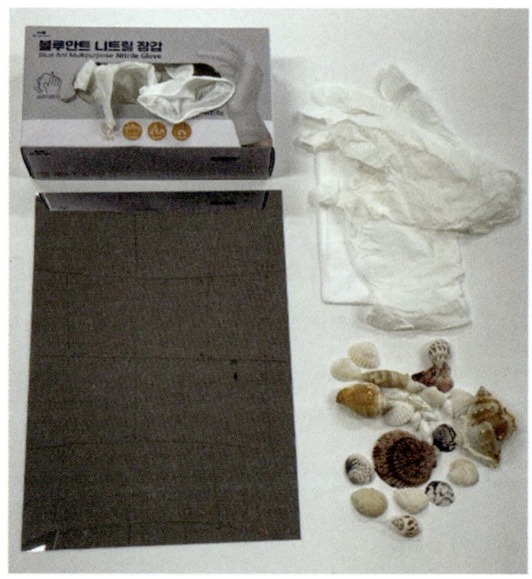

- 아크릴 거울의 비닐 뜯어내기
  (집에서 쓰던 거울도 사용 가능합니다.)
- 모서리가 조금 깨지거나 한 거울도 우레탄 폼을 활용하기 때문에 충분히 재활용 가능합니다.

우레탄 폼을 사용하기 때문에 작업할 공간 바닥에 비닐 혹은 박스를 깔아 줍니다.

우레탄 폼과 스트로를 돌려서 연결한 후, 30번 정도 흔들어 줍니다.

비닐이나 박스의 빈 공간에 충분한 연습 과정을 갖도록 합니다.

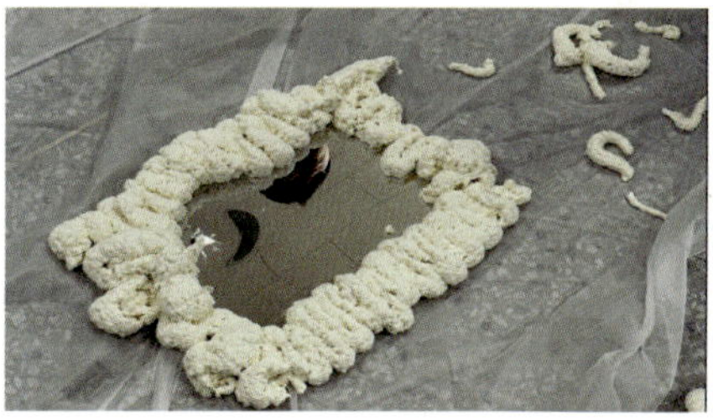

거울의 모서리부터 우레탄 폼을 쏜 다음, 2시간 정도 바람이 잘 부는 곳(통풍이 잘 되는 곳)에서 건조킵니다.

우레탄 폼이 완전히 굳으면 아크릴물감으로 채색합니다.

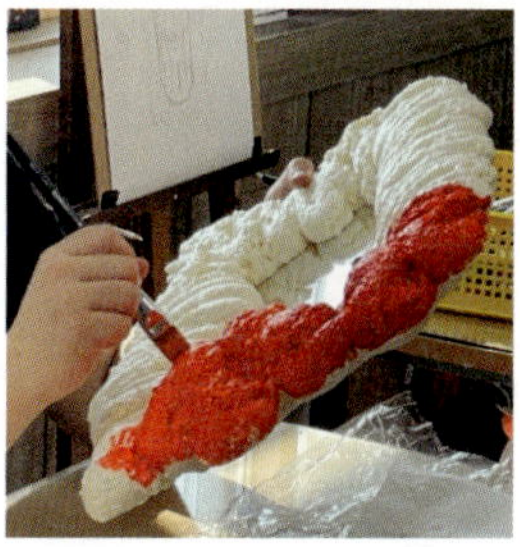

원하는 곳에 바다에서 직접 구한 재료를 본드나 글루건을 활용하여 접착합니다.

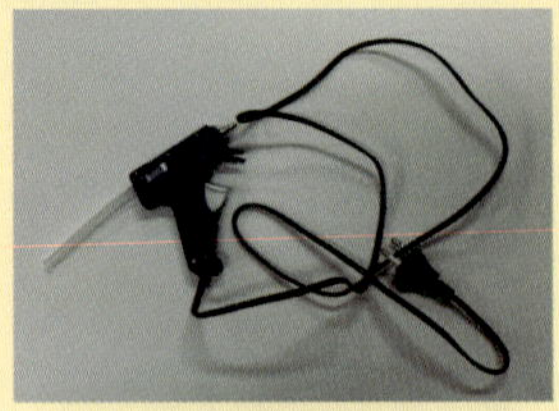

글루건

접착용 본드

잘 말려주면 바다 생태계 거울 완성!

❺ 소감 발표

• 비치 코밍 활동을 통해 느낀 점을 서로 공유하고 수업에 대한 자신의 소감을 발표합니다.

완성 작품 완성 작품을 감상해 볼까요?

폐유리의 화려한 변신!

업사이클링 디자인④-폐품 유리를 활용한 티코스터 디자인

2022 개정 교육과정 핵심 역량 하위요소 – 공동체, 생태, 환경

수업소개 '폐품 유리를 활용한 티코스터 디자인' 수업은요?

안토니오 가우디와 함께하는 티타임

스페인의 구엘 공원에 가면 이런 독특한 기법이 적용된 건축물들이 있습니다. 안토니오 가우디의 건축은 마치 살아있는 생명체를 보는 듯한 느낌을 줍니다. 버려진 화려한 도자기 파편을 재활용하여, 지중해 태양빛 아래에서 춤추는 듯한 화려한 채색의 패턴을 만들었습니다. 또한, 트렌카디스(Trencadis)기법은 깨진 타일 조각으로 만드는 모자이크의 한 유형입니다. 우리는 이러한 가우디의 정신과 기법을 이어받아, 자원과 환경에 대한 올바른 가치관과 태도를 형성하고 티 코스터(Tea Coaster)를 제작해 봅시다.

수업 과정 안내 수업 과정을 알아볼까요?

❶ 작품 제작 과정 안내

[준비물]

- 유리조각(폐유리조각 – 인터넷판매 100g 평균 5,000원 판매)
- 우드코스터
- 석고 가루
- 목공용 본드
- 스펀지
- 종이컵
- 라텍스 장갑
- 나무 젓가락

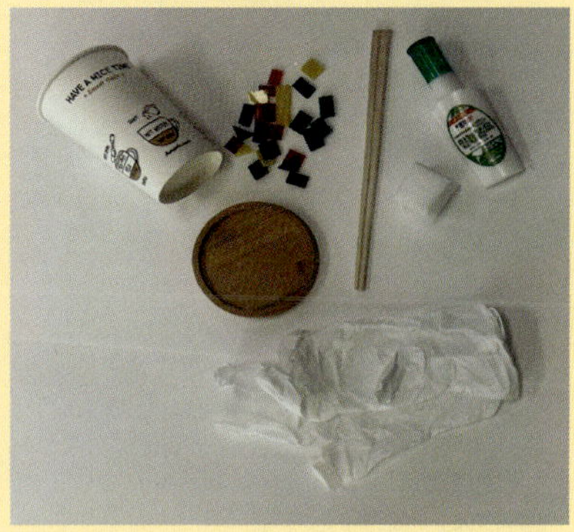

수업 tip

프래그런스 오일, 아로마오일 등을 석고 가루에 섞으면 방향제로도 사용이 가능합니다. (종이컵 한 컵 기준 10방울 정도)

우드 코스터 위에 폐유리 조각을 색이나 모양에 따라 다양하게 배치합니다.

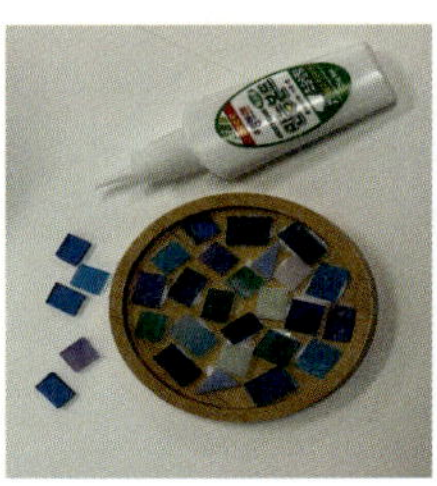

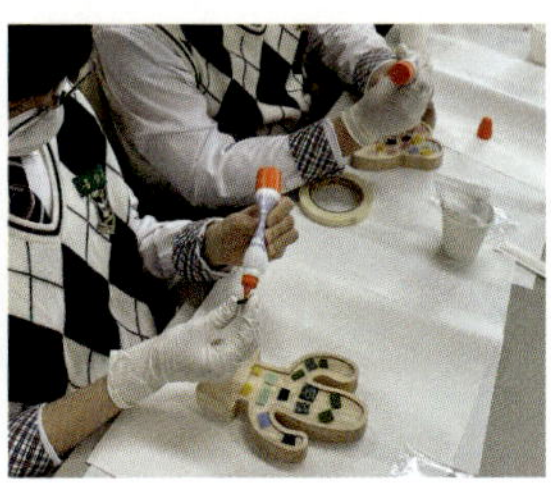

배치가 끝나면 목공용 본드로 유리 조각을 붙여 고정시킵니다.

풀이 완전하게 굳을 때까지 기다립니다.

석고 가루를 종이컵이나 통에 담습니다. 물과 석고 가루를 3:7 비율로 요거트와 같은 되직한 느낌이 들도록 섞습니다.

수업 tip

석고를 저을 때 기포가 많이 생기지 않도록 한쪽 방향으로 저어준다.
티코스터 틀에 부을 때는 붓고 나서 탁탁 두드려 잘 펴지도록 한다.

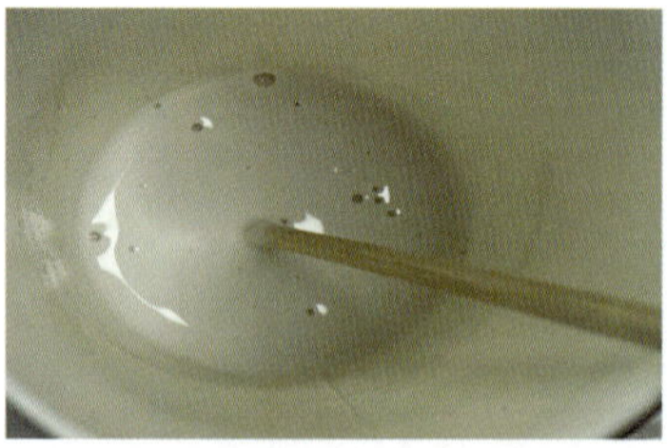

석고를 우드 코스터 위에 꼼꼼하게 붓고 살짝 굳을 때까지 기다립니다. (약 10분~15분)

표면이 살짝 굳은 상태에서 스펀지로 닦아 유리 표면을 정리합니다.

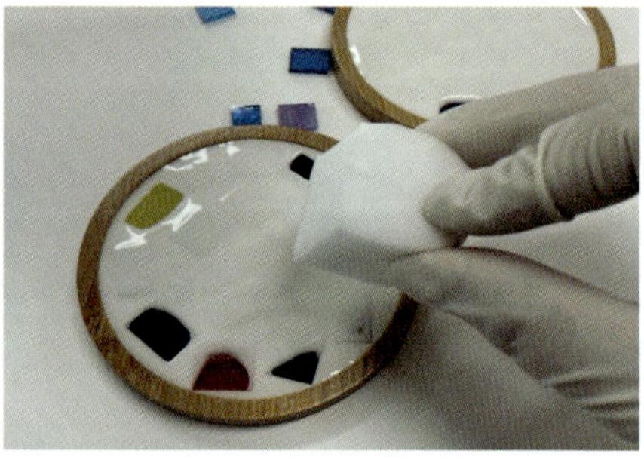

완전히 마른 후에는 물티슈로 깨끗하게 닦아 티 코스터를 완성합니다.

완성 작품 완성 작품을 감상해 볼까요?

3

삶과 함께하는 미술
(지구 공동체, 민주시민으로서의 삶, 공동체 역량)

우리 학교를 특별하게 보이게 하는 마법 설명서

우리 학교 C. I. P. 디자인

2022 개정 교육과정 핵심 역량 하위요소 – 정체성, 공동체, 시각적 소통

수업소개 '우리 학교 C. I. P. 디자인' 수업은요?

우리 학교를 특별하게 보이게 하는 마법 설명서

우리 학교는 어떤 학교인가요? 다른 사람들은 우리 학교를 어떤 학교라고 생각하나요? 사람들은 기업이나 단체, 학교 등을 생각할 때 느낌과 이미지를 가장 먼저 떠올리는 경우가 많다고 합니다. 우리가 코카콜라를 떠올릴 때 빨간색이 먼저 생각나는 것처럼요. 이처럼 어떤 단체나 기업의 이미지를 통합적이고 체계적으로 디자인하여 사람들로 하여금 원하는 이미지나 느낌으로 생각하게 하는 디자인을 C.I.P 디자인이라고 합니다.

우리 학교만의 특징을 생각해 보고 반영하여 우리 학교만의 대표적인 이미지를 만들어 본다면 학교에 대한 공동체 의식과 통일감, 자부심 등을 함양할 수 있는 좋은 기회가 될 것입니다.

영역 통합 2022 개정 교육과정 미술 교과 역량 함양을 위한 미적 체험 - 표현 - 감상 연계

교과 역량	미적 체험	표현	감상
정체성 공동체 시각적 소통	우리 학교 탐색하기	우리 학교 C.I.P. 디자인	디자인 전시

수업 설계 '우리 학교 C. I. P. 디자인' 수업 디자인

동기 유발 > CIP 디자인에 대해 알아보기 > 우리 학교의 특징 탐색하기 > 우리 학교 CIP 기본 시스템 디자인 > 우리 학교 CIP 응용 시스템 디자인 > CIP 디자인 프레젠테이션 만들기 > 전시 및 전교생 투표실시 > 우수 디자인으로 학교 홍보물 제작

수업 과정 안내 수업 과정을 알아볼까요?

❶ 동기 유발

CIP 디자인이란?

우리 생활 속에서 아! 이 광고 하면 떠오르는 이미지가 있습니다.

'코카콜라' 하면 빨간색, '펩시' 하면 파란색이 바로 떠오르죠? 콜라 회사에서 사용되는 모든 것에 로고를 사용하여 사람들의 인식 속에 바로 기업의 이미지를 떠올릴 수 있게 하는 디자인 전략이 CIP 디자인입니다.

CIP 디자인의 종류를 알아볼까요?

기본시스템	전용색상, 전용서체, 로고, 마크, 캐릭터 등
응용시스템	서식류, 유니폼, 사무 집기, 패키지, 수송물, 건물 등

❷ 우리 학교에 대해 알아보자!

- 우리 학교 홈페이지에는 학교에 대한 많은 정보들이 있습니다.
  우리 학교의 상징을 알아볼까요?

우리 학교의 교목은? ______________ 우리 학교의 교화는? ______________

내가 생각하는 우리 학교의 특징은?

예) 체육복 색상이 알록달록하다. 우리 학교에는 국악 오케스트라가 있다. 등

우리 학교를 한 문장으로 표현해 본다면?

우리 학교는 ○○○○이다.

우리 학교 CIP 디자인 콘셉트는?

□ 귀여움 □ 병맛 □ 유머 □ 메시지 위주 □ 그림 위주 □ 심플 □ 7080 □ 기타

❸ CIP 디자인 발상하기

활동지를 활용하여 기본 시스템 디자인을 아이디어 발상합니다.

- 기본 시스템: 전용색상, 전용서체, 로고타이프, 마크, 캐릭터

•기본 시스템 디자인

디자인 콘셉		
전용 색상	○○○○○	색상:
로고타이프		
마크		

캐릭터	캐릭터 이름: 특징:

기본 시스템 디자인을 활용하여 응용 시스템 디자인을 합니다.

• 응용 시스템: 명찰, 교복, 학교 서식류, 종이봉투, 체육복, 통학차량 등

❹ CIP 디자인 안내판 제작하기

우드락에 다양한 채색재료를 사용하여 C.I.P. 디자인 안내판을 제작합니다.
특히 기본 시스템과 응용 시스템 디자인의 배치를 생각하면서 만들어요.

❹-1 전시하기

잘된 디자인을 선정하여 현관에 일정 기간 전시를 하고 전교생들에게 학교를 잘 나타내면서 시각적으로도 잘된 디자인을 선정하기 위한 투표를 실시합니다.

❺ 전시 우수작 투표하기

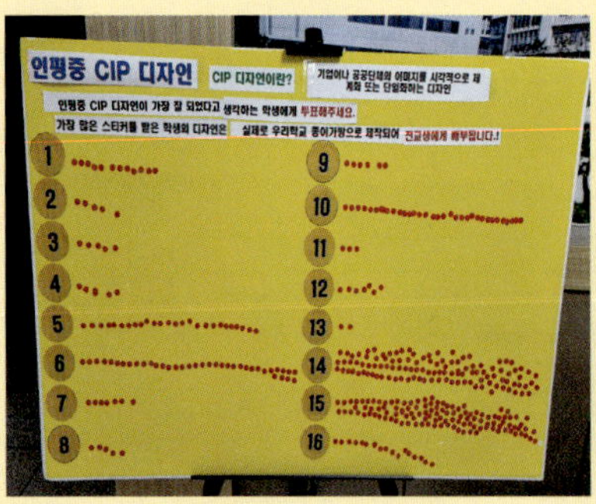

스티커를 활용한 투표

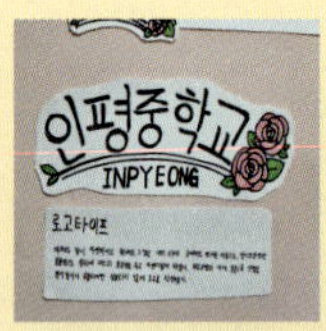

⑥ 선정된 우수 디자인으로 학교 홍보물품 제작

완성 작품 완성 작품을 감상해 볼까요?

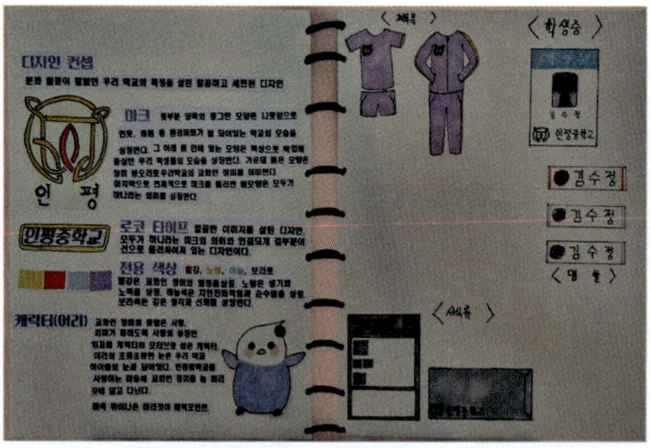
디자인 컨셉
마크
인 평
인평중학교
로고 타이프
전용 색상
캐릭터(어리)
<학생증>
김수정
<명 찰>

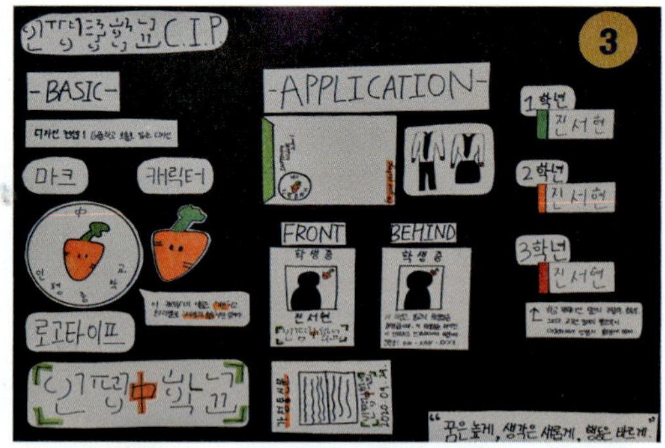
인평중학교 C.I.P
3
-BASIC-
-APPLICATION-
마크
캐릭터
로고타이프
FRONT
BEHIND
학생증
진서현
1학년
2학년
3학년

인평중학교
18
가정통신문

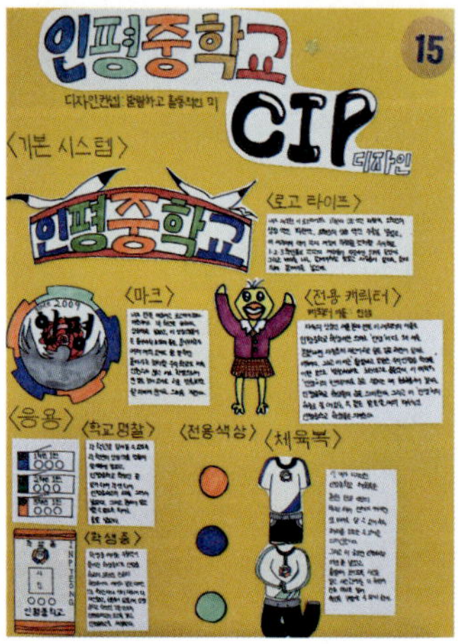
인평중학교
15
CIP
디자인
<기본 시스템>
<로고 타이프>
<마크>
<전용 캐릭터>
<응용>
<학교명찰>
<전용색상>
<체육복>
<학생증>

1
인평중학교
C.I.P
DESIGN
기본시스템
로고타이프
Middle school
INPYEONG
주요색상
마크
응용시스템
명찰
체육복
캐릭터

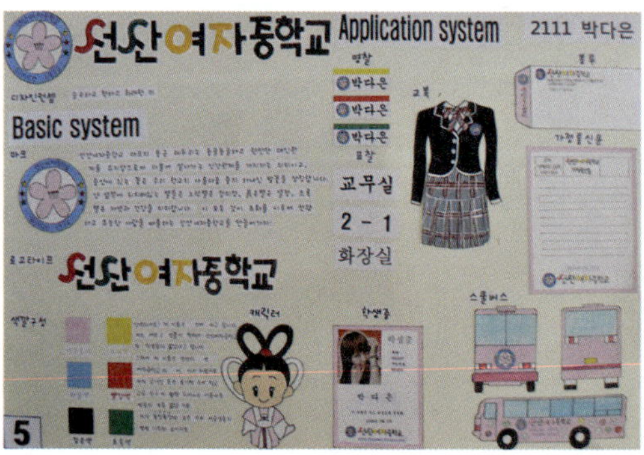
선산여자중학교
Application system
2111 박다은
Basic system
박다은
교무실
2-1
화장실
선산여자중학교
캐릭터
학생증
스쿨버스
5

선산 여자중학교 CIP
선산 여자중학교
조수민

평가하기 평가는 이렇게!

학습내용	평가 요소	평가 기준	내용 요소	
우리 학교 CIP 디자인	CIP 디자인의 창의성	기본 시스템 디자인의 아이디어가 창의적이고 이를 활용한 응용 시스템의 표현이 학교의 특징을 반영하면서도 자신만의 독창적인 아이디어가 잘 반영되었는가?	지식 · 이해	표현주제와 의도
			과정 · 기능	미술 표현 경험을 삶과 연결하기
			가치 · 태도	표현과정에서의 주도성과 성찰
	CIP 디자인의 주제표현	학교의 특징을 잘 반영하여 CIP 디자인의 요소 안에 통일감 있게 잘 녹여내어 디자인하였는가?	지식 · 이해	자신과 환경의 관계 시각 문화의 의미와 역할
			과정 · 기능	이미지를 활용하여 소통하기
			가치 · 태도	자신과 타인의 작품 존중 공동체 문화에 기여

특별한 우리 동네 여행

테마가 있는 우리 동네 인포그래픽 지도

2022 개정 교육과정 핵심 역량 하위요소 – 정체성, 공동체, 시각적 소통

수업소개 '테마가 있는 우리 동네 인포그래픽 지도' 수업은요?

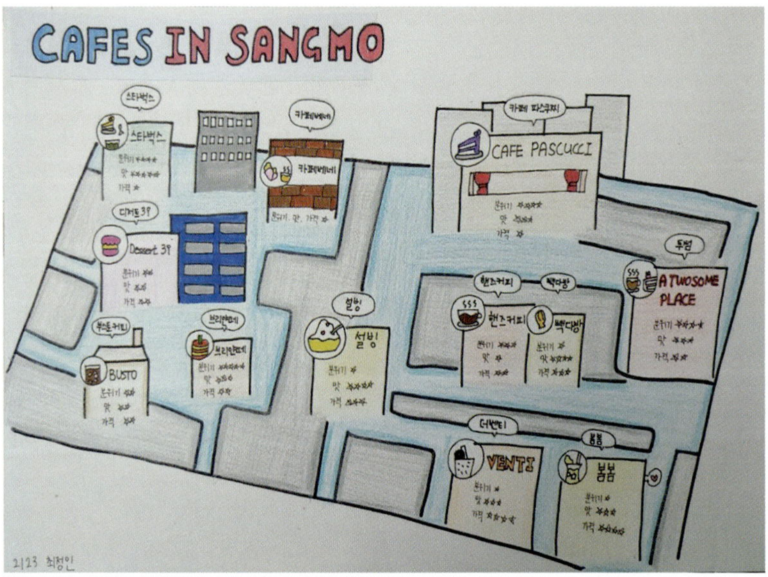

특별한 우리 동네 여행을 떠나볼까요?

매일 아침 등굣길, 집으로 돌아가는 길, 휴일 날 친구들과 만나서 놀던 놀이터와 공원, 근처 맛있는 떡볶이 집... 우리 동네의 정보는 그 동네에 살고 있는 사람들이 가장 잘 알고 있답니다. 자신들의 추억과 경험을 통해 알게 된 정보는 알찬 정보로 다른 어떤 지도 전문가들이 만든 것보다 가치가 있다고 할 수 있습니다. 테마가 있는 우리 동네 인포그래픽 지도는 말 그대로 자신의 경험에서 나온 우리 동네의 정보를 시각적 아이콘을

통해 보다 쉽고 빠르게 정보를 전달해 보는 활동으로 이 수업을 통해 자신이 살고 있는 동네에 대해 관심과 애정을 가지고 마을에 대한 자긍심과 공동체 의식을 기를 수 있는 좋은 기회가 될 것입니다.

영역 통합 2022 개정 교육과정 미술 교과 역량 함양을 위한 미적 체험 - 표현 - 감상 연계

교과 역량	미적 체험	표현	감상
정체성 공동체 시각적 소통	우리 마을 다시 보기	우리 동네 인포그래픽 지도 만들기	지도 공유 및 배포

수업 설계 '테마가 있는 우리 동네 인포그래픽 지도' 수업 디자인

인포그래픽이란? > 우리 마을 다시 보기 > 특색 있는 지도 테마 정하기 > 아이디어 스케치 > 인포그래픽 요소를 활용한 특색 있는 지도 완성하기 > 결과물 공유 및 발표 > 지도 활용하기

수업 과정 안내 수업 과정을 알아볼까요?

❶ 인포그래픽이란?

인포그래픽의 개념과 특징에 대해 알아봅니다.

❷ 우리 마을 다시 보기 – 특색 있는 지도 테마 정하기

• 우리 마을을 탐색하고 자신만의 마을 지도 테마를 정합니다.

마을 지도 테마 정하기	□ 소개하고 싶은 장소	□ 추억의 장소	□ 공공기관, 주요 건물
	□ 자주 가는 곳	□ 기타	
지도의 제목	예) 청소년을 위한 맛집 지도, 친구랑 놀러가기 좋은 핫플 지도, 왕중왕 치킨집을 찾아라!! 등		
지도의 배색과 디자인 스타일			

• 테마에 맞는 장소를 선택하고 자신의 경험, 주민 인터뷰 또는 온라인 검색 등을 통해 정보를 수집하고 정리합니다.

소개할 장소	제공할 정보(특징)
예) A치킨집	메뉴가 다양하다. 가격이 비싸다. 친절하다.

❸ 약도 섬네일 스케치

소개할 장소를 중심으로 지도의 범위를 정하고 구글 지도를 찾은 뒤 단순화하여 약도를 그려 봅니다.

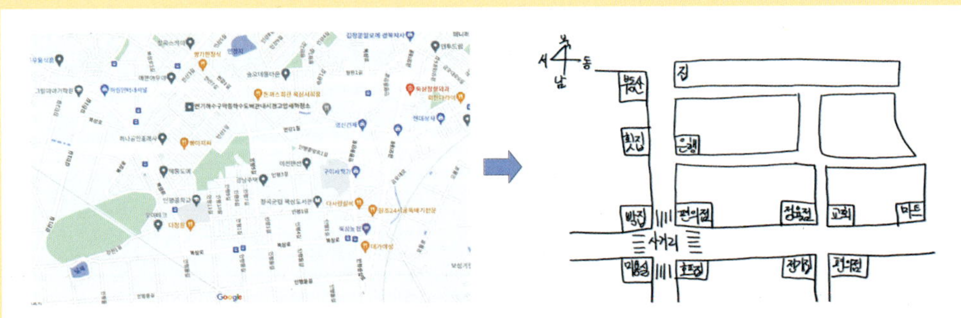

❹ 정보를 인포그래픽으로 바꿔보자!

지도에 나타낼 정보, 장소 등		아이콘	지도에 나타낼 정보, 장소 등		아이콘
학교			가게 정보 프레임		
A치킨집	➡		아파트	➡	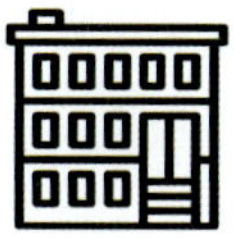
'사장님 최고'			가격		

❺ 인포그래픽 요소를 활용한 특색 있는 지도 완성하기

1. 약도와 아이콘을 활용하여 지도를 스케치합니다.
2. 지도의 제목과 테마와 관련된 정보를 적절한 위치에 적습니다. (제목은 크고 입체적)
3. 이때 레이아웃 디자인을 통해 적절하게 요소들이 배치될 수 있도록 합니다.
4. 채색하고 완성합니다.

❻ 결과물 공유 및 발표

완성 작품 완성 작품을 감상해 볼까요?

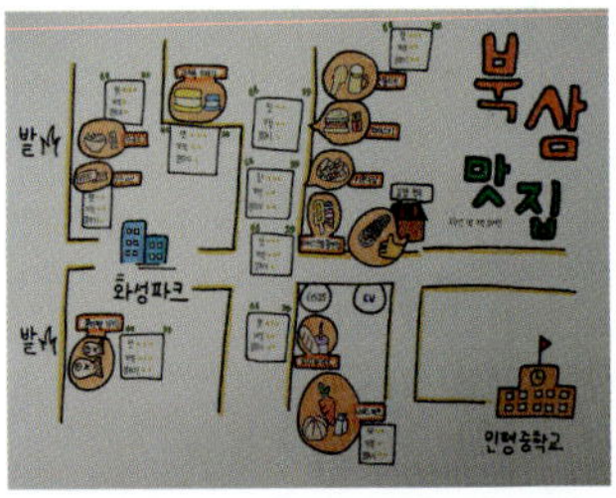

OO 맛집!

우리 동네의 맛집 정보로 가득 찬 지도로 학교 근처 붕어빵 가게, 국수집, 김밥집 등을 표현함. 각 가게의 맛, 가격, 분위기를 별표의 개수로 나타내었고 음식 그림 아이콘으로 한눈에 알아보기 쉽게 표현함

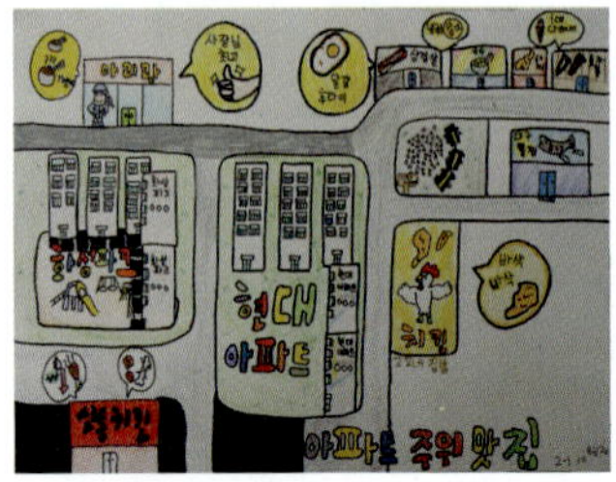

아파트 주위 맛집

자신이 살고 있는 아파트 주변의 맛집들을 자신의 경험과 수집한 정보를 바탕으로 각 식당의 특징을 귀여운 아이콘을 사용하여 나타냄

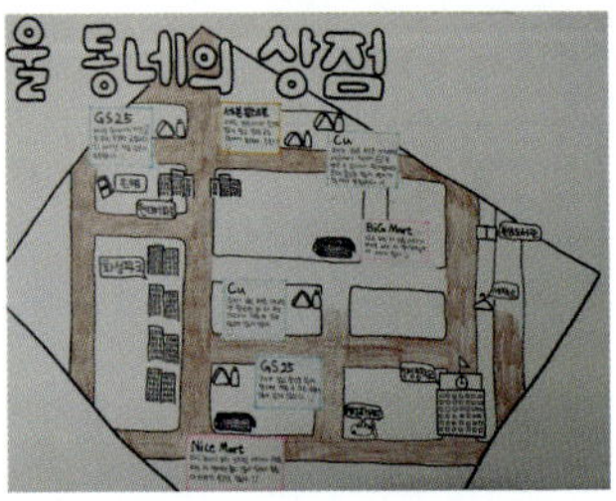

울 동네의 상점

우리 동네의 편의점, 마트 등을 중심으로 지도로 나타내었고 자세한 정보를 사각형 프레임 속에 잘 나타내어 유용한 정보를 제공함

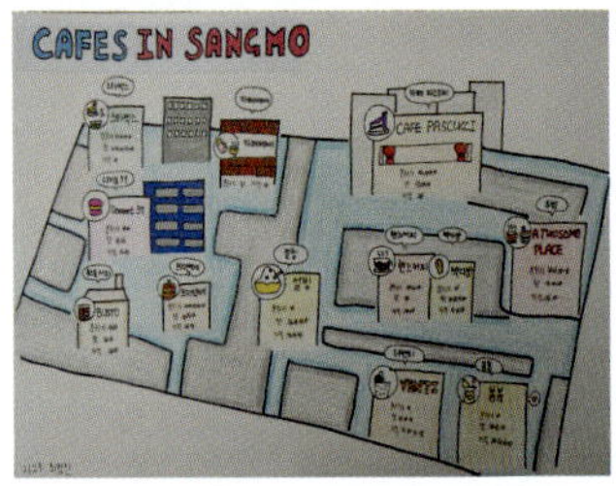

카페 인 OO

우리 동네의 카페의 정보를 수집하고 카페의 대표적인 메뉴를 귀여운 아이콘으로 나타내고 분위기, 맛, 가격 등의 정보를 별 개수로 표현함

친구와 같이 가기 좋은 PLACE

학생의 관점에서 자주 가는 장소를 중심으로 편의점, 도서관, 공원, PC방 등의 정보를 시각적으로 디자인함

BUS STOP MAP

우리 동네의 버스 정류장의 정보를 수집하고 버스 정류장에 정차하는 버스번호의 정보들을 디자인하여 유용한 정보를 제공함

그것이 알고 싶다 - 아파트편

우리 동네의 아파트의 위치와 정보를 제공하는 지도로 제작함

STUDENT'S ACADEMY

우리 동네의 학원 정보를 학생들의 관점에서 수집한 정보를 바탕으로 제작함

평가하기 평가는 이렇게!

학습내용	평가 요소	평가 기준	내용 요소	
인포그래픽 지도	시각 정보 표현력	주제에 맞는 정보를 수집하고 인포그래픽 디자인 요소를 적절하게 사용하여 한눈에 알아보기 쉬운 지도를 제작하였는가?	지식 · 이해	시각 문화의 의미와 역할 생활 속 이미지와 의미 연결하기
			과정 · 기능	이미지를 활용하여 소통하기
			가치 · 태도	주변 환경에 대한 민감성 기르기
	테마의 창의성	자신의 동네의 정보를 수집하고 창의적인 테마의 지도 주제를 정한 뒤 창의적인 관점에서 표현하였는가?	지식 · 이해	시각 문화의 의미와 역할
			과정 · 기능	주제에 적합한 표현 계획하기 미술 표현 경험을 삶과 연결하기
			가치 · 태도	표현 과정에서 주도성과 성찰

관련 미술이론 인포그래픽(inforgraphic)

정보, 자료 또는 지식의 시각적 표현.

▶ **인포그래픽: 정보, 자료 또는 지식의 시각적 표현**

- 정보(information)+그래픽스(graphics)의 합성어입니다.
- 정보를 분석, 정리하여 차트, 그래프, 아이콘, 그래픽스, 이미지 등을 활용하여 시각화합니다.
- 복잡한 정보를 빠르고 명확하게 설명해야 하는 기호, 지도, 기술, 문서 등에서 자주 사용됩니다.

다르게 바라보면 다시 보이는 세상

피카소의 눈으로 본 우리 세상

2022 개정 교육과정 핵심 역량 하위요소 – 공동체, 민주시민 사회

수업소개 '피카소의 눈으로 본 우리 세상' 수업은요?

다르게 바라보면 다시 보이는 세상!

자기 이해와 갈등 해결에 대한 이해의 관점을 확장시켜 '우리'라는 사회적 존재로서의 현대인을 단순화하여 표현해 봄으로써 타인의 삶과 사회에 관심을 가지고 우리가 살고 있는 사회적 제도나 가치관에 대해 비판적인 시각을 키울 수 있는 수업입니다.

영역 통합 2022 개정 교육과정 미술교과 역량 함양을 위한 미적 체험-표현-감상 연계

교과역량	미적 체험	표현	감상
공동체 민주시민 사회	신문에서 사회문제 찾기	사회의 관점을 담은 인물화	입체주의와 게르니카

수업 설계 '피카소의 눈으로 본 우리 세상' 수업 디자인

신문에서 사회현상 찾기 → 입체주의 표현방법 알아보기 (다시점, 동시표현, 면 분할) → 사회현상을 표현한 주제표현 → 발표하기

수업 과정 안내 수업 과정을 알아볼까요?

❶ 주제 탐색

- 신문에서 사회적 문제점을 모색하여 해결방안에 대해 모둠별로 토의합니다.
- 사회문제에 대한 자신의 생각과 문제 해결 방법을 찾아 작품의 표현 의도와 연계하여 주제를 만들어 봅니다.

반영하고자 하는 사회현상은 무엇입니까?	해결방법은 무엇입니까?

❷ 입체주의 표현 방법 알아보기

• 삶의 문제 해결방법을 주제와 아이디어에 적합한 매체를 활용하여 콜라주 기법으로 표현해 봅니다.
• 다각형의 면을 구성하도록 하여 입체주의 화가들의 표현 방법을 적용하여 다시점에 의해 정면과 측면에서 보이는 눈, 코, 입을 표현함으로써 동시 표현의 개념을 이해할 수 있도록 합니다.
• 이를 통해 자신이 반영하고자 하는 사회적 관점을 상징하는 이미지를 더해 주제를 표현합니다.

① 입체주의 화가들의 표현 방법 활용하기
게르니카에서 나타난 다시점, 동시 표현, 면 분할 방법 탐색하기

② 탐색한 방법들을 활용하여 눈, 코, 입 표현하기
③ 사회적 관점을 상징하는 이미지가 잘 드러나도록 표현하기

④ 의미 담기를 통해 작품에 자신의 생각과 의도 적어보기

• 해석 활동: 사회적 관점 적용하기
• 의미 담기(예시)
사회적 약자인 사람, 즉 피해를 입고 고통을 받는 입장의 사람은 침묵하며 울고, 피해를 주고 다니는 사람은 오히려 큰소리를 치며 이야기를 하는 사회의 모순적인 부분을 X-RAY식 표현을 이용하여 입체적으로 나타내었다. 이런 사회의 부조리가 없는 정의로운 사회가 되기 위해서는 모든 사람이 자신의 억울함을 당당하게 얘기할 수 있는 사회 분위기가 조성되어야 할 것 같다.

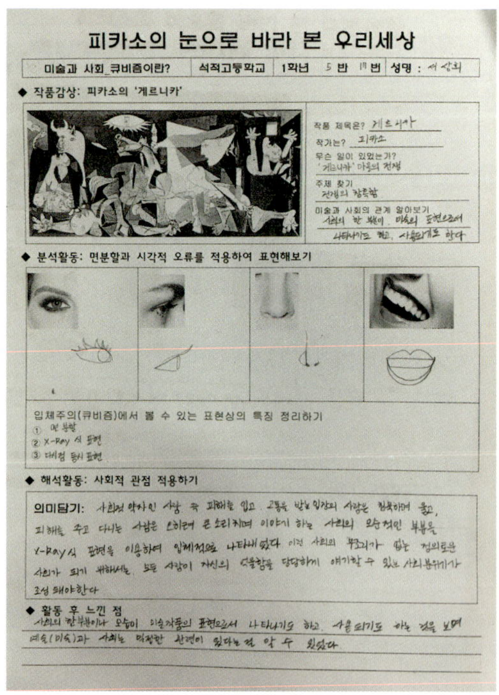
피카소의 눈으로 바라 본 우리세상

미술과 사회_큐비즘이란?	석적고등학교	1학년 5 반 19 번	성명 : 서상희

◆ 작품감상: 피카소의 '게르니카'

작품 제목은? 게르니카
작가는? 피카소
무슨 일이 있었는가? '게르니카' 마을의 전쟁
주제 찾기 전쟁의 잔혹함
미술과 사회의 관계 알아보기 사회의 한 부분이 미술의 표현으로서 나타나기도 하고, 사용되기도 한다

◆ 분석활동: 면분할과 시각적 오류를 적용하여 표현해보기

입체주의(큐비즘)에서 볼 수 있는 표현상의 특징 정리하기
① 면 분할
② X-Ray 식 표현
③ 다시점 동시 표현

◆ 해석활동: 사회적 관점 적용하기

의미담기: 사회적 약자인 사람 즉 피해를 입고 고통을 받는 입장의 사람은 침묵하며 울고, 피해를 주고 다니는 사람은 오히려 큰 소리치며 이야기 하는 사회의 모순적인 부분을 X-Ray식 표현을 이용하여 입체적으로 나타내었다 이런 사회의 부조리가 없는 정의로운 사회가 되기 위해서는 모든 사람이 자신의 억울함을 당당하게 얘기할 수 있는 사회분위기가 조성 돼야한다

◆ 활동 후 느낀 점
사회의 한 부분이나 모습이 미술작품의 표현으로서 나타나기도 하고, 사용되기도 하는 것을 보며 예술(미술)과 사회는 밀접한 관련이 있다는 걸 알 수 있었다

❸ 감상 활동

- 사회적 관점을 반영한 자신의 생각을 표현해 보는 활동을 통해 사회적 관계 속에서 어떠한 가치관으로 극복해 나갈 것인지 생각해보고 한 걸음 더 나아가 실천 방법에 대해 생각해보도록 하였다.

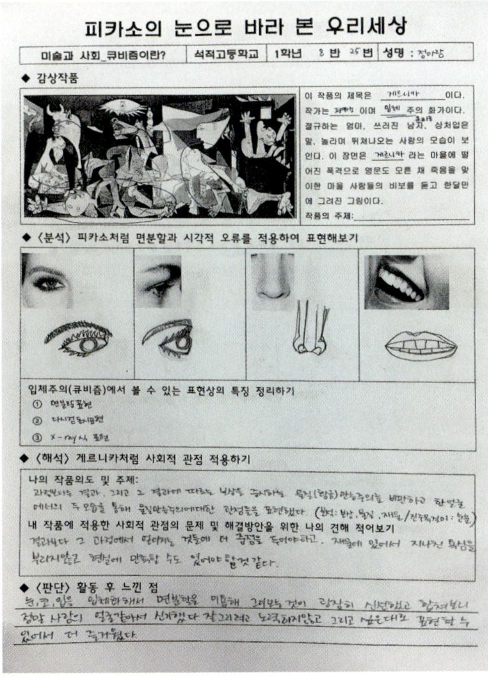

피카소의 눈으로 바라 본 우리세상

미술과 사회_큐비즘이란?	석적고등학교	1학년 8 반 25 번	성명 : 정아랑

◆ 감상작품

이 작품의 제목은 게르니카 이다.
작가는 피카소 이며 입체 주의 화가이다.
절규하는 엄마, 쓰러진 남자, 상처입은 말, 놀라며 뛰쳐나오는 사람의 모습이 보인다. 이 장면은 게르니카 라는 마을에 떨어진 폭격으로 영문도 모른 채 죽음을 맞이한 마을 사람들의 비보를 듣고 한달만에 그려진 그림이다.
작품의 주제: ________

◆ 〈분석〉 피카소처럼 면분할과 시각적 오류를 적용하여 표현해보기

입체주의(큐비즘)에서 볼 수 있는 표현상의 특징 정리하기
① 면분할표현
② 다시점동시표현
③ X-ray식 표현

◆ 〈해석〉 게르니카처럼 사회적 관점 적용하기

나의 작품의도 및 주제:
과정보다는 결과, 그리고 그 결과에 따라는 보상을 중시하는 물질(황금)만능주의를 비판하고 한 얼굴에서의 두 모습을 통해 물질만능주의에대한 관점들을 표현했다.

내 작품에 적용한 사회적 관점의 문제 및 해결방안을 위한 나의 견해 적어보기
결과보다 그 과정에서 얻어지는 것들에 더 중점을 두어야하고, 재물에 있어서 지나친 욕심을 부리지않고 현실에 만족할 수도 있어야 할것같다.

◆ 〈판단〉 활동 후 느낀 점
눈, 코, 입을 입체화해서 면분할을 이용해 그려보는 것이 굉장히 신선했고 합쳐보니 정말 사람의 얼굴같아서 신기했다 잘 그리려고 노력하지않고 그리고 싶은대로 표현할 수 있어서 더 즐거웠다

〈해석〉 게르니카처럼 사회적 관점 적용하기

- 나의 작품 의도 및 주제
  예) 과정보다는 결과, 그리고 그 결과에 따라 보상을 중시하는 물질만능주의를 비판하고 한 얼굴에서 두 모습을 통해 물질만능주의에 대한 관점들을 표현했다.
- 내 작품에 적용한 사회적 관점의 문제 해결 방안을 위한 나의 견해 적어 보기
  예) 결과보다는 그 과정에서 얻어지는 것들에 더 중점을 두어야 하고 재물에 있어서 지나친 욕심을 부리지 않고 현실에 만족할 수도 있어야 할 것 같다.

완성 작품 완성 작품을 감상해 볼까요?

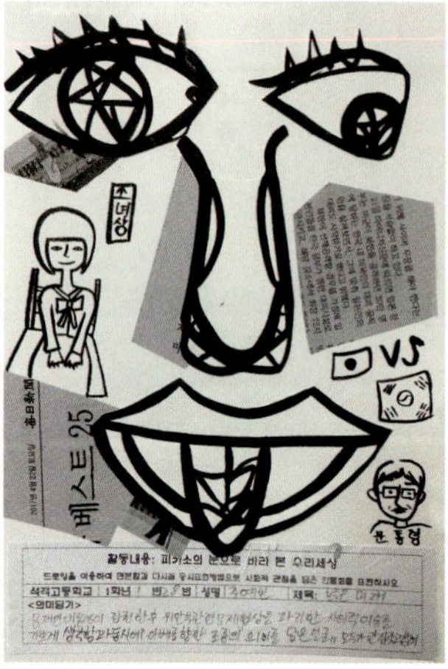

평가하기 평가는 이렇게!

학습내용	평가 요소	평가 기준	내용 요소	
사회적 관점을 담은 인물화	주제 표현 및 조형성	피카소 〈게르니카〉의 시대적, 사회적 맥락을 이해하고 입체파의 미적 형식을 활용하여 자신의 사회적 관점에서의 비판 의식을 담아 창의적으로 표현하였는가?	지식 · 이해	미술의 시대적, 지역적, 사회적 맥락
			과정 · 기능	주제에 적합한 표현 계획하기 미술 표현 경험을 삶과 연결하기
			가치 · 태도	표현 과정에서의 주도성과 성찰

관련 미술이론 피카소의 게르니카

1937년 4월 16일 스페인 북부 작고 조용하던 마을 게르니카에 떨어진 폭격으로 많은 사람들이 영문도 모른 채 죽음을 맞이하게 된다. 폭격의 이유는 나치의 무기성능 테스트. 전쟁의 참혹함을 처절하게 보여주기 위해 검정, 흰색, 회색만 사용하여 암담함을 표현하였고, 죽은 아이를 안고 절규하는 엄마의 모습, 창에 찔린 말, 폭격 속에서 뛰쳐나오는 사람 등 비인간적이고 잔인한 전쟁의 고통과 슬픔을 표현하고 있다. 이후 게르니카는 반전과 평화를 사랑하는 대표적인 그림이 된다.

생각대로 미술, 개념미술

개념미술, 텍스트와 이미지로 메시지 던지기

2022 개정 교육과정 핵심 역량 하위요소 – 심미적 감성, 민주시민 사회

수업소개 '개념미술, 텍스트와 이미지로 메시지 던지기' 수업은요?

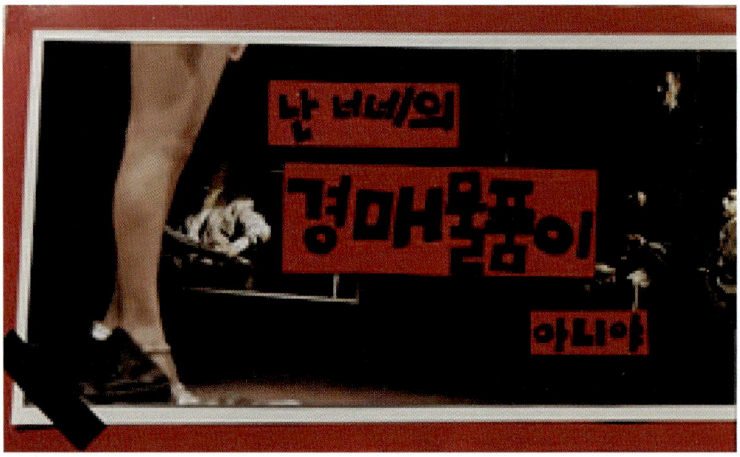

생각대로 미술, 개념미술로 생각하고 비판하기!

인상주의 미술 이후 형태가 해체되고 색채는 자유를 찾은 이후에도 미술의 정의는 계속하여 확장되어왔고 끊임없이 화가들의 도전을 받으며 변해왔습니다. 1970년대 미니멀리즘의 등장 이후 물질적 결과물인 작품 없이 예술가의 아이디어만으로도 예술로 인정받는 개념미술이 등장하게 되었습니다. 개념미술은 주로 회화나 조각이 아닌 문자, 기호, 사진, 영상, 도표, 지도, 퍼포먼스 등의 형식을 사용하는데 대표적인 화가 중 한 사람인 바버라 크루거의 작품 형식을 차용하여 사회 비판적인 개념미술 작품을 제작해 보는 수업입니다.

영역 통합 2022 개정 교육과정 미술 교과 역량 함양을 위한 미적 체험 - 표현 - 감상 연계

교과 역량	미적 체험	표현	감상
심미적 감성 민주시민 사회	사회 문제에 대한 비판적 사고 기르기	텍스트+이미지로 의미 전달	개념미술 작품 감상 완성작 감상 및 전시

수업 설계 '개념미술, 텍스트와 이미지로 메시지 던지기' 수업 디자인

개념 미술 이란? > 바버라 크루거 작품 감상하기 > 사회 문제 선택 하기 > 이미지 및 텍스트 정하기 > 이미지와 텍스트로 개념미술 작품 만들기 > 작품 비평 감상문 작성 > 발표 하기 > 전시 및 공유

수업 과정 안내 수업 과정을 알아볼까요?

❶ 개념미술이란?

- 생각하는 것만으로도 미술이 된다구요?
  나의 생각만으로도 작품이 되는 미술이 있습니다.
  바로 개념미술인데요.
  개념미술의 형식 중 언어(텍스트)를 사용하여 사회참여 미술을 추구한 바버라 크루거의 작품처럼 사회 비판 메시지가 담긴 작품을 제작해봅시다.

- 오른쪽 광고를 한 번쯤은 본 적이 있을 거예요.
  이 유명 브랜드에 영감을 준 아티스트가 바로 바바라 크루거입니다.

Supreme

- 바바라 크루거는 문자와 사진을 조합해 낙태, 에이즈, 실업, 가정폭력과 같은 현실적인 문제들을 제기하는 사회 참여적인 작업을 했습니다. 더욱이 그녀는 길가의 광고판, 포스터, 엽서, 잡지광고 등의 형식으로 작품을 만들어 많은 이들이 쉽게 접할 수 있도록 했습니다.

"Your Body Is A Battleground"
(당신의 몸은 전쟁터다)

바바라 크루거가 현장에서 배포해 1989년 워싱턴 D.C.에서 있었던 낙태 합법화 찬성 행렬을 위한 포스터로 쓰인 작품입니다.
여성의 몸을 전쟁터로 해석한 것은 낙태의 권리를 가지고 여성과 남성 간에 벌어진 싸움을 상징합니다. 즉 여성이 아닌 남성들이 낙태에 대한 권리를 가지고 있다는 사실에 대한 절망과 분노를 그대로 녹여낸 작품입니다.

❷ 사회 문제에 관심 가지기

이미지와 텍스트 정하기

- 바바라 크루거처럼 사회 문제를 찾아보고 적절한 텍스트와 이미지를 통해 비판 또는 참여할 수 있는 미술 작품을 만들어 봅시다.
- 온라인 뉴스나 기사 검색을 통해 우리가 살고 있는 세상의 다양한 모습에 대해 생각해 보고 관심 있는 사회 분야의 주제를 선정해 봅시다.
  그리고 그 주제를 비판적인 시각으로 생각해 봅시다.

관심 있는 사회 분야	(예: 정치, 경제, 교육 등)
비판하고 싶은 사회 주제	(예: 외모가 그렇게 중요한가? 대학은 꼭 가야 하는가? 왜 인류의 절반은 가난한가?)

- 바바라 크루거처럼 '텍스트' + '이미지'를 통해 사회 비판적인 개념 미술 아이디어를 생각해 봅니다.

관심 주제를 나타낼 수 있는 텍스트 정하기(한 문장으로)	
당신의 메시지를 전달하기 위해 필요한 이미지는 어떤 것인가요?	

❸ 텍스트와 이미지로 개념 미술 작품 만들기

바버라 크루거 작품 형식처럼 빨간 색지와 이미지, 자신이 선택한 텍스트를 잘 배치하여 개념미술 작품을 완성합니다.

❹ 자기 작품 비평 감상문 작성 및 발표

자신의 작품에 대한 비평 감상문을 완성합니다. 발표를 통해 다른 학생들의 생각을 같이 공유하며 다양한 사회 문제들에 대해 의견들을 나누어 봅니다.

완성 작품 완성 작품을 감상해 볼까요?

제목: I'm not toy

유기 동물 문제를 인형 뽑기 기계에 빗대어 표현을 했다. 작품을 제작하게 된 의도는 유기동물들이 너무 불쌍하다는 생각이 들었고 생명을 존중하지 않는 사람들을 비판하고 더 이상 유기 동물이 생기지 않기를 바라는 마음으로 제작했다. 사람들이 지나가는 거리 가운데 뽑기 기계에 매달려 있는 강아지 사진을 붙임으로써 유기 동물에 관심을 가지지 않고 무관심하게 지나가는 현대의 사람들을 비판하였다.

제목: Don't forget us

이 작품의 주제는 위안부 피해자를 잊지 말아야 한다는 것이고 피해자 할머니들을 위해 설치된 소녀상의 그림자와 나비의 이미지를 통해 위안부 문제에 관심을 가지자는 메시지를 표현하였다.

제목: 난 너네의 경매물품이 아니야

이 작품은 여성을 평가하며 부정적인 시선을 주는 남성들을 비판하는 내용을 표현하고 있다. 이 작품으로 남성들이 여성들의 외모를 평가하거나 비하 등을 하지 않았으면 좋겠다. 영화의 한 장면인 이미지는 실제 영화에서도 여자를 경매하는 장면이기에 사용하였다.
SNS에서도 여성의 외모를 평가하는 사람이 많다. 심지어 같은 여자들조차 평가하기도 하고, 점수를 매기기도 하고 성적으로 모욕을 주는 태도가 싫어 작품을 통해 평가받는 여성의 마음을 생각해 줬으면 하는 바람이다.

평가하기 평가는 이렇게!

학습내용	평가 요소	평가 기준	내용 요소	
개념미술 제작	주제표현	개념미술의 특징을 이해하고 주제에 맞는 이미지와 텍스트를 활용하여 사회문제에 대한 자신의 생각이 잘 드러날 수 있도록 표현하였는가?	지식 · 이해	삶과 미술의 관계 표현 주제와 의도
			기능 · 과정	이미지를 비판적으로 해석하기 미술 표현 경험을 삶과 연결하기
			가치 · 태도	자신와 환경에 대한 감수성 자신과 타인의 작품 존중

관련 미술이론 개념미술

▶ 개념미술 – 개념을 재료로 한 미술! 미술가의 아이디어가 작품(본질)이 되는 미술

- 개념은 주로 언어와 아주 밀접한 관계가 있기 때문에 개념미술은 주로 언어를 재료로 하는 예술형식을 가진다.
- 완성된 작품 자체보다 그 작품이 탄생하는 과정과 아이디어에 초점을 맞추는 현대 미술의 경향으로 회화나 조각이 아닌 문자, 기호, 사진, 영상, 도표, 지도, 퍼포먼스 등의 형식을 사용한다.

▶ 개념 미술의 전개

- 오브제로서의 작품
  오브제를 통해 비물질적인 관념을 제시하여 개념미술이라는 예술의 새로운 정의의 바탕이 되었다.
- 미니멀리즘 작품
  '미술의 요소들을 제거하고도 예술이 될 수 있을까?'에 대한 질문에서 시작된 미술로 모든 요소들을 제거하고 결국 남는 것은 작가의 관념이다. 이런 개념에 기초한 미니멀리즘은 개념미술의 시초가 되었다.

• **최초의 개념미술가**

최초의 개념미술가인 멜 보크너는 읽어야 하는 작품을 제작하며 개념미술의 장을 열었다. 1966년 제작된 이 작품은 드로잉과 작업 구상을 담은 종이를 복사한 네 권의 파일 노트를 전시하였다.

멜 보크너, 미술로 보여질 필요가 없는 종이 위의 작업 드로잉과 그 외의 다른 시각적인 것들, 1966년

▶ 개념미술의 대표적인 4가지 형식

① **상징화된 오브제 '레디메이드(ready - made)'로 일상의 사물**을 예술로 선언하는 형식으로 물체가 가지고 있는 개념을 변화시켜 새로운 상징적 요소를 만들어 내는 형식
작가: 마우리치오 카텔란

마우리치오 카텔란, 코미디언(Comedian), 2019년

② **결과보다는 관념의 과정을 중요시**하며 미술을 창작하는 사고의 과정을 작품의 결과보다 더 중요시하는 형식
작가: 데이미언 허스트

데이미언 허스트, 천 년, 1990년

③ **언어를 사용**하여 사회 문제에 참여하거나 비판하는 형식
작가: 제니 홀저, 바버라 크루거

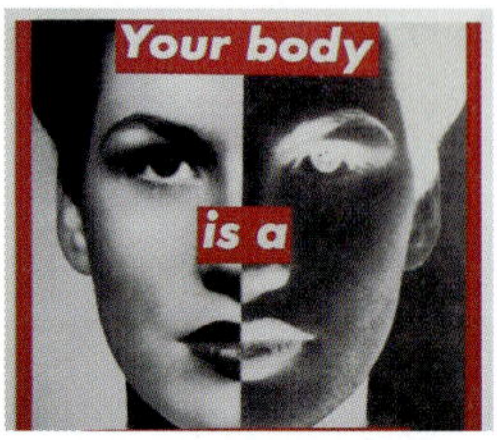

바버라 크루거, Untitled (Your Body Is A Battleground), 1989년

④ **'자료형식(documentation)'**은 작가의 사고와 관련된 여러 물건들, 문서 등을 모아서 전시하는 형식
작가: 존 라담

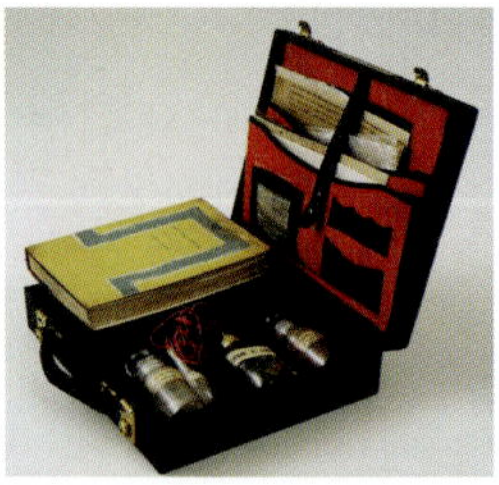
존 라담, Art and Culture evidence, 1966년

수업의 확장 관련 작가의 작품을 탐구해볼까요?

▶ 마이클 크레이그마틴(Michael Craig - Martin)

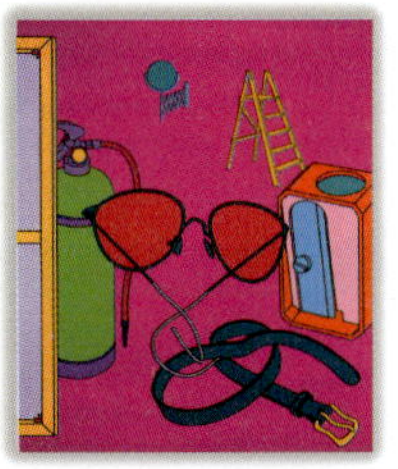

① 일상의 오브제를 작가의 독창적인 기법으로 재탄생시킨 1세대 개념 미술의 선구자이며 선과 색으로 개념을 그리는 화가입니다.

② 작가의 작품 형식을 사용하여 다음과 같은 수업도 할 수 있어요!

네온선을 이용하여 일상의 오브제를 간단한 선으로 표현한 작품을 제작해 볼 수 있어요.	3D펜을 활용하여 선의 조형성을 살려 입체적인 작품을 표현하는 수업입니다. 새로운 매체의 활용으로 학생들이 흥미롭게 참여할 수 있답니다.	전기 테이프를 잘라 붙이는 방법으로 일상의 공간에 선으로 표현해 볼 수 있어요. 모둠별 협동작품으로 제작하여 포토존으로도 활용 가능합니다.

▶ 조셉 코수스(Joseph kosuth)의 〈one and Three Chairs〉

의자와 이 의자를 찍은 실물 크기의 사진, 그리고 사전에 실린 의자의 설명문이 삼위일체한 작품입니다.

- 작가의 작품 형식을 사용하여 다음과 같은 수업도 할 수 있어요.
- 자신을 가장 잘 나타낼 수 있는 사물을 선택하고 조셉 코수스처럼 표현해 보는 수업입니다.
  ① 자신에게 가장 의미 있는 사물(오브제)을 선택하게 합니다.
  ② 코수스처럼 오브제의 사진, 실제 오브제, 오브제의 정의 또는 오브제를 선택한 이유 등의 텍스트가 적힌 종이를 준비합니다.
  ③ 전시 가능한 장소를 교사가 정한 후 자신의 작품을 전시 후 사진으로 촬영 후 제출합니다.
  ④ 자신의 작품에 대해 발표하고 공유합니다.

민주시민으로 함께 살아가기

공공미술로 사회문제 참여하기 - 소녀상

2022 개정 교육과정 핵심 역량 하위요소 – 정체성, 공동체, 민주시민 사회

수업소개 '공공미술로 사회 문제 참여하기' 수업은요?

함께 살아가는 세상, 더 나은 세상을 위한 미술

미술은 역사적으로 인간 사회에서 고유의 기능과 역할을 담당해 왔습니다. 미술은 개인의 느낌과 생각을 표현하고 시각 언어를 매개로 생활 속에서 창조되고 활용되며, 풍요롭고 편리한 생활을 영위하는 데 다양한 기능과 역할을 수행해 왔습니다. 미술의 여러 가지 기능 중 사회적 기능에 대해 이해하고 청소년으로서 우리 사회 문제에 대해 관심을 가지고 미술을 통해 자신의 생각과 감정을 표현해봄으로써 미술이 우리의 삶에 미치는 영향에 대해 배울 수 있는 수업입니다. 특히 우리 사회의 공동체 문제 중 '위안부' 이슈에 대해 생각해 보고 미술이라는 매개체를 통해 참여하여 자신의 생각을 표현해 볼까요?

영역 통합 2022 개정 교육과정 미술 교과 역량 함양을 위한 미적 체험 - 표현 - 감상 연계

교과 역량	미적 체험	표현	감상
정체성 공동체 민주시민	사회 문제에 관심 갖고 참여하기	소녀상 재해석하여 만들어 보기	작품 설치 및 발표

수업 설계 '공공미술로 사회문제 참여하기' 수업 디자인

공공 미술의 개념 이해 > 사회 문제에 참여한 미술 작품 감상하기 > 위안부 문제에 대해 알아보기 > 공공미술 '소녀상'의 숨겨진 상징성 찾기 > 소녀상 재해석 하기 > 재해석 작품 완성하기 > 작품 전시

수업 과정 안내 수업 과정을 알아볼까요?

❶ 공공미술의 개념 이해

• 미술의 사회적 기능(역할)과 공공미술에 대해 알아봅니다.

러버덕(Rubber duck), 플로렌타인 호프만(Florentijn Hofman)

〈Square - M, Communication〉, 유영호

❷ 사회문제에 참여한 미술 작품 감상하기

- 미술의 사회적 기능 이해하기
  ① 파블로 피카소의 〈게르니카〉
  ② 오노레 도미에의 작품
  ③ 우리나라 민중미술

위 세 가지 작품을 감상하며 미술의 사회적 기능과 역할에 대해 생각해 봅니다.

① 파블로 피카소 〈게르니카Guernica〉

스페인 내전 당시 독일군이 스페인 게르니카 지역 일대를 1937년 4월 26일 24대의 비행기로 폭격하는 참상을 신문으로 보고 파블로 피카소가 그린 그림입니다.

파블로 피카소, 1937년, 유화, 349.3×776.6cm, 305.5×137.4cm, 스페인 마드리드 국립 소피아 왕비 예술센터

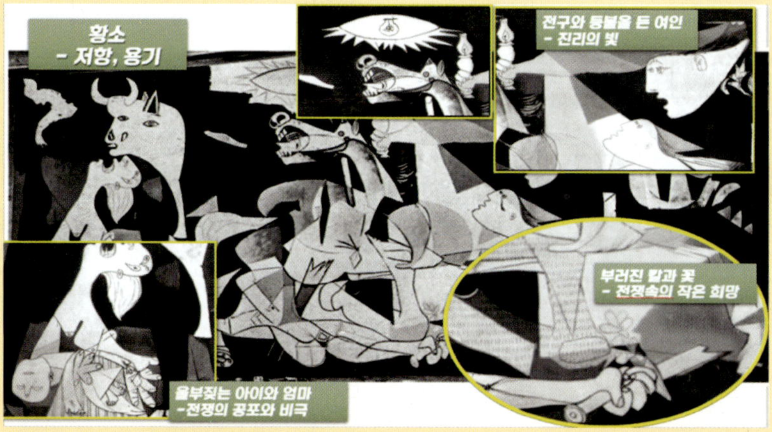

그림 속의 상징성

- **황소**: 저항, 용기
- **전구와 등불을 든 여인**: 진리의 빛
- **부러진 칼과 꽃**: 절망 속의 작은 희망
- **울부짖는 아이와 엄마**: 전쟁의 공포와 비극

② 19세기 사실주의 미술 – 오노레 도미에

- 19세기 사실주의: 있는 그대로의 현실을 미화하지 않고 그리는 미술 사조입니다.
- 오노레 도미에: 사실주의 화가로 당시 시대 상황을 표현한 정치적 풍자화를 그린 화가입니다.

삼등 열차(The Third-Class Carriage), oil on canvas, 1862, 고된 노동의 하루를 보내고 삼등열차에 오른 서민의 모습을 통해 그들의 애환을 표현하고 있다.

트랑스노냉의 거리, 1834년 4월 15일, 1834, 석판화 44.5×29cm, 프랑스 파리 국립도서관
파리에서 일어난 민간인 학살을 그린 그림으로 노동자들의 반란을 무자비하게 제압한 프랑스 군대를 신랄하게 비판한 사회풍자 그림이다.

③ 1970년대 우리나라 민중미술

- 민중미술이란?

  1980년대 진보적인 미술인들을 중심으로 일어났던 미술 사조입니다.

  민중미술은 1980년대에 기존의 심미주의적 형식주의가 판치는 미술계에 대한 반성으로, 미술을 통해 사회에 대해 발언하고 민주화 운동을 함께 해야 한다는 미술인들의 자각으로 일어난 미술입니다.

임옥상(1950~), 귀로2, 종이부조에 먹, 채색, 180cm×260cm, 1983
격변하는 시대의 부조리한 현실을 사실적으로 해석하며 산업구조의 변화로 인해 붕괴된 농촌을 배경으로 삶의 애환, 분노, 좌절, 희망 등을 표현한 그림이다.

❸ 위안부 문제에 대해 알아보기

영상을 시청하며 우리 사회의 위안부 문제에 대해 생각해 보도록 합니다.

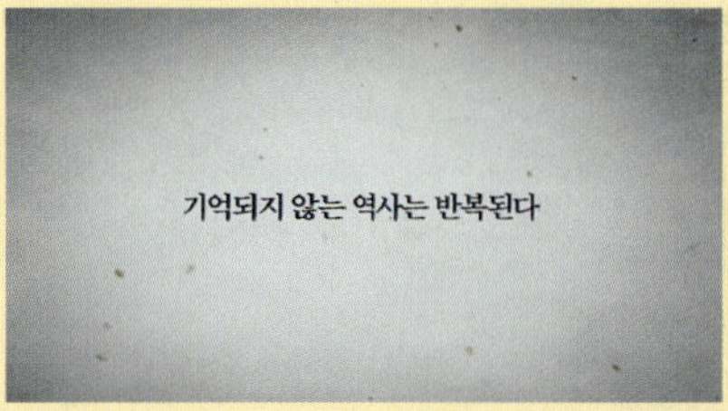

❹ 공공미술 '소녀상'의 숨겨진 상징성 찾기

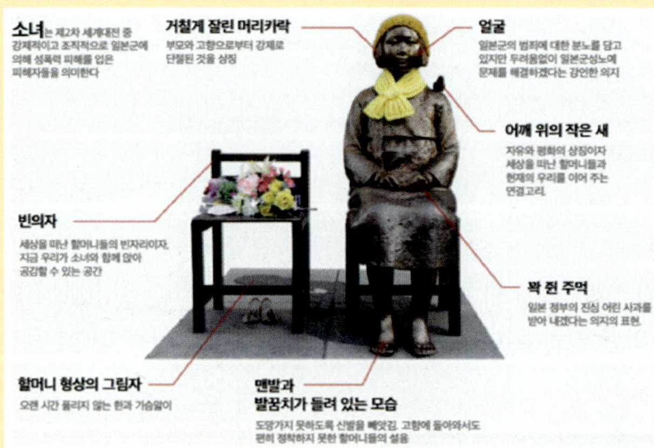

소녀상의 상징성

① **거칠게 잘린 머리카락**: 부모와 고향으로부터 강제로 단절된 것을 상징
② **얼굴**: 일본군의 범죄에 대한 분노를 담고 있지만 두려움 없이 일본군 성노예 문제를 해결하겠다는 강인한 의지
③ **어깨 위의 작은 새**: 자유와 평화의 상징이자 세상을 떠난 할머니들과 현재의 우리를 이어 주는 연결고리
④ **빈 의자**: 세상을 떠난 할머니들의 빈자리이자 지금 우리가 소녀와 함께 앉아 공감할 수 있는 공간
⑤ **꽉 쥔 주먹**: 일본 정부의 진심 어린 사과를 받아 내겠다는 의지와 표현
⑥ **맨발과 발꿈치가 들려 있는 모습**: 도망가지 못하도록 신발을 빼앗김. 고향에 돌아와서도 편히 정착하지 못한 할머니들의 설움

❺ 소녀상 재해석하기

- 상징성 바꿔보기
- 소녀상의 상징성을 자신의 생각을 담아 바꿔보세요.
  ① 머리 모양, 소품을 바꿔보세요.
  ② 어깨 위의 새를 다른 동물로 바꿔 보고 그 이유도 적어보세요.
    - 내가 선택한 동물: ___________
    - 그 의미 - _______________
  ③ 빈 의자 위에 놓을 할머니들을 위한 선물
    - 내가 선택한 선물 ___________
    - 그 의미는? _____________
  ④ 할머니들에게 하고 싶은 말을 적어보세요. ____________________

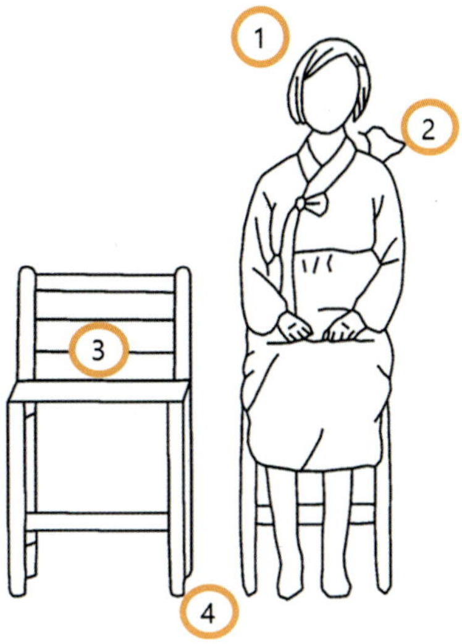

❻ 공공미술 재해석 작품 제작하기

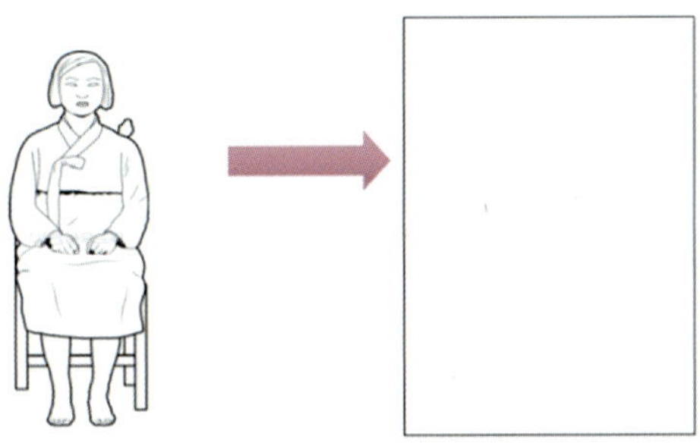

- 소녀상 도안을 활용하여 도화지에 재해석한 소녀상으로 바꾸면서 그립니다. 도화지 크기는 8절 도화지를 4등분하여 사용하면 됩니다.
- 네임펜으로 따라 그린 후 마카 등으로 채색합니다.
- 완성 후 가위로 소녀상을 오려 냅니다.

❻-1 의자 만들기

- 미니어처 의자 키트를 활용하여 의자 2개를 만듭니다.
- 목공풀을 사용하여 튼튼하게 고정합니다.

❻-2 클레이로 빈 의자 위 선물 만들기

클레이로 의자 위에 놓아 둘 할머니를 위한 선물을 입체적으로 만듭니다.

❻-3 소녀상 작품 진열판 만들기

- 우드락을 가로 12cm×세로 8cm로 자릅니다.
- 크래프트지 또는 도화지를 우드락 크기로 자른 후 우드락에 양면테이프로 붙여줍니다.

❼ 완성하기

- 의자 두 개를 진열판 위에 붙이고 오린 소녀상을 의자에 앉은 것처럼 풀로 붙입니다.
- 클레이로 만든 선물은 의자 위에 놓습니다.
- 마지막으로 할머니들에게 전하고 싶은 이야기를 적은 종이를 붙인 후 완성합니다.

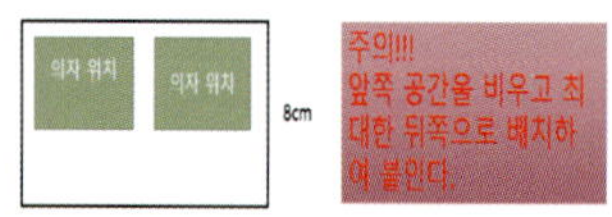

❽ 작품을 모아 협동 작품으로 전시한다.

완성 작품 완성 작품을 감상해 볼까요?

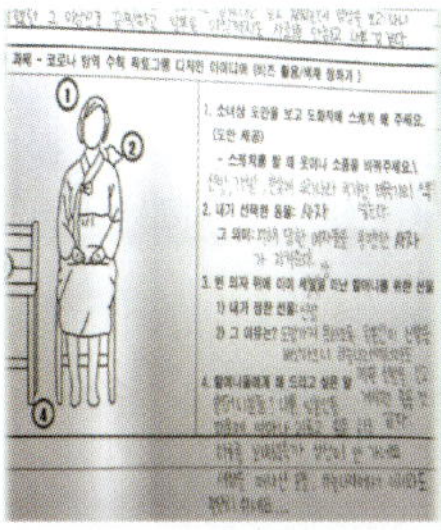

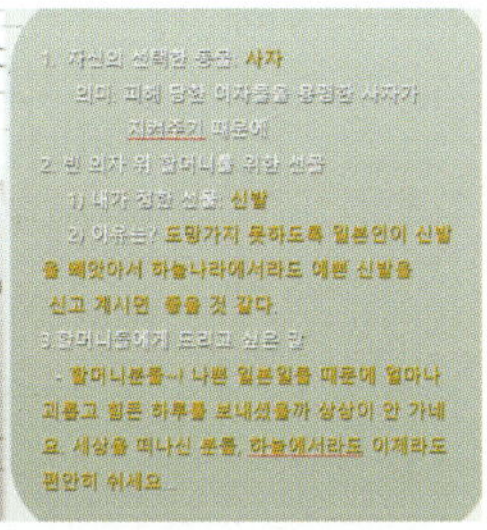

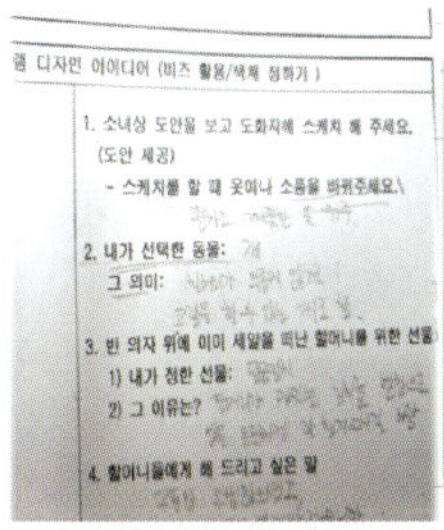

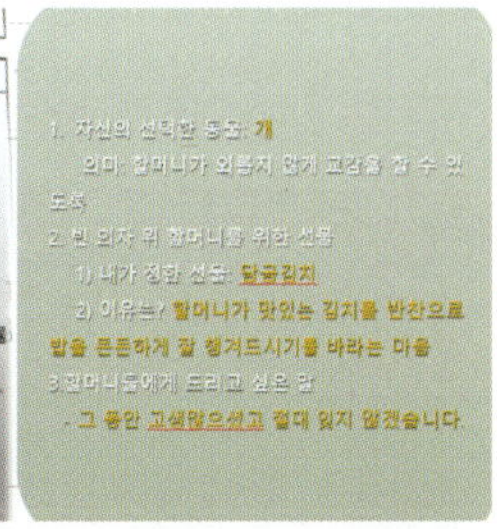

평가하기 평가는 이렇게!

학습내용	평가 요소	평가 기준	내용 요소	
공공미술 제작	공공미술 작품의 조형성	사회 공동체 문제에 대해 생각해 보고 공공미술 작품을 재해석한 후 자신의 생각과 느낌을 반영하여 표현하고 소통함으로써 사회 문제에 참여하는 태도를 기를 수 있었는가?	지식 · 이해	삶과 미술의 관계 표현 주제와 의도
			과정 · 기능	이미지를 비판적으로 해석하기 미술 표현 경험을 삶과 연결하기
			가치 · 태도	미술 감상 경험을 삶과 연결하기 공동체 문화에 기여

관련 미술이론 미술의 기능과 역할, 공공미술이란?

▶ 미술의 기능과 역할

- 표현의 기능: 인간의 개인이 감정과 사고, 경험을 시각적으로 표현하는 기능
- 교육적 기능: 시각적 사고와 창의성을 길러주고 문화를 이해하는 교육적 기능
- 기록의 기능: 정치, 경제, 종교, 문화 등의 역사적 사실을 기록하는 기능
- 장식의 기능: 주변의 공간을 조형미를 살려 아름답게 꾸미어 삶의 질을 높이는 기능
- 사회적 기능: 작품을 통해 다양한 사회 문제에 참여하는 기능

▶ 공공미술

- 예술가와 지역 사람들의 참여로 공공의 공간을 아름답고 의미 있게 만드는 미술 활동
- 공공 미술은 조형물을 만드는 데 그치지 않고 미술을 통해 지역과의 소통과 의식 형성에 영향을 미침.

수업의 확장

이렇게도 수업할 수 있어요!

▶ 다양한 소재, 재료 및 주제와 연결하여 공공미술을 제작할 수 있어요.

① 소재, 재료를 활용한 공공미술을 제작하여 학교에 설치해봅시다.

한글 활용 공공미술

전기 테이프를 활용한 공공미술

② 우리 마을의 특징을 반영하여 공공의 장소에 설치할 작품을 계획해 볼 수 있답니다.

대구 지역 공공미술 - 대프리카를 상징한 작품

부산 - 부산의 관광 명소 감천 문화마을에 설치된 공공미술

일상에서 떠나는 세계 여행

문화 다양성을 그리다

2022 개정 교육과정 핵심 역량 하위요소 – 공동체, 민주시민 사회

수업소개 '문화 다양성을 그리다' 수업은요?

"세상은 틀린 것이 아니라 서로 다를 뿐이야!"

당신의 다양성은 안녕하신가요? 사회가 복잡해지고 발달할수록 구성원들 간의 사회적, 문화적 갈등 또한 심해지고 있습니다. 특히 대한민국에서는 다름을 넘어 혐오의 수준으로까지 진행되고 있는데 '맘충', '틀딱' 이런 표현들이 그 대표적인 예라고 할 수 있죠. 유네스코에서는 이미 2001년에 '세계문화 다양성 선언'을 통해 차별과 갈등을 넘어 존중과 공존의 문화를 추구하고 있습니다. 낯설고 이질적인 타 문화에 대한 편견을 지양하고 소통을 통해 이해를 추구하며 궁극적으로는 인류 전체의 발전과 평화를 목표로 하고 있습니다. 미술사에서 문화 다양성을 추구한 포스트모더니즘 미술 작품에 대해 감상하고 문화 다양성을 나타낼 수 있는 주제를 스스로 찾아본 뒤 이미지를 통해 표현하고 같이 공유함으로써 다름에 대해 생각해 볼 수 있도록 구성하였습니다.

영역 통합 2022 개정 교육과정 미술 교과 역량 함양을 위한 미적 체험-표현-감상 연계

교과 역량	미적 체험	표현	감상
심미적 감성 공동체 민주시민 사회	문화 다양성에 대해 생각하고 토론해 보기	문화 다양성을 표현할 수 있는 주제 표현	포스트모더니즘 미술 감상

수업 설계 '문화 다양성을 그리다' 수업 디자인

문화 다양성이란? > 포스트 모더니즘 미술 작품 감상 > 문화 다양성을 표현할 수 있는 주제 정하기 > 정보검색 > 아이디어 스케치 > 작품 완성하기 > 결과물 공유 및 발표

수업 과정 안내 수업 과정을 알아볼까요?

❶ 문화다양성이란?

• 문화 다양성 감수성 테스트
나의 문화 다양성 감수성은 얼마나 될까요? 간단한 테스트를 통해 알아봅시다.

사이트에서 문화 다양성 감수성 테스트를 해 봅니다.
(초등학생용, 일반인용 중 선택)

• 문화 다양성 감수성 테스트
• http://test.ollybolly.org/

❷ 포스트모더니즘 미술 감상

- 미술에서 다양성을 추구한 미술사조
  미술사에서 다양성을 추구한 포스트모더니즘 미술에 대해 알아보고 다양성을 추구한 미술 작품들을 감상합니다.

❸ 문화 다양성 표현 주제 찾기

- 문화 다양성을 표현할 수 있는 주제를 정해봅니다.
- 작품의 형식은 '안젤리카 다스'의 작품을 차용해서 만들어봅니다.

자신이 생각하는 문화적 다양성에는 어떤 것들이 있을까요? 문화적 다양성을 표현할 주제를 정해 봅시다.
예) 나라별 손가락 언어, 세대별 유행 과자, 시대별 교복, 나라별 행운의 상징

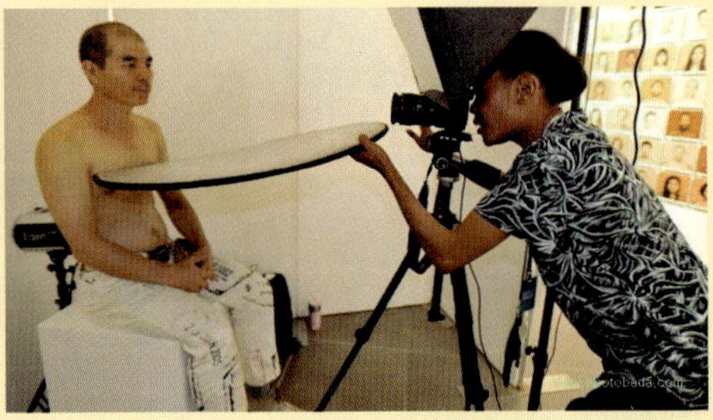

브라질 출신 사진 작가인 안젤리카 다스(Angelica Dass/1979~)는 전 세계 사람의 피부색을 미국 컬러 전문 회사인 팬톤 색채로 표현한 작업으로 인종과 피부에 대한 고정관념을 비판하고 인류의 다양성과 평등을 작품으로 보여주고 있다. 그녀는 '휴마네 프로젝트'에서 "인간의 피부는 흰색, 검은색, 노란색, 붉은색의 네 가지로만 구분되지 않는다. 성격이나 문화 정체성처럼 피부색도 사회나 문화에 따라 결정, 이 프로젝트를 통해 사람들이 가진 고유의 색을 되찾게 하고 싶었다"라고 말하고 있다.

❹ 다양성을 나타낼 수 있는 이미지 찾기

- 8절 도화지를 여러 개의 네모칸으로 나눕니다. (6칸 이상)
- 온라인 검색이나 자료 검색 등을 통해 주제와 관련한 이미지를 찾아봅니다.
- 도화지를 6칸으로 나누고 다양성을 나타낼 수 있는 그림을 칸별로 스케치한 후 채색합니다.

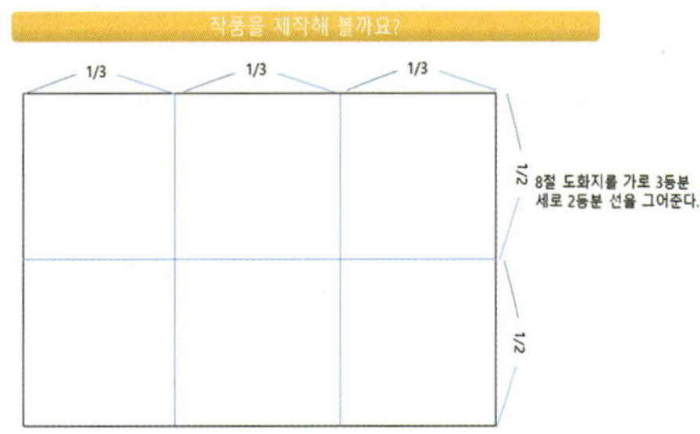

❺ 작품 전시 및 발표

- 자신의 작품 제작 의도에 대해 발표합니다.
- 학생들의 작품들을 하나로 모아 협동작품으로 전시합니다.

완성 작품 완성 작품을 감상해 볼까요?

나라별 야생동물 표지판

나라별 실내 인테리어

세대별 휴대폰

나라별 신호등

시대별 유행 게임

시대별 대학생 패션

나라별 전통 의상

나라별 대표적인 새

연도별 가장 이슈가 된 화제들

나라별 식기

인종별 눈 색상

시대별 인기 있었던 애니메이션

나라별 대표 꽃

나라별 치즈의 종류

세대별 유행 과자

평가하기 평가는 이렇게!

학습내용	평가 요소	평가 기준	내용 요소	
문화 다양성을 그리다	주제표현	문화 다양성을 표현할 수 있는 주제를 탐색하고 색채의 아름다움을 살려 효과적으로 표현해봄으로써 다양한 문화를 존중할 수 있는 태도를 길렀는가?	지식 · 이해	표현 주제와 의도 미술의 시대적, 지역적, 사회적 맥락
			과정 · 기능	미술 표현 경험을 삶과 연결하기 이미지를 활용하여 소통하기
			가치 · 태도	다양한 문화 존중과 참여 공동체 문화에 기여

관련 미술이론 문화 다양성이란?

▶ 문화절대주의 & 문화상대주의 & 문화 다양성

- 문화 절대주의
  문화를 절대적인 기준으로 평가하고 우열을 가리는 태도나 관점, 즉 다른 고유한 문화나 상대적 가치를 인정하지 않음
- 문화 상대주의
  문화의 다양성을 인정하고 각 문화에서 나타나는 특이성과 상대성을 환경과 역사적, 사회적인 부분에서 이해하고 판단하려는 태도
- 문화 다양성
  언어나 전통, 종교, 주변과의 상호 작용 등 사람들 간의 문화적 차이를 포괄하는 개념

▶ 문화 다양성을 추구하는 포스트모더니즘 미술 작품들

미술사에서 문화의 다양성을 추구한 미술에는 포스트모더니즘 미술이 있습니다.

① **포스트모더니즘 미술**: 모더니즘 이후의 미술

② **포스트모더니즘 미술의 특징**

- 미술은 새로운 것을 창조하는 것이 아니라 **문화 생산자**
- 미술의 형식(화면의 미적 구성 원리)보다 **내용을 강조**
- **문화적 다양성**을 바탕으로 하나의 기준을 거부하고 다양한 지역, 인종, 성, 대중미술을 강조
- 고급예술과 저급예술의 구분 없애기를 통한 **미술의 경계 해체**
- 서구 백인 남성 중심의 미술에서 그동안 소외되었던 **여성, 유색 인종, 비서구 미술 중심**

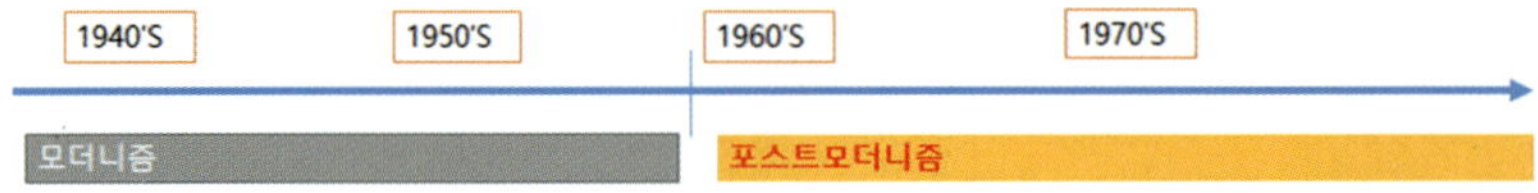

남성 중심	→	여성 중심	페미니즘 미술의 등장 작가: 바버라 크루거	
서구 백인 중심	→	흑인, 아시아 등 그 외 나라 인종의 미술	그래피티, 낙서 그림 작가: 장미셸 바스키아	
예술의 형식	→	내용 또는 아이디어 중시	작가의 생각과 아이디어만으로도 예술이 되는 개념미술 작가: 조셉 코수스	
결과 중심의 미술	→	과정 중심의 미술	결과보다 과정을 중요시하는, 물질로서의 작품을 남기지 않는 대지미술 작가: 앤디 골즈워디	
감상을 위한 예술품 제작	→	문화적 산물로서 작품	문화 역사적인 사건들을 주제로 한 미술 작가: 크리스티앙 볼탕스키	
수동적 관람객	→	능동적 관람객	관람객의 참여 또한 작품의 일부가 되는 미술 작가: 아브라모비치	

수업의 확장

관련 작가의 작품을 탐구해볼까요?

▶ 아브라모비치(Марина Абрамовић)

보디 아트, 인고 예술, 여성주의 예술, 공연자와 관객의 관계, 신체의 한계, 정신의 가능성을 탐구한 작가. '신체의 고통, 피, 신체의 물리적 한계에 직면하기'에 초점을 맞추어 관찰자의 참여를 이끌어냄으로써 정체성에 대한 새로운 개념을 개척하였다.

2010년 30주년 회고전 뉴욕 현대 미술관에서 '예술가가 여기 있다'라는 퍼포먼스를 736시간 30분 동안 진행. 미동도 없이 의자에 앉아 상대편에 앉는 낯선 이와 1분간 눈빛만 주고받는 것으로 다른 접촉이나 대화는 없었음. 퍼포먼스에 참여한 사람들은 1400명이나 되었는데 퍼포먼스하던 중 20년 전 연인 울라이를 다시 만나게 되는데 감정이 북받쳐 눈물을 흘렸고 규칙을 깨고 손을 잡는 감동적인 장면이 연출되었다.

아티스트는 출석 중
The Artist is Present, 2010년

▶ 크리스티앙 볼탕스키(Christian Liberté Boltanski)

죽음의 사진을 통해 유대인의 아픔을 이야기한 작품을 제작함. 생명의 끝을 소재로 한 전시를 통해 대량 학살이나 집단적인 죽음을 넘어 존재와 부재, 삶과 죽음, 기억과 망각을 관람객들에게 환기하고자 한다.

▶ 다니엘 피르망(Daniel Firman)

인프라는 특정 한도를 넘어섰다는 의미를 가지고 있는 접두사로 중력을 뜻하는 그라비티와 만나면 '중력을 넘어섰다'는 의미가 된다. 미술 언어로는 전통 조각의 수법을 가지고 있지만 상식을 넘어선 혹은 아이러니한 상황을 순간적으로 연출함으로써 조각의 한계를 뛰어넘는다는 의미로까지 확장된다.

작가는 전통적인 관념의 인체 조각에 순간과 중력이라는 시간성을 더하여 자신만의 독특한 작품 세계를 구축한다. 찰나의 순간을 재현하되, 그 순간을 섬세하고 전통적인 사실적 수법의 조각품으로 구현하고 있다.

4

시각 문화 속으로 풍덩

쉿! 말하지 않아도 알아요.

슬기로운 학교생활 비즈 픽토그램

2022 개정 교육과정 핵심 역량 하위요소 – 시각적 소통, 공동체

수업소개 '슬기로운 학교생활 비즈 픽토그램' 수업은요?

슬기로운 학교생활, 쉿! 말하지 않아도 알아요

세계 어느 나라 공항을 가도 화장실을 쉽게 찾을 수가 있습니다. 왜일까요? 언어도 다르고 시스템도 다르지만 화장실이라는 것을 알 수 있는 아주 간단한 이미지만을 찾으면 되니까요. 이렇듯 사회적 약속처럼 간단한 이미지로 안내의 역할을 담당하고 있는 디자인을 픽토그램이라고 합니다. 학교에서 학생들에게 장소와 규칙의 안내 등이 필요한 경우가 많은데 꼭 필요한 것이 픽토그램 디자인입니다. 이미지의 상징성을 이해하고 학교생활에 필요한 정보 및 규칙 등에 대해 픽토그램으로 디자인해 보고 학생들이 좋아하는 재료인 비즈로 입체적으로 표현해 본다면 디자인에 대한 관심과 이해도가 높아질 수 있겠죠?

영역 통합 2022 개정 교육과정 미술 교과 역량 함양을 위한 미적 체험 - 표현 - 감상 연계

교과 역량	미적 체험	표현	감상
시각적 소통 공동체	생활 속에서 활용되는 시각 디자인	학교생활 관련 픽토그램 디자인하기	픽토그램 디자인 감상

수업 설계 '슬기로운 학교생활 비즈 픽토그램' 수업 디자인

시각 이미지의 상징성 이해하기 > 픽토그램 디자인의 이해 > 픽토그램 번역그림 > 학교생활 관련 픽토그램 디자인 > 비즈로 제작하기 > 작품설치 및 감상

수업 과정 안내 수업 과정을 알아볼까요?

❶ 시각 이미지의 상징성 이해하기

- 시각 이미지로 소통하는 경우 장점과 단점에 대해 친구들과 이야기를 나누어 봅니다.

핵심 질문		"시각 이미지로 소통하는 경우 장점과 단점에 대해 모둠원들과 토론해 보세요."
우리 모둠의견	장점	
	단점	

- 기호와 상징을 해석해 봅시다.

예시문제: 

해석: 알람 시계가 음악 소리를 내며 점점 크게 울린다. 소리를 들은 미스터 블랙은 눈을 번쩍 떴다.

• 다음 기호를 해석하여 문장으로 적어 봅시다.

해석: ____

해석한 문장을 발표해 봅니다.

❷ 픽토그램 디자인의 이해

• 픽토그램 번역그림

픽토그램 디자인에 대해 알아보고 연습 문제를 통해 문자 정보를 픽토그램 디자인으로 바꿔보는 연습을 해 봅니다.

다음 문장을 픽토그램 디자인으로 바꾸어 보세요		
도서관에서 조용히 해주세요	사나운 개가 있어요, 조심하세요!	팝콘과 음료수 파는 곳

❸ 학교생활 관련 픽토그램 디자인

학교생활에 필요한 픽토그램은? ____

픽셀을 이용하여 아이디어스케치를 합니다.

❹ 비즈로 제작하기

비즈 픽토그램 제작에 필요한 재료를 준비하고 만들어 봅니다.

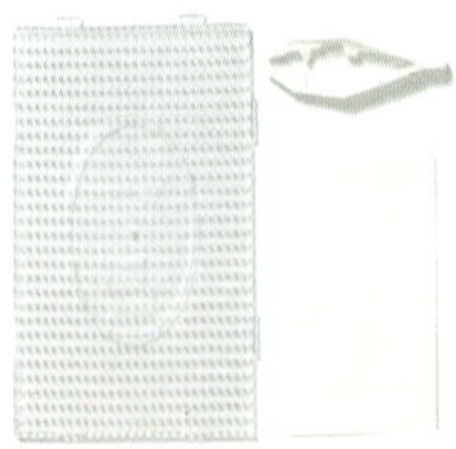

비즈판, 집게, 트레이싱지

비즈

다리미

비즈판, 집게, 트레이싱지, 비즈를 준비합니다.

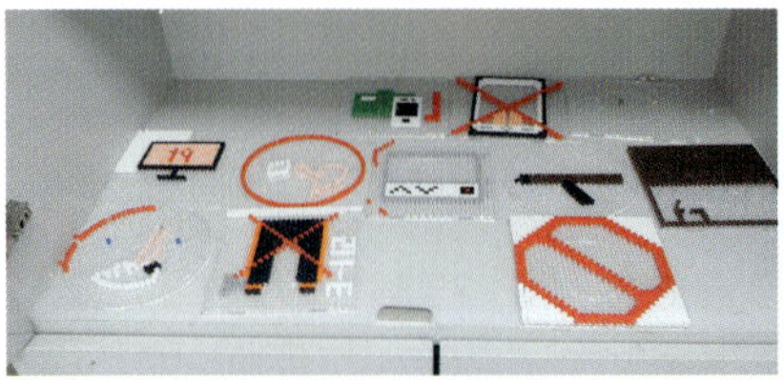

비즈판에 비즈로 완성 후 트레이싱지를 대고 다리미 열로 부착시켜 줍니다.

❺ 학교에서 픽토그램 디자인이 필요한 장소에 설치하기

완성 작품 완성 작품을 감상해 볼까요?

의자 장난 금지/에어컨 적정 온도 지키기

게임 금지/화장하지 말기

체육복 바지 변형 금지

휴대폰 제출하기

몰래 촬영 금지

급식 시간에 뛰어가지 말기

수업 시간에 졸지 말기

방역 수칙 준수/우유에 이름 쓰기/칠판에 낙서 금지

평가하기 평가는 이렇게!

학습내용	평가 요소	평가 기준	내용 요소	
학교생활 픽토그램 디자인	창의성	생활 속 시각 문화를 탐색하고 이미지에 담긴 의미를 적절하게 해석하고 학교생활 관련 픽토그램을 창의적으로 제작하였는가?	이해 · 지식	시각 문화의 의미와 역할
			과정 · 기능	이미지를 활용하여 소통하기 주제에 적합한 표현 계획하기
			가치 · 태도	공동체 문화에 기여 자신과 타인의 작품 존중

관련 미술이론 시각 이미지와 픽토그램(pictogram)이란?

▶ 시각 이미지: 눈을 통해 볼 수 있는 그림이나 기호처럼 의미나 생각을 담고 있는 이미지

- **기호**: 어떠한 뜻을 나타내기 위해 쓰인 부호, 문자, 표지 등을 통틀어 이르는 말
- **상징**: 전달하려는 내용이나 개념을 떠올리게 하여 구체적인 형태로 표현한 것

기호와 상징은 오랜 기간에 걸쳐 사람 간의 약속과 학습을 통해 만들어진 것으로, 사회의 관습이나 규칙을 담아 다양한 이미지로 표현된다.

▶ 픽토그램(pictogram) 디자인이란?

- 그림을 뜻하는 픽처(picture)와 전보를 뜻하는 텔레그램(telegram)의 합성어로 문자나 언어를 몰라도 누구나 그 의미를 빠르고 쉽게 알 수 있게 해주는 그림 문자

▶ 픽토그램 디자인의 특징

① 쉽고 빠르게 정보를 전달함
② 단순하고 의미가 명료함
③ 세계 어디서나 공통으로 사용할 수 있음

장애인 픽토그램

레스토랑 픽토그램

화장실 픽토그램

비상구 픽토그램

수업의 확장

관련 작가의 작품을 탐구해볼까요?

▶ ▶ 중국 설치미술가 – 쉬빙 작가 – 문자와 소통의 문제를 말하는 작가

'심볼과 기호만으로 지은 글자 없는 소설 〈지서〉'

이 책은 단순한 그림, 의사소통의 상징을 넘어 기호와 의미의 연관관계를 탐색하여 작가가 전 세계를 돌며 7년간 수집한 각국의 심볼과 기호 2500여 개만으로 지은 소설.

내용은 평범한 직장인인 미스터 블랙의 어느 날 오전 7시부터 다음 날 오전 7시 사이에 벌어진 24시간 동안 일상의 이야기를 담고 있다.

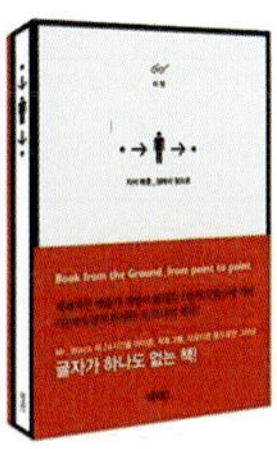

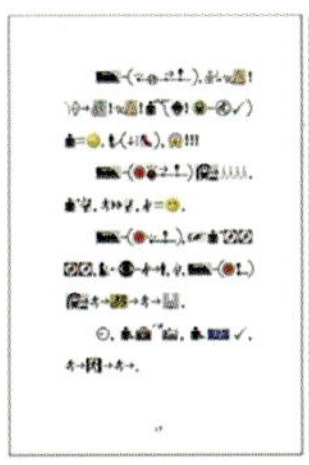

일상에서 떠나는 세계 여행

랜드마크 맨홀 뚜껑 디자인

2022 개정 교육과정 핵심 역량 하위요소 – 시각 문화, 문화 존중, 전시 기획

수업소개 '랜드마크 맨홀 뚜껑 디자인' 수업은요?

'맨홀러'라는 말을 들어본 적이 있나요?
이 단어는 '맨홀을 사랑하는 사람'이라는 의미의 조어랍니다.
하수도 맨홀 뚜껑에 디자인을 새긴 '디자인 맨홀'이 일본에 첫 등장한 지 약 40년! 전국 각지에서 천천히 확산되어온 디자인 맨홀을 사랑하는 일명 '맨홀러'는 조용히 증가해 왔습니다. 맨홀 투어도 있다는 일본! 맨홀을 통해 세상을 바라볼 수 있답니다.
현재 각 기초자치단체를 주체로 그 지역의 자랑거리, 관광지, 캐릭터 등을 맨홀에 새기면서 다양한 디자인을 선보이고 있어요.

우연히 발견한 경북 포항 지역의 맨홀과 경북 군위 지역의 맨홀도 그 지역의 특색을 살려 아름다운 디자인을 선보이고 있네요. 우리도 이러한 맨홀 뚜껑 디자인을 직접 제작해 볼 거예요.

경북 포항시 맨홀

경북 군위군 맨홀

영역 통합 2022 개정 교육과정 미술 교과 역량 함양을 위한 미적 체험 - 표현 - 감상 영역 연계

교과 역량	미적 체험	표현	감상
시각적 소통능력 정체성 공동체	세계 속 랜드마크 이해하기	맨홀 뚜껑 디자인하기	작품 설치 및 발표

수업 설계 수업 디자인

동기 유발 > 랜드마크 개념 학습 > 각 나라별 랜드마크 조사 > 아이디어 스케치 > 맨홀 뚜껑 디자인하기 > 전시 계획 세우기 > 전시 공간 설치 작업 > 결과물 공유 및 발표

수업 과정 안내 수업 과정을 알아볼까요?

❶ 동기 유발

랜드마크의 개념에 대해 학습하기 전에 간단한 게임활동을 통해 흥미를 유발할 수 있어요. 예로 교사가 나라별 랜드마크와 특산물을 보여주면 학생들은 이미지와 관련된 나라를 맞히는 방식이에요.

❷ 랜드마크 개념 학습

- 퀴즈 활동이 끝나면 랜드마크란 무엇인지 학생들과 문답을 통해 개념을 유추할 수 있도록 유도하고, 교사는 랜드마크의 개념에 대해 정리합니다. 학생들이 오래 기억할 수 있도록 활동지에 직접 써보는 것도 좋겠죠?

활동지 이미지 예시

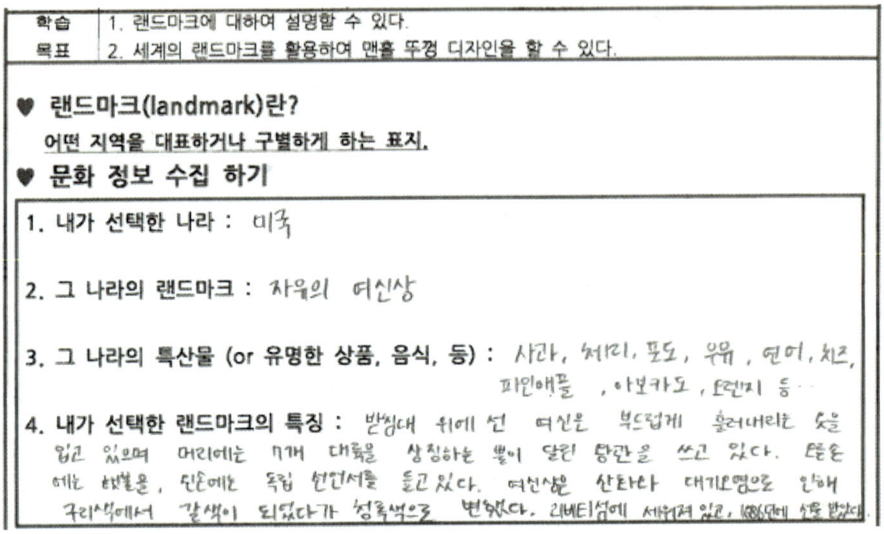

학습 목표	1. 랜드마크에 대하여 설명할 수 있다. 2. 세계의 랜드마크를 활용하여 맨홀 뚜껑 디자인을 할 수 있다.

♥ 랜드마크(landmark)란?
어떤 지역을 대표하거나 구별하게 하는 표지.

♥ 문화 정보 수집 하기

1. 내가 선택한 나라 : 미국
2. 그 나라의 랜드마크 : 자유의 여신상
3. 그 나라의 특산물 (or 유명한 상품, 음식, 등) : 사과, 체리, 포도, 우유, 연어, 치즈, 파인애플, 아보카도, 오렌지 등…
4. 내가 선택한 랜드마크의 특징 : 받침대 위에 선 여신은 부드럽게 흘러내리는 옷을 입고 있으며 머리에는 7개 대륙을 상징하는 뿔이 달린 왕관을 쓰고 있다. 오른손에는 횃불을, 왼손에는 독립 선언서를 들고 있다. 여신상은 산화와 대기오염으로 인해 구리색에서 갈색이 되었다가 청록색으로 변했다. 리버티섬에 세워져 있고, 1886년에 선물 받았다.

❸ 각 나라별 랜드마크 조사

학생 개인별로 원하는 나라를 한 곳 정하도록 합니다.
그리고 컴퓨터, 스마트폰, 태블릿PC 등을 활용하여 그 나라에 대한 정보를 수집합니다.
이때 활동지를 통해 내가 선택한 나라와, 그 나라의 대표 랜드마크, 특산물(유명한 상품, 음식 등), 랜드마크의 특징에 대해 조사하는 활동을 합니다.

❹ 아이디어 스케치

랜드마크 조사를 통해 얻은 정보를 이미지화하는 활동을 합니다. 학생들은 제시된 공간에 들어갈 이미지들을 배치하며 본격적인 활동 전에 이미지를 구체화하는 활동을 갖습니다.

❺ 맨홀 뚜껑 디자인하기

아이디어 스케치를 바탕으로 도화지에 그림을 그립니다.

❻ 전시 계획 세우기

회의를 통해 완성한 작품이 전시될 공간을 논의하는 과정을 갖습니다. 벽에 전시할 경우 어떤 것이 필요한지, 바닥에 전시할 경우 작품 보존은 어떻게 할 것인지 등 다양한 의견을 주고받습니다. 이 과정에서 진로와 연계하여 '큐레이터'라는 직업에 대해 알아보면 더욱 의미 있는 활동이 되겠죠?

❼ 전시 공간 설치 작업

전시 공간이 정해지면 학생들은 직접 설치하는 과정을 갖습니다. 맨홀 뚜껑이라는 특성상 복도에 설치하겠다는 의견이 제일 많이 나왔습니다. 많은 학생들이 다니는 공간인 만큼 작품은 코팅 작업으로 보호하고, 복도 가운데에 설치하여 통행에 불편이 없도록 진행하였습니다.

❽ 결과물 공유 및 발표

작품 전시가 끝나면 학생들은 설치할 작품 앞에서 자신의 작품을 발표합니다. 작품 이미지만 보고 어느 나라인지 유추하기도 하고, 같은 나라를 주제로 그린 친구들을 찾아보기도 하고, 어떤 점이 좋았는지, 보완할 점은 없는지 서로 의견을 나누는 시간을 갖습니다. 이 과정 속에서 학생들은 경청하는 태도와 소통하는 방법을 학습하게 된답니다.

완성 작품 완성 작품을 감상해 볼까요?

미국

미국을 떠올렸을 때, 자유의 여신상이 제일 먼저 떠올랐다. 푸른 청동의 색과 어울리는 바다를 맨홀 테두리로 디자인하였다.

크로아티아

우연히 TV를 통해 크로아티아를 본 적이 있다.
빛을 받은 성당이 너무 아름다웠다. 그때의 기억을 살려 자그레브의 성 스테판 성당을 그렸다. 맨홀 테두리는 크로아티아의 국기에서 영감을 받아 그렸고 가장 유명한 와인을 함께 표현하였다.

중국

중국의 문화재 중에 만리장성이 가장 중국다운 문화재라고 생각한다. 국기와 중국지도 만리장성 그리고 중국어 총 4가지를 조합하여 디자인하였다.

한국

세계의 다양한 문화들도 아름답지만, 한국의 문화가 제일 아름답다고 생각한다. 우리나라를 상징하는 소재들을 배치하여 디자인하였다. 우리나라가 최고!

이집트

이집트에 대한 로망이 있었다.
실제로 가보면 얼마나 좋을까? 피라미드의 경이로움도 느껴보고 싶고, '코프타'도 먹어보고 낙타 등에도 올라타 보고 싶다.
아! 나는 언제쯤 이집트에 가 볼 수 있을까?

평가하기 평가는 이렇게!

학습내용	평가 요소	평가 기준	내용 요소	
랜드마크 개념학습	활동지 평가	랜드마크의 개념과 특징에 대하여 설명할 수 있으며 아이디어 스케치 활동에서 랜드마크의 특징을 잘 활용하여 표현하였는가?	지식 · 이해	시각 문화의 의미와 역할
			과정 · 기능	이미지를 활용하여 소통하기
			가치 · 태도	다양한 문화 존중과 참여
	조형성	랜드마크의 선택 및 배치가 적절하고 주제표현 능력이 뛰어나며 작품의 완성도가 높은가?	지식 · 이해	표현 주제와 의도
			과정 · 기능	주제에 적합한 표현 계획하기
			가치 · 태도	표현 과정에서의 주도성과 성찰

관련 미술이론 랜드마크(Land mark)란?

▶ "어떤 지역을 대표하거나 다른 지역과 구별되는 지형이나 시설물"

도시의 이미지를 대표하는 특이성이 있는 시설이나 건물을 말하며, 물리적, 가시적 특징이 있는 시설물뿐만 아니라 개념적이고 역사적인 의미가 있는 추상적 공간도 포함됩니다.
우리는 이러한 것을 '랜드마크(Land mark)'라고 합니다.

미술이 밥 먹여준다? 미술로 창업하기

미술로 디자인하는 CREATIVE 창업 스토리

2022 개정 교육과정 핵심 역량 하위요소 – 정체성, 시각적 소통, 창의 · 융합

수업소개 '미술로 디자인 하는 CREATIVE 창업 스토리' 수업은요?

피부관리실	레스토랑	레스토랑	피부관리실

카페	헤어 살롱	레스토랑	베이글 가게

미술이 밥 먹여준다? 미술로 창업하기

공립학교 교사들은 일정 기간 후 학교나 지역을 이동해야 하는 경우가 많은데 특성화 고등학교에 발령을 받게 되는 경우도 많습니다. '대학을 가거나 미술을 전공하는 학생도 아닌 취업을 목적으로 하는 학생들에게 조금 더 도움이 될 수 있는 미술 수업은 없을까'라는 고민이 생겼고 그 당시 근무하고 있던 학교가 조리과와 피부 미용과가 주 전공인 학교이어서 나중에 학생들이 창업을 준비하게 되는 경우도 꽤 있으리라 생각되었습니다. 실제로 창업에서 중요한 요소 중 하나가 이미지를 브랜드화하는 것으로 남들과 다른 경쟁

력을 위해서는 디자인의 중요성이 강조되고 있죠. 요즘에는 커피 한 잔을 마시는 데도 인테리어나 분위기 등 미적인 요소를 더욱 중요하게 생각하다 보니 창업에서 디자인의 중요성도 점점 높아지고 있습니다. 창업 상황을 설정하고 문제 해결법(PBL)을 적용한 스토리텔링 수업을 통해 미래 학생들의 삶에 함께하는 창업 디자인 수업을 소개하고자 합니다.

영역 통합 2022 개정 교육과정 미술 교과 역량 함양을 위한 미적 체험 - 표현 - 감상 연계

교과 역량	미적 체험	표현	감상
정체성 시각적 소통 창의 · 융합	창업 분야의 진로 탐색	PBL을 통한 창업 디자인 포트폴리오 제작	창업 C.I.P 포트폴리오 감상

수업 설계 '미술로 디자인하는 CREATIVE 창업 스토리' 수업 디자인

스토리텔링을 통한 창업 마인드 열기 > 창업에서 디자인의 중요성 > 창업 네이밍, 네이밍 로고 디자인 > 창업 캐릭터 개발하기 > 창업 판촉물 제작 > 창업 솔루션 > 창업 C.I.P 포트폴리오

수업 과정 안내 수업 과정을 알아볼까요?

❶ 스토리 텔링을 통한 창업 마인드 열기

- 청소년 창업에 대한 동영상을 보여주며 학생들에게 창업에 대해 관심을 가지게 합니다.
- 창업이와 창순이 캐릭터를 이용하여 실제 창업 과정과 관련된 문제 중심 스토리텔링(PBL)을 통해 동기를 유발합니다.

나창업		나창순	
	나이: 18세 학교: ○○고등학교 조리과 재학 성격: 진취적이고 모험을 즐기는 타입 꿈: 자신만의 레스토랑의 셰프		나이: 18세 학교: ○○고 피부미용과 재학 성격: 꼼꼼하고 다정한 성격 미래의 꿈: 체인점을 가진 미용실 오너
문제 상황 제시	창업이와 창순이는 소규모 아파트 단지와 중학교 2개 전문대학과 작은 도로(실제 지도와 실제 상가자료제시)에 ○○분야 가게를 오픈하려고 한다. 무엇을 준비해야만 할까?		

- 실제 창업 시 필요한 자료들을 제시하고 이를 바탕으로 점포 임대, 예산 세우기, 시장조사 등 구체적인 계획을 세워보도록 합니다.

"지금 보여주는 자료는 실제 상가 임대 정보입니다. 소자본 창업에서 상가를 임대하는 문제는 상당히 중요합니다. 상가의 시장적 위치, 보증금, 월세, 세금, 인테리어, 간판 등 예산의 대부분이 들어가는 곳이기도 합니다. 우리는 이 자료를 바탕으로 상가를 임대하는 것부터 시작하여 예산 및 여러 계획을 세워보도록 하겠습니다."

- 워크지를 활용하여 제시된 문제 상황과 실제 자료를 바탕으로 자신의 창업 계획에 대해 생각해 보도록 합니다. 창업분야, 규모, 장소, 수요대상, 예상, 매출, 창업 시 필요한 예산, 나만의 창업 아이디어, 창업을 위한 준비 사항을 자료를 바탕으로 적어 보도록 합니다.

창업 스토리 생각 열기			
창업분야		규모	
창업시기		수요 대상	
장소		예상매출	
창업 시 필요한 예산			
나만의 창업 아이디어			
창업을 위한 준비사항			

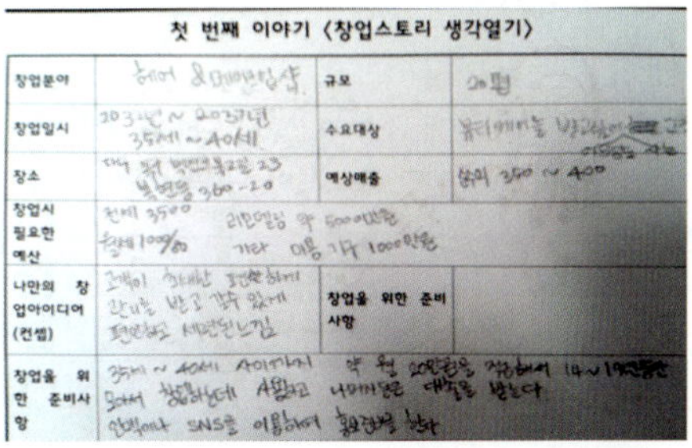

❷ 창업에서 디자인의 중요성

- 창업에서 디자인이 왜 중요한가요?
  시각 이미지가 사람들에게 미치는 영향과 중요성에 대해 모둠별로 이야기를 나누어 보고 이미지를 통합하고 디자인하는 과정의 중요성에 대해 설명하는 시간을 가집니다.

"전문성이 떨어져 보여요" "별로 가고 싶은 생각이 안 들어요" "맛없어 보여요"	"문 안 연 것 같아요" "머리 망칠 것 같아요" "실력이 없어 보여요" "가격이 싼 미용실 같아요"
시각 이미지에 따라 느낌이 어떻게 다른가요?	
	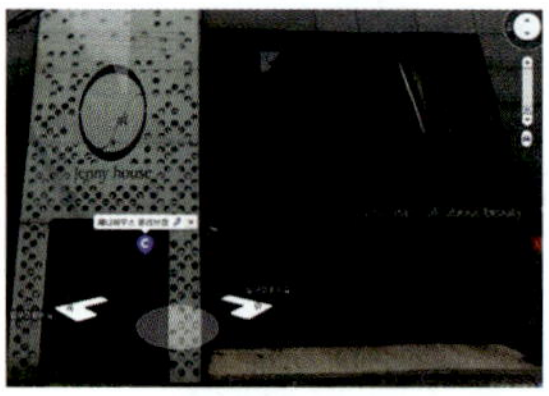
"세련돼 보여요" "더 맛있는 빵을 팔 것 같아요" "한번 들어가 보고 싶은 마음이 들어요"	"한번 들어가 보고 싶은 마음이 들어요" "비싸보이고 깨끗할 것 같아요"

❸ 창업을 위한 네이밍

창업에서 점포나 브랜드의 이름을 짓는 것을 **네이밍 디자인**이라고 합니다. 창업에서 네이밍은 굉장히 중요하답니다.

다음은 광고회사에서 사용하는 네이밍 기법 예시입니다.

네이밍 기법	예시	네이밍 기법	예시
인명 기법	민○○ 어학원, 김○문 알로에, Hilton호텔, 디즈니랜드	신화 기법	Nike(승리의 여신), 박카스(술의 신), Dios냉장고
자연어 기법	Fortune지, Guess청바지, Try	동음 반복 기법	가가호호 보일러서비스, 봉봉 주스
두문자형 기법	한국통신 – KT, 선경 – SK, General Motors – GM	의성 기법	Yahoo(야후), WaaWaa(와와)

네이밍 기법	예시	네이밍 기법	예시
단어의 결합 기법	BodyShop, BodyGuard, 아침 햇살	숫자와 기호 기법	7UP, 덴탈 크리닉 2080, 3M, 2% 부족할 때
단어의 단축 기법	Fanta(Fantasy), Vanta(advantage)	시간 개념 활용 기법	Timeless Time담배, Good Morning 증권, T. G. I FRIDAYS
단어의 변형 기법	Compaq컴퓨터(Compact), Benefina주방기구(Benefit)	지리 이용 기법	Romanson시계, 파리 바게트, Silicon Valley Bank
알파벳 붙이기 기법	Meritz증권(Merit+z), Asiana항공(Asian+a), Lemona비타민c(Lemon+a)	유머 기법	Please go away(미국 관광여행사), Mr. 바리깡(남성 전문 헤어 체인점)
상징 기법	Apple컴퓨터, Camel담배, Tomato은행	제2외국어 이용기법	뚜레쥬르(불어: 매일매일), EQUUS자동차(라틴어: 개선장군의 말)
제품 속성 기법	옥장판, 워터젤리, 새우깡, 자일리톨껌	조어 기법	Kodak필름, Kenox카메라

네이밍 예시를 참고하여 창업 점포의 이름을 멋지게 지어볼까요?

"디아망은 프랑스어로 다이아몬드라는 뜻이라서 여자들이 예뻐하고 부러워하는 것이기 때문에 이 이름으로 정했어요"	"카페는 자유롭게 수다 떠는 곳이라고 생각했기에 프리라는 단어를 넣어 프리셀이라고 했어요"	"한자로 춤이 '춤 무'라는 것에서 착안하여 추무로라고 이름을 정했어요"
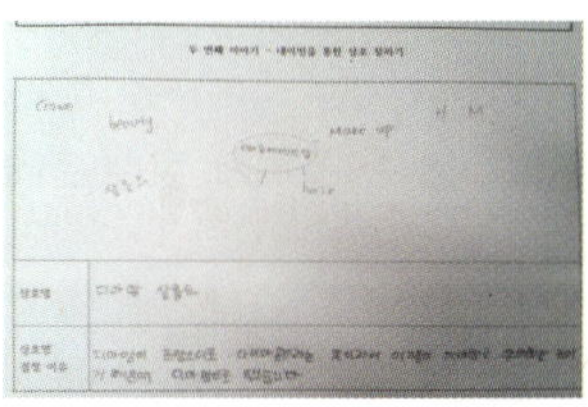	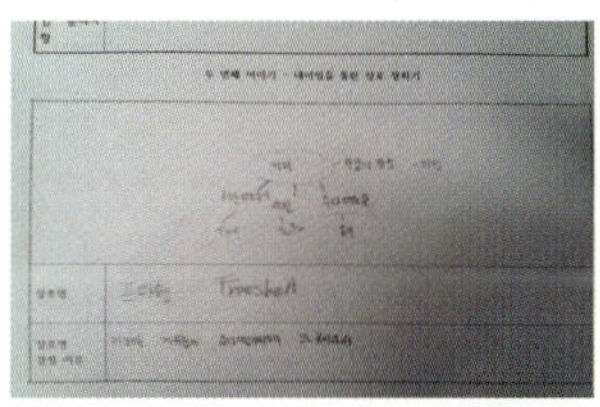	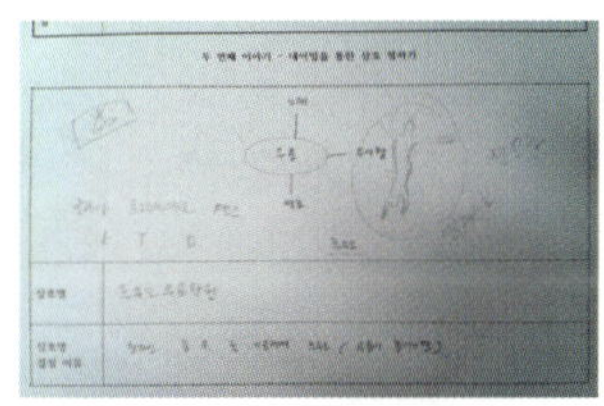

❹ 네이밍 로고 디자인

- 점포 이름을 정했으면 그 다음 단계로 정해진 이름을 브랜드화시키는 것이 중요합니다. 네이밍한 점포 이름을 로고로 디자인해봅니다.
- 로고는 로고타이프의 줄임말로 회사나 제품의 이름이 독특하게 드러나도록 만들어 상표처럼 사용되는 글자체를 말합니다.
- 로고는 회사나 제품이 지니는 이미지를 쉽게 전하고, 또한 인상 깊고 기억에 남으며, 다양한 매체에 이용할 수 있고, 대중에게 호감을 줄 수 있어야 합니다.

학생들의 작품을 살펴볼까요?

피부관리실 로고	레스토랑 로고	레스토랑 로고	피부관리실 로고

카페 로고	헤어 살롱 로고	레스토랑 로고	베이글 가게 로고

❺ 창업 캐릭터 개발하기

창업에 있어 캐릭터란 흥미를 끌 수 있도록 이름, 성격, 행동 등에 강한 개성이 담겨 있는 상징물로서 상품화 가치가 있는 것을 말합니다.

캐릭터는 엄연한 '상품을 전제로 한 형상물'이고, 좀 더 직설적으로 말하면 '상품이자 브랜드'라고 정의할 수 있답니다.

커피숍	식당	식당	미장원
		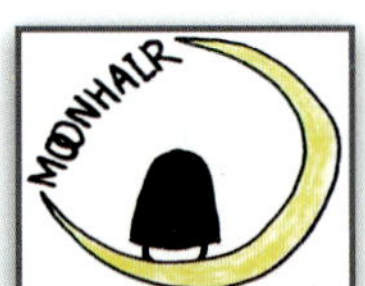	
컵밥	피부관리실	카페	미장원

❻ 창업 판촉물 제작하기

핸드메이드 명함 만들기

• 자신을 홍보할 수 있는 명함 제작은 기본이겠죠?

레스토랑

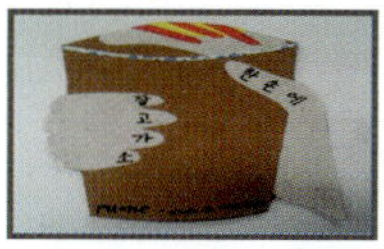
컵밥

우동집

댄스 아카데미

레스토랑

피부관리숍

커피숍

미용실

식당

문구점

미용실

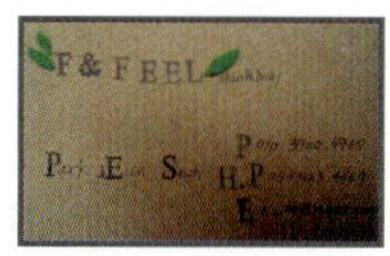

피부관리실

판촉물 제작하기

• 새로 생긴 가게를 홍보하는 일은 매우 중요합니다. 또 방문한 손님을 단골로 만드는 것을 포함해서요. 보통 오픈 기념일에 맞추어 가게의 로고나 캐릭터가 인쇄된 홍보 판촉물을 많이 만듭니다. 학생들도 자신이 제작한 로고나 캐릭터 디자인을 활용하여 직접 판촉물로 제작을 해 봄으로써 홍보의 방법을 체험할 수 있도록 합니다.

〈머그컵 판촉물〉

① 본인이 디자인한 로고나 캐릭터를 사진 파일로 만든 후 포토스케이프로 머그컵 사이즈에 맞게 편집 후 방수 전사지에 출력합니다.

		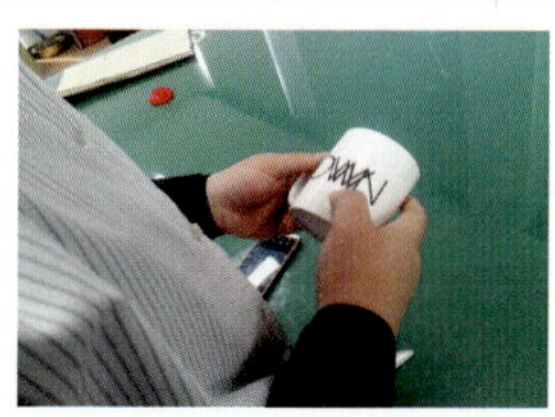
프린트된 잉크젯 방수전사지를 모양에 따라 오린다.	오린 전사지는 따듯한 물에 10초간 담근 후 분리가 되면 건져낸다.	머그컵에 조심스럽게 붙인 뒤 기포를 빼주고 그늘에서 말린다.

② 완성된 머그컵 판촉물들입니다.

레스토랑	미용실	커피전문점

베이글집	피부관리실	카페

분식점	미용실	판촉물

〈텀블러 만들기〉

① 머그컵과 똑같은 방법으로 방수 전사지를 사용하여 홍보 판촉물인 텀블러를 만든다.

❼ 창업 솔루션

- 창업 과정에서는 예기치 않은 수많은 문제 상황이 발생합니다. 학생들에게 문제 상황을 제시하고 문제 해결 방안을 스스로 해결해 보는 PBL(문제 해결법)을 통해 스스로 문제 해결 역량을 기르고 창의적인 운영 방안을 미술적으로 접근해 볼 수 있습니다.

문제 상황 제시

		문제 설정	창업 스토리 솔루션
문제 상황	조리과	새로운 메뉴 개발이 필요하게 된 창순이	내 손으로 만드는 세트 메뉴
	피부 미용과	네일숍의 새로운 디자인이 필요한 상황	내 손으로 디자인하는 네일 콘셉트

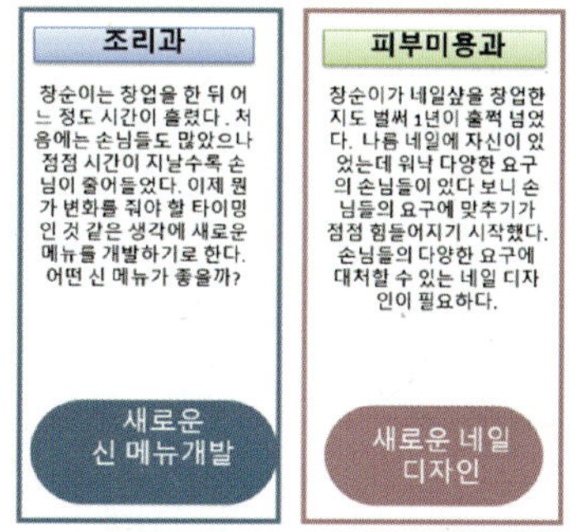

피부미용과 – 내 손으로 디자인하는 네일아트

① 모둠을 만들고 문제 상황을 설정합니다.

② 네일숍의 새로운 디자인 개발이 필요한 상황을 설정합니다.

③ 모둠별로 문제 상황을 미션 카드 추첨을 통해 문제 해결 미션 내용을 확인하도록 합니다.

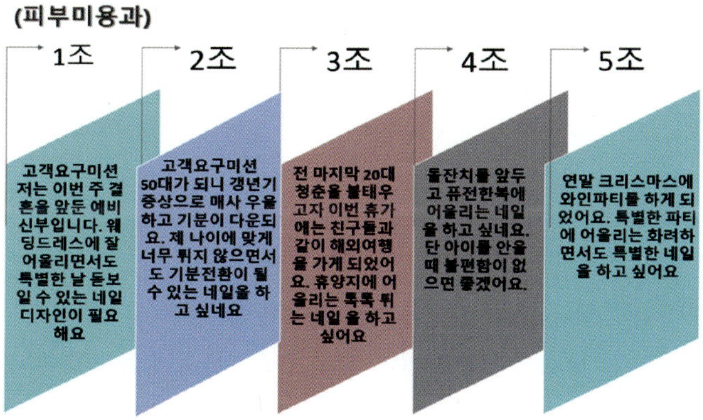

〈조별 미션 카드 내용〉

〈앱을 활용하여 네일 디자인〉

〈활동 과정〉

④ 모둠의 학생들이 고객 요구 미션에 맞게 디자인한 아이디어 스케치를 태블릿과 앱을 활용하여 입체적으로(3D렌더링) 구현해 봅니다.
⑤ 모둠이 협력하여 만든 네일 디자인에 대해 모둠장이 발표합니다.
⑥ 결정된 디자인은 인조 손톱과 매니큐어 재료를 활용하여 직접 제작해 봅니다.

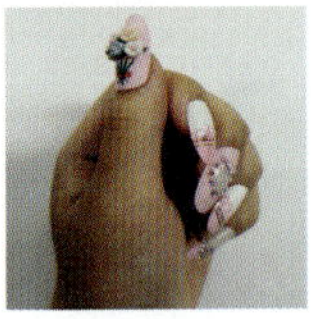	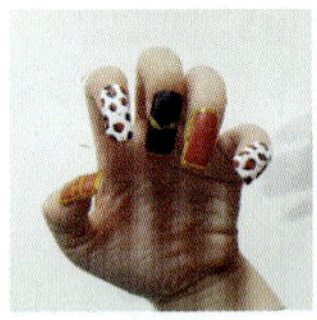			
1조 - 웨딩 네일	2조-50대 고객님	3조-휴양지 네일	4조-돌잔치	5조-연말 파티

조리과 - 내 손으로 만드는 세트 메뉴

① 모둠을 만들고 미션 카드를 통해 문제 상황을 설정하고 모둠별로 협의하여 미션에 맞는 메뉴를 정하도록 합니다.

고객미션 1	사랑하는 여자 친구와 3년이 되는 날입니다. 이제 나이도 있고 결혼을 하고 싶어 청혼하려고 합니다. 멋진 식사와 같이 프러포즈를 하려고 합니다. 프러포즈할 때 어울리는 멋진 만찬을 기대합니다.
고객미션 2	저희 집에 외국인 손님이 방문 예정입니다. 그분들에게 한국의 맛을 알리고 싶어요. 너무 강한 냄새나 자극적인 맛을 싫어하신다고 하니 한국의 맛을 알리면서도 외국인이 좋아할 만한 음식 부탁드려요.
고객미션 3	연말에 크리스마스 파티에 가게 되었어요. 간만에 한껏 차려입고 와인파티에 참석할 예정입니다. 연말 파티에 어울리는 음식 부탁드려요.
고객미션 4	이번 주 칠순 잔치가 있습니다. 어르신들의 입맛에 맞으면서도 특별한 날에 어울리는 음식 부탁드려요.
고객미션 5	저희 7살 아이의 생일파티를 열려고 해요. 아이들이 좋아할만한 음식들로 부탁드려요.

② 모둠별로 정한 메뉴를 시각적으로 표현하기 위해 지점토로 음식 모형을 제작합니다.
③ 에폭시, 식기류 등의 재료를 사용하여 실재감을 더하도록 합니다.
④ 완성 후 메뉴를 세팅하고 모둠별로 발표합니다.

고객미션 1		**프러포즈 세트** 스테이크와 샐러드, 이벤트를 위한 케이크와 와인을 세트로 만듦
고객미션 2		**외국인 음식 대접** 우리 한국의 음식의 맛과 미를 표현할 수 있는 화전과 오색전, 육회로 전통 한상차림 완성

고객미션 3		**크리스마스 파티 음식** 파티에 어울리는 로브스터와 파스타, 샐러드의 메인 요리에 디저트로 아이스크림 와플과 딸기 초콜릿 퐁뒤로 특별한 요리 완성
고객미션 4		**칠순 잔치 음식** 궁중 떡볶이, 매작과, 떡갈비와 밀푀유, 보쌈김치로 부드러운 재료와 어른들이 좋아하는 매콤하면서도 달큰한 맛이 어울리는 메뉴 완성
고객미션 5	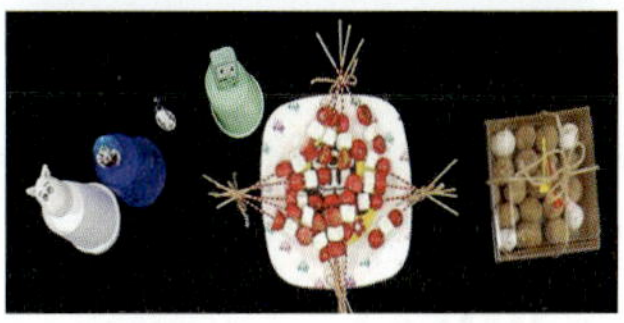	**어린이 생일 파티 메뉴** 어린이들이 좋아하는 캐릭터를 활용하여 한입에 먹기 좋게 꼬치 형태로 만들고 선물로 들고 갈 수 있게 초코볼 상자로 메뉴 완성

❽ 창업 C.I.P 포트폴리오

〈창업 포트폴리오〉

- 앞서 디자인한 로고, 캐릭터 등을 활용하여 창업 포트폴리오를 제작해 봅니다.
- C.I.P 디자인의 기법을 바탕으로 기본 시스템과 서식류, 유니폼, 메뉴판 등의 응용시스템도 디자인하여 우드락에 붙여 창업 포트폴리오를 완성해봅니다.

베이커리 카페

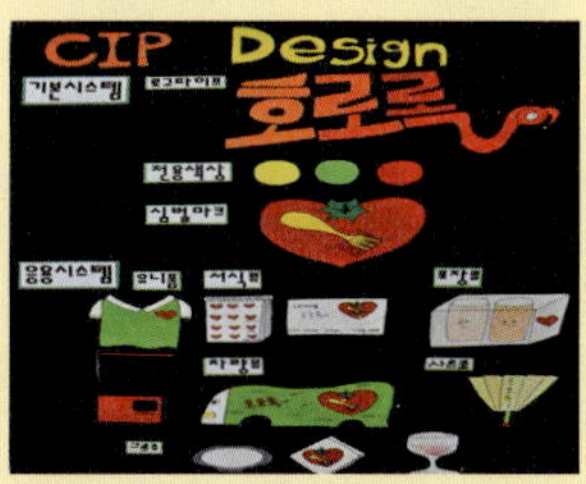

분식점

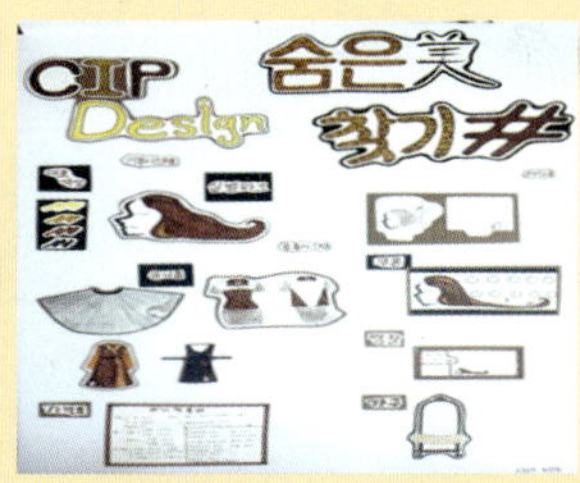

미용실

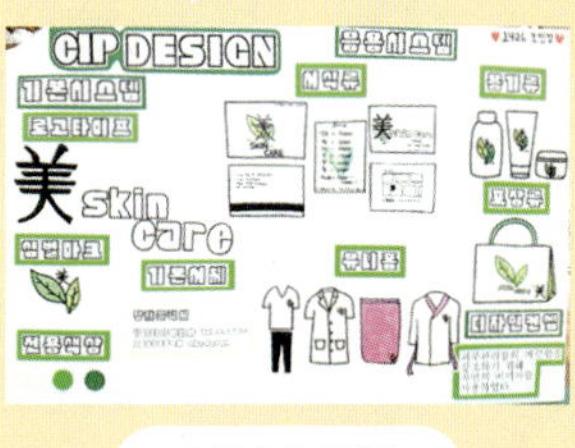

피부관리실

햄버거 가게

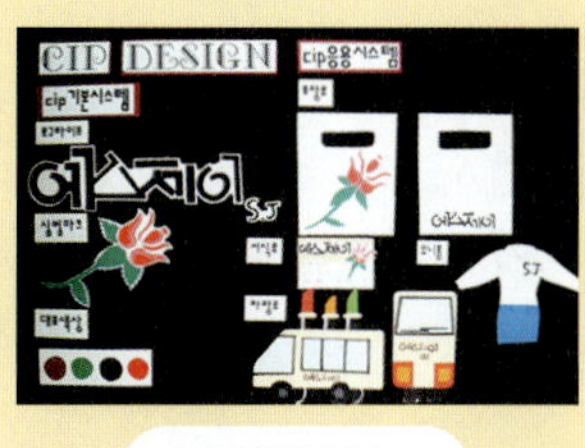

피부관리실

평가하기 평가는 이렇게!

학습내용	평가 요소	평가 기준	내용 요소	
창업 디자인	문제 해결력	자신의 진로 관련 분야에 대해 창업 계획을 세우고 창업에서 발생할 수 있는 여러 가지 문제 상황들을 미술을 활용하여 해결할 수 있었는가?	지식 · 이해	삶과 미술의 관계
			과정 · 기능	미술과 다양한 분야 연결하기 이미지를 활용하여 소통하기
			가치 · 태도	표현 과정에서의 주도성과 성찰

관련 미술이론 창업 디자인이란?

▶ 창업 디자인이란?

창업에 있어 그 브랜드만이 가지고 있는 독특함, 차별화된 이미지를 구축하는 것으로 CL제작부터 인테리어 간판 제작 및 각종 게시물 제작 등을 말한다. 그중 가장 핵심은 CI(Corporate Identity)디자인으로 창업 디자인의 핵심이다.

* CI(Corporate Identity)디자인: 로고, 서체, 캐릭터, 마크 등을 통일된 이미지 메이킹을 통해 브랜드화하는 것

수업의 확장

작품 속으로 한 걸음 더!

▶ 창업 디자인에 필요한 재료 활동 TIP!

"판촉물 제작 수업을 하려고 하는데 전사를 할 수 있는 기계가 없어요"

걱정하지 마세요! 전사 기계가 없어도 종이와 물만으로 컵이나 텀블러에 전사를 할 수 있답니다. 인터넷 사이트 '써니스코파'(http://www.sunnyscopa.co.kr/)에서 다양한 종류의 전사지를 구입하여 활용할 수 있습니다.

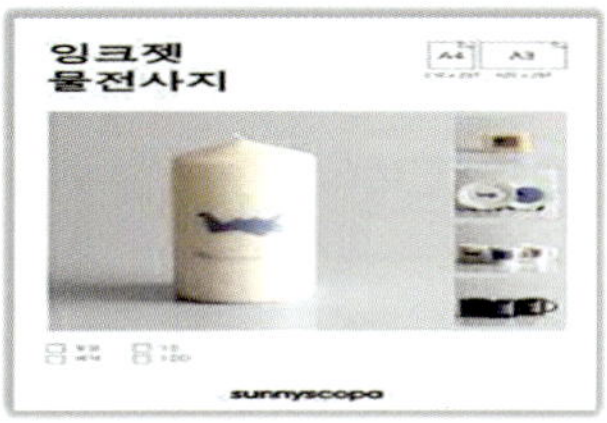

① 프린터의 종류에 따라 전사지를 구입합니다.

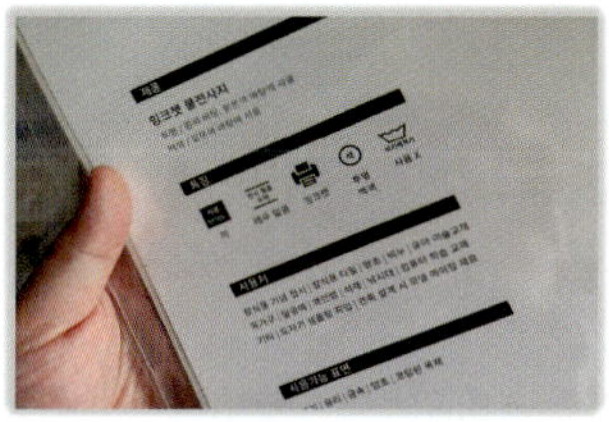

② 주의사항 등을 잘 읽어봅니다.

③ 프린트는 수동으로 한 장씩 인쇄합니다. 이때 사용하고자 하는 용지 사이즈로 미리 편집해놓아야 합니다.

④ 준비된 물품에 미리 물을 조금 묻혀줍니다.

⑤ 인쇄된 전사지를 잘라 따뜻한 물에 담그고 전사지에 인쇄된 투명막이 분리될 즈음 꺼냅니다.

⑥ 인쇄된 투명막을 조금씩 붙이면서 종이에서 살살 밀어내며 떼어냅니다.

⑦ 짜잔! 이제 말리면 완성! 비싸고 번거로운 전사기계 없이 만들 수 있답니다.

우리 주변의 공공미술 알아보기

올든버그의 작은 것을 크게 만들기

2022 개정 교육과정 핵심 역량 하위 요소 - 심미적 감수성, 공동체

수업소개 '올든버그의 작은 것을 크게 만들기' 수업은요?

올든버그의 소인국 세상에 온 것을 환영합니다.

우리 주변의 공공미술을 살펴보고 공공미술의 가치에 대해 생각해 볼 수 있습니다. 팝 아트 작가인 클라스 올든버그의 작품을 감상하고 종이와 신문을 사용하여 일상의 사물을 크게 확대하여 입체로 표현해봄으로써 크기의 변화만으로도 색다른 느낌을 연출할 수 있는 흥미로운 수업입니다.

영역 통합 2022 개정 교육과정 미술교과 역량 함양을 위한 미적 체험 - 표현 - 감상 연계

교과 역량	미적 체험	표현	감상
심미적 감수성 공동체	공공미술이란?	다양한 매체를 활용하여 입체로 확대하여 표현하기	올든버그 작품분석하기 공공미술의 가치

수업 설계 '작은 것을 크게 만들기' 수업 디자인

우리 주변의 공공미술 찾아보기	>	일상의 사물에 의미 담기	>	작은 것을 크게 만들기	>	작품 설명 및 발표하기	>	클라스 올든버그 작품 알아보기	>	공공 미술의 가치 생각해보기

수업 과정 안내 수업 과정을 알아볼까요?

❶ 공공미술 – 알아보기

우리 주변의 공공미술을 살펴볼까요?

- 모둠별로 두 작품 중 하나의 작품을 지정해 줍니다(유영호 작 '스퀘어M-커뮤니케이션'과 클라스 올든버그 작 '스프링').
- 작품에 대해 궁금한 점을 질문 형식으로 작성해 보도록 합니다.
- 모둠별로 상호 소통하고 질문지를 활용하여 자료조사를 합니다.
- 두 작품의 공통점과 차이점을 찾아보도록 합니다.

유영호 '스퀘어M-커뮤니케이션'

클라스 올든버그 '스프링'

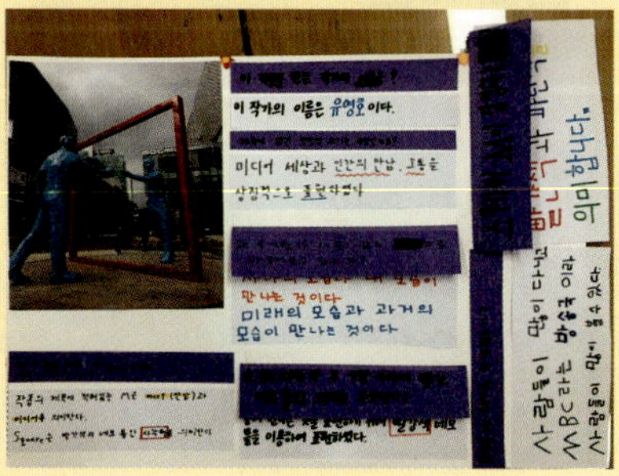

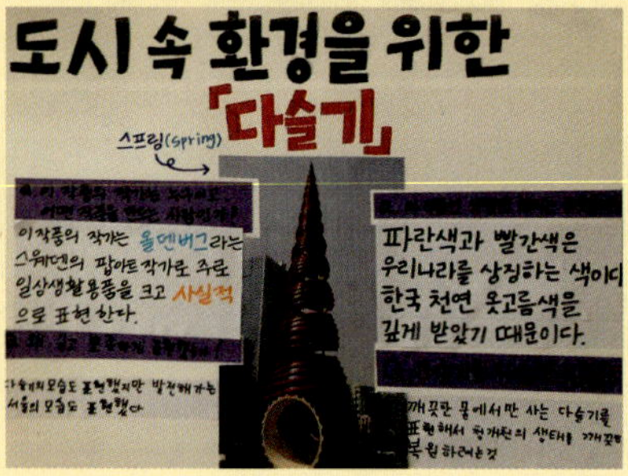

❷ 일상의 평범한 사물에 의미 담기

올든버그 작품의 특징 찾아보기

클라스 올든버그의 작품을 살펴보면 일상의 사물을 크게 확대하여 표현한 작품이 많습니다. 올든버그 작품을 여러 개 제시하여 학생들이 직접 올든버그 작품의 특징을 찾을 수 있도록 도와주세요. 일상의 사물을 크게 확대하여 표현하고 있다는 것을 쉽게 찾을 수 있습니다.

표현 의도 계획하기

학생들이 표현해야 할 주제와 의도를 스스로 기획하도록 안내합니다.
일상의 사물이라는 소재를 종이라는 매체를 활용하여 크게 확대하여 표현할 수 있도록 주제 및 표현 방법을 안내하고 모둠별로 표현할 일상의 사물을 통해 전달하고자 하는 주제와 표현 의도가 효과적으로 드러날 수 있도록 합니다.

❸ 작은 것을 크게 만들기

- 소포지에 수묵을 이용하여 형태를 스케치합니다.
- 두 장을 겹쳐서 앞면과 뒷면을 만들고 채색합니다.
- 스케치한 것보다 조금 더 여백을 남겨두고 가위를 이용하여 자릅니다.
- 신문지를 이용하여 입체적으로 만들고 가장자리는 스테이플러를 이용하여 고정시킵니다.
- 완성된 작품을 야외에 설치하며 완성합니다.

완성 작품 완성 작품을 감상해 볼까요?

평가하기 평가는 이렇게!

학습내용	평가 요소	평가 기준	내용 요소	
공공 미술의 개념 학습	활동지 평가	공공미술의 개념과 특징에 대하여 설명할 수 있으며, 올든버그의 특징을 창의적으로 활용하여 표현하였는가?	지식 · 이해	시각문화의 의미와 역할
			과정 · 기능	표현주제와 의도
			가치 · 태도	표현 과정에서의 주도성과 성찰

관련 미술이론 클라스 올든버그(Claes Oldenburg, 1929~2022)

- 앤디 워홀 등과 함께 대표적인 팝아트 미술가로 일상생활에서 매우 흔한 물건을 매우 거대하게 복제하는 공공 미술, 설치 미술가입니다.
- 우리나라에서도 그의 작품을 찾아볼 수 있는데 서울특별시 청계광장에 〈스프링〉이라는 공공미술을 제작하였습니다.

5

다양한 발상

미술로 나와 만나는 순간

종이의 꿈

2022 개정 교육과정 핵심 역량 하위요소 – 심미적 감수성, 정체성, 창의 · 융합

수업소개 '종이의 꿈' 수업은요?

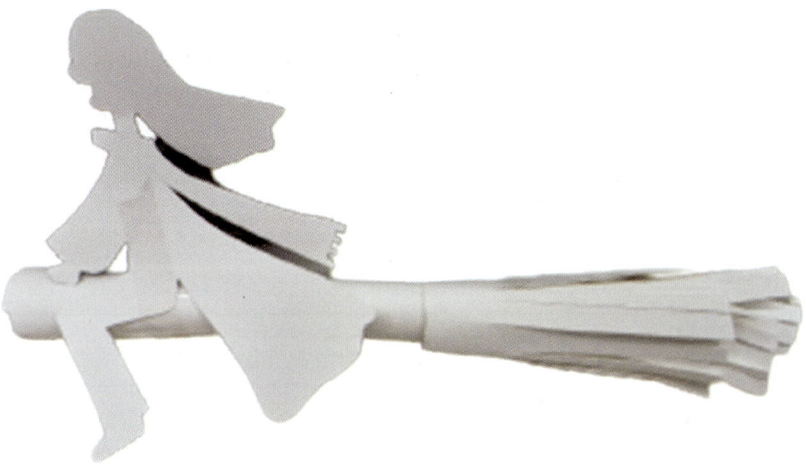

종이로 자르고 붙이고 꾸미는 나의 마음

너무 많은 것에 둘러싸인 아이들! 오히려 최소한의 재료가 주어졌을 때 상상과 생각의 공간이 생깁니다. 주어진 재료는 도화지뿐!

그림 no~!! 색칠 no~!! 도화지를 구기고 찢고 입체로 만들어서 자신의 이야기를 시각적으로 표현해 보는 수업입니다.

영역 통합 2022 개정 교육과정 미술 교과 역량 함양을 위한 미적 체험 - 표현 - 감상 연계

교과 역량	미적 체험	표현	감상
심미적 감성 정체성 창의 · 융합	자신의 삶 돌아보기	종이로 입체 표현	서로의 작품 감상 및 발표

수업 설계 '종이의 꿈' 수업 디자인

수업 과정 안내 > 주제와 소재 정하기 > 도화지만으로 입체 작품 만들기 > 작가 인터뷰

수업 과정 안내 수업 과정을 알아볼까요?

❶ 수업 과정 안내

미술은 어렵고 미술적 재능이 있어야지만 작품을 만들 수 있다는 고정관념을 벗어나 자신의 이야기를 그림이라는 요소를 제외하고 작품으로 만들어 봅니다. 오직 종이만을 사용하여 자유롭게 마음껏 자신의 이야기를 표현해 봅시다.

❷ 주제와 소재 정하기

주제와 소재에 대해 설명하고 아이디어 발상을 위해 활동지를 활용합니다. 주제와 소재의 선택은 오직 자신의 경험, 추억, 생각, 감정에서 선택할 수 있도록 합니다. 자신의 이야기야말로 사소한 것이지만 공감을 이끌어 낼 수 있답니다.

종이의 꿈 활동지	학년 반 번호 이름
나의 작품의 주제는	
나의 작품의 소재는	
마인드맵	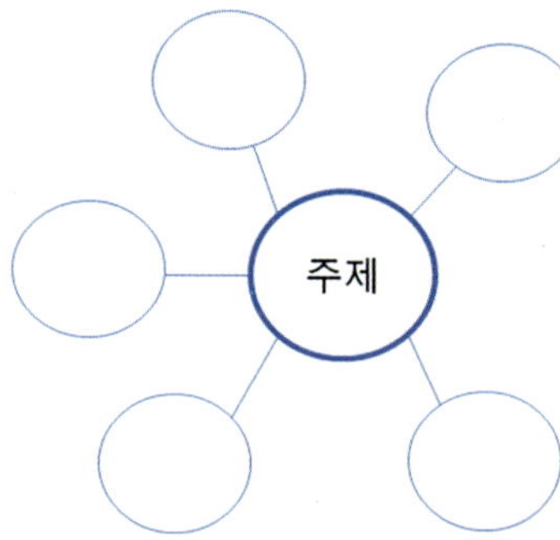
작품의 의미	

❸ 도화지만으로 입체 작품 만들기

- 재료는 도화지만을 제공하며 테이프, 풀, 가위는 보조 재료로 사용 가능합니다.
- 활동지에 구상한 대로 종이를 자르거나 붙이는 등 입체 조형물을 제작해 봅니다.

❹ 작가 인터뷰

작가처럼 자신의 작품에 대해 발표하는 시간을 가집니다. 자신의 이야기를 바탕으로 한 작품이다 보니 듣는 친구들도 궁금한 점이 생겨 너도나도 질문하는 사태가 발생할 수도 있답니다. 친구들의 작품 속에 숨겨진 이야기를 듣다 보면 너무나도 재미있는 한 시간이 될 수 있습니다.

완성 작품 완성 작품을 감상해 볼까요?

주제: 흥 표출
소재: 마이크
제목: 노래방 가서 흥 표출하고 싶다

코로나로 인해 지친 마음을
노래방에서 흥으로
스트레스를 풀어야 하는데
코로나로 인해 가지 못하는
힘든 상황이라서 흥을 표출하고 싶은
나의 마음을 표현하였다.

주제: 얼음낚시
소재: 얼음, 낚시, 캠핑
제목: 가족과의 얼음낚시 추억

가족과의 얼음 낚시 추억을
떠올리며 만드니 좋았고 손재주가
늘어난 것 같다. 그림을 그리지
않고도 작품을 만들 수 있는 것이
신기했다.

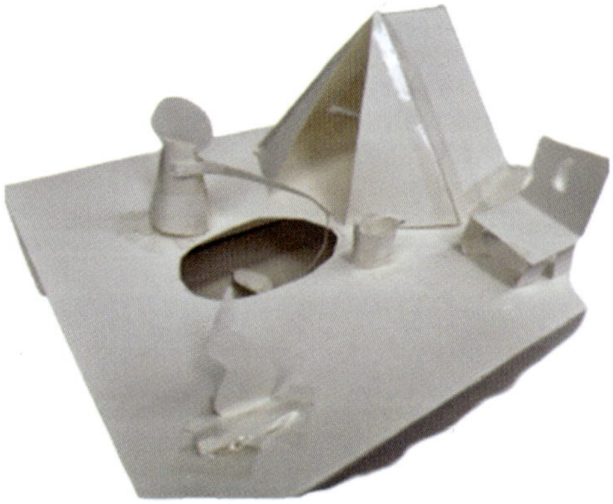

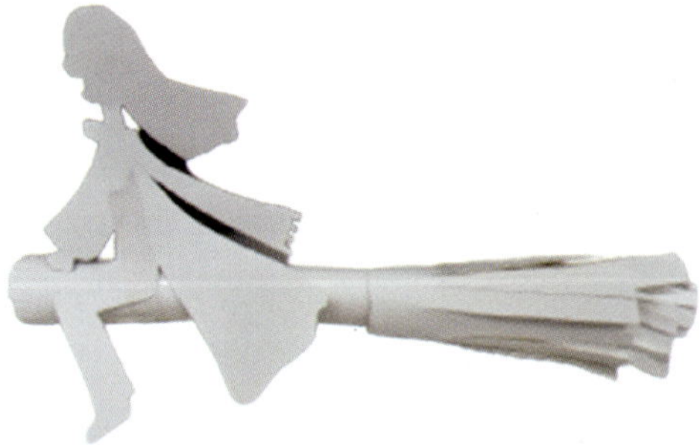

주제: 상상
소재: 해리포터
제목: 해리포터 따라잡기

너무나도 재미있게 읽은 해리포터 책이
생각났고 내가 빗자루를 타고 나는 꿈을
꾸고 나서 진짜같이 느껴져
상상하는 즐거움을 알게 되었다. 조금
창피하지만 나의 마음에 상상의 즐거움을
준 소재라서 표현해 보았다.

주제: 내가 싫어하는 것
소재: 수학
제목: 수학 책 찢기

평소 수학을 정말 좋아하지 않아서 찢어버리고 싶었던 내 마음을 만들게 되었다. 이 수업을 통해 나를 잘 알게 되었다. 그렇지만 수학을 포기할 순 없다는 현실을....^^

평가하기 평가는 이렇게!

학습내용	평가 요소	평가 기준	내용 요소	
종이입체 조형물	창의성	자신의 생각과 느낌을 바탕으로 주제와 소재의 발상이 참신하고 자신만의 개성을 잘 표현하였는가?	지식 · 이해	삶과 미술의 관계
			과정 · 기능	미술 표현 경험을 삶과 연결하기
			가치 · 태도	표현과정에서의 주도성과 성찰
	조형성	종이의 재료적 특징을 잘 표현하고 주제표현의 조형성이 뛰어나며 작품의 완성도 있게 제작하였는가?	지식 · 이해	표현 주제와 의도
			과정 · 기능	주제에 적합한 표현 계획하기
			가치 · 태도	자신과 타인의 작품 존중

관련 미술이론

작품의 주제와 소재 정하기

▶ 주제와 소재 정하기

- **주제**: 전달하고 싶은 의미
- **소재**: 주제를 나타낼 수 있는 시각 이미지
- 학생들은 무엇을 만들지에 대한 부담감이 많습니다. 평소 미술에 관심 있는 학생인 경우에는 아이디어가 즉각적으로 생각이 나서 바로 쓱쓱 그려내지만 대부분의 학생들은 골머리가 아파오는 경우가 많죠? 작품을 통해 무엇을 이야기하고 싶은지 정할 때 크게 주제와 소재라는 개념을 활용하시면 좋아요.

▶ 중요한 것은 작품의 진정성

사실 자기 이야기를 하는 것이 작품의 진정성입니다. 진정성 있는 작품은 다른 사람의 마음을 움직이고 감동을 주죠. 작품이 진정성을 가지기 위해서는 남의 이야기가 아니라 자신의 이야기를 하면 됩니다. 자신의 경험, 감정, 생각, 꿈 등을요. 주제와 소재는 자신의 마음속에서 찾는 것이 진정성 있는 작품을 만들고 다른 사람과의 공감을 얻을 수 있는 방법입니다.

수업의 확장

관련 작가의 작품을 탐구해볼까요?

▶ 작가 소개

종이라는 재료는 다루기 쉬우면서도 다양한 표현이 가능한 매력적인 재료 중 하나입니다. 종이를 가지고 아름다운 작품을 만든 작가를 만나볼까요?

▶ 종이꽃 작가 '나난'

꽃다발을 선물 받고 며칠이 지나지 않아 시들해진 꽃을 보며 서운했던 기억들이 누구나 있을 거예요.
'시들지 않는 꽃'을 만드는 나난 작가처럼 페인트 마카로 채색한 종이꽃을 만들어 볼 수 있답니다.

신기하고 기이한 만남

초현실주의 입체 부조

2022 개정 교육과정 핵심 역량 하위요소 – 심미적 감수성, 창의 · 융합

수업소개 '초현실주의 입체 부조' 수업은요?

신기하고 기이한 만남

오직 인간만이 가지고 있는 특별한 능력인 상상력은 인류의 역사에서 많은 것을 창조해 왔으며 특히 미래 디지털 사회에서는 기술이나 인공지능이 대체할 수 없는 능력으로서 더욱 중요해지고 있답니다.

미술사에서 인간의 꿈, 무의식, 상상의 세계를 표현한 초현실주의는 우리가 어린 시절부터 많이 접해온 상상화와 같은 그림들을 말합니다. 특히 초현실주의 화가 마그리트가

사용한 미술 기법인 '데페이즈망'은 낯설고 기이한 상상의 장면을 시각적으로 표현할 수 있는 가장 좋은 발상법입니다. 전혀 상관없는 두 개의 대상을 결합시켜 기이하고 낯선 상상의 느낌을 표현할 수 있어 창의성과 상상력을 기를 수 있는 좋은 표현법이랍니다.

영역 통합 2022 개정 교육과정 미술 교과 역량 함양을 위한 미적 체험 - 표현 - 감상 연계

교과 역량	미적 체험	표현	감상
심미적 감수성 창의 · 융합	일상에서 대상 탐색하기	데페이즈망 기법을 활용한 입체 부조 만들기	초현실주의 작품 감상 데페이즈망 기법 이해

수업 설계 '초현실주의 입체 부조' 수업 디자인

초현실주의와 데페이즈망의 이해 → 데페이즈망 기법을 활용한 아이디어 발상 → 초현실주의 입체 작품 제작 → 완성작 감상

수업 과정 안내 수업 과정을 알아볼까요?

❶ 초현실주의와 데페이즈망에 대해 알아봅니다.

❷ 데페이즈망 기법을 활용한 아이디어 발상

- 데페이즈망의 6가지 기법 중 '관련 없는 사물을 조합하기'를 활용하여 재미있는 상상의 장면을 아이디어 스케치합니다.
- 전혀 관련 없는 두 사물을 선택하고 강제 결합하여 기이하고 낯선 느낌의 그림으로 표현하도록 합니다.

첫 번째 사물	두 번째 사물

재미있는 상상의 느낌 표현하기

❸ 초현실주의 작품 제작하기

- 나무 액자판에 자신이 발상한 상상의 대상을 스케치합니다.
- 지점토를 사용하여 부조로 표현한 후 채색합니다.
- 부조로 표현하여 평면과 입체의 효과를 동시에 표현합니다.

(부조: 한쪽 면만 입체로 표현하는 것)

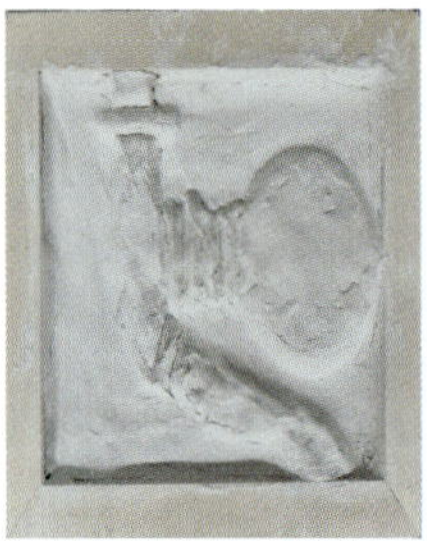

❹ 완성작 감상

완성 작품 완성 작품을 감상해 볼까요?

물고기와 입술의 만남

칫솔에 치약 대신 달팽이 껍질에서 나오는 달팽이와의 만남

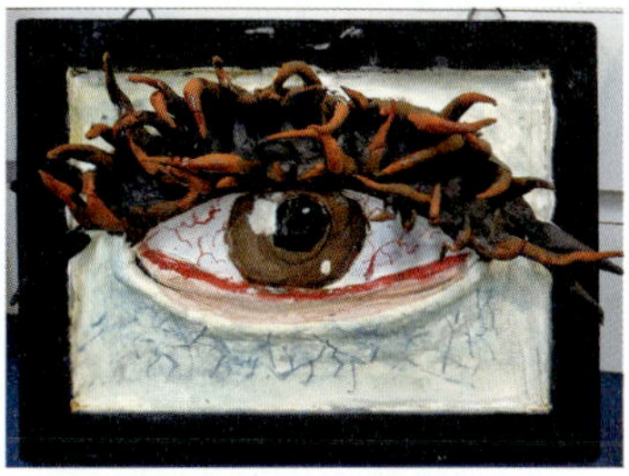
사람의 눈과 지네의 만남

문어 다리와 귀의 만남

사람의 얼굴에서 눈과 해파리의 만남

바퀴벌레와 리모컨의 만남

사람 귀와 연필의 만남

사과와 자신의 방의 만남

사과와 시계의 만남

평가하기 평가는 이렇게!

학습내용	평가 요소	평가 기준	내용 요소	
초현실주의 입체 부조 작품	창의성	데페이즈망 기법을 잘 이해하고 전혀 상관없는 두 대상을 창의적으로 결합시켜 표현하였는가?	지식 · 이해	미술 용어와 지식
			과정 · 기능	새로운 표현을 실험하고 작품 제작하기
			가치 · 태도	자신과 타인의 작품 존중

관련 미술이론 초현실주의와 데페이즈망

▶ 초현실주의란?

- 초현실주의는 인간의 내면에 잠재해 있는 꿈과 환상, 무의식 등 비현실적 세계를 표현한 화파
- 프로이트의 정신분석학의 영향을 받음
- 대표적인 화가로는 막스 에른스트, 르네 마그리트, 살바도르 달리, 호안 미로 등이 있다.
- 초현실주의는 내용적 측면과 자유로운 형식을 강조함으로써 형식주의로 치우치고 있던 당시 입체파 미술의 대안으로서 중요한 역할을 했을 뿐만 아니라 내용을 강조하는 회화적 전통을 현대 미술에 이어주는 역할을 했다.

▶ 데페이즈망이란?

데페이즈망이란 사물을 본래 있는 장소에서 떼어내어 전혀 다른 곳에 배치하여 낯설고 기이한 느낌을 나타내는 기법

▶ 데페이즈망의 6가지 기법

일상의 물건을 다른 곳에 배치하기	작은 것을 크게 확대하기	관련 없는 사물 조합하기

생명이 없는 곳에 생명 불어넣기	고유의 특성 바꾸기	미지의 차원 열기

수업의 확장 미술, 깊게 알고 넓게 배우기

▶ 초현실주의에 대해 더 알아볼까요?

- 초현실주의 화가들이 사용한 기법

① 오토마티즘

이성이나 의식에 지배되지 않고 무의식 가운데에 화필을 자유롭게 움직여서 그림을 그리는 기법

호안 미로, 어릿광대의 사육, 1925년

② 데페이즈망

사물을 본래 있는 장소에서 떼어내어 전혀 다른 곳에 둠으로 낯설고 기이한 느낌을 나타내는 기법

르네 마그리트,
Son of man, 1964년

③ 프로타주

나무판이나 잎, 천 따위의 면이 울록불록한 것 위에 종이를 대고 연필 등으로 문지를 때 나타나는 효과를 조형상에 응용한 것. 우연히 나타나는 예기치 않은 효과를 노린다는 의미에서는 데칼코마니 또는 자동기술법과 같은 성질을 가지고 있다.

막스 에른스트, 나뭇잎의 습관,
1926년

④ 이중형상

두 가지 형상을 동시에 보여주는 초현실주의 착시 기법 중 하나.

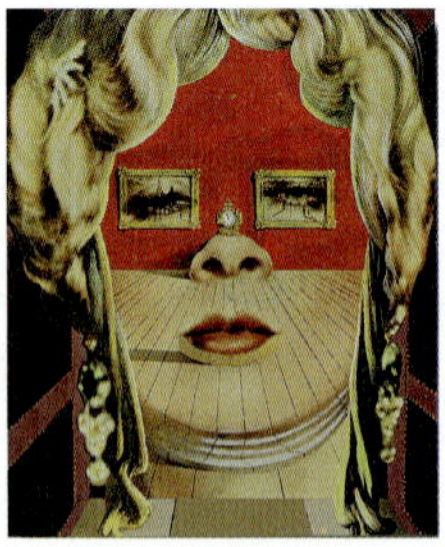

살바도르 달리,
마이웨스트, 1935년

▶ 작가 탐구 – 현대의 초현실주의 화가들의 작품에 대해 알아볼까요?

에릭 요한슨

리터칭 전문가이기도 한 에릭 요한슨은 현실에서는 불가능할 법한 세계를 사진으로 표현합니다. 그의 작품은 여타 초현실주의 작가의 작품처럼 단순한 디지털 기반의 합성 사진이 아니라 직접 촬영한 사진을 바탕으로 현실에서는 불가능한 세계를 한 장의 사진으로 담아냅니다. 풍부한 상상력에 섬세한 포토샵 기술을 더해 환상적인 세계를 보여줍니다.

에릭 요한슨, Leap of faith, 2018년

블라디미르 쿠시

러시아의 초현실주의 작가. 꿈속에서나 볼 수 있는 동화적이고 환상적인 세계를 그리며 보는 이의 상상력을 풍부하게 만들어줍니다.

동화적이고 환상적인 표현과 인상주의 모티브를 결합시킨 작품으로 공상적 인상주의의 시조가 되었다는 평을 받고 있습니다. 또한 사실주의 화법(Real)과 은유화법(Metaphor)의 합성어로 '은유적 사실주의(Metaphorical Realism)'라는 쿠시만의 독특한 화풍으로 미술계에서 독자적 입지를 가진 화가입니다.

블라디미르 쿠시, 나비 사과, 2016년

우연에서 발견하는 창의성

예술가의 도시락

2022 개정 교육과정 핵심 역량 하위요소 – 심미적 감수성, 창의 · 융합

수업소개 '예술가의 도시락' 수업은요?

우연에서 발견하는 창의성

'세상의 모든 것을 미술 재료로 사용해 볼 수 있다면?' 이런 상상을 현실에서 재현한다면 어떤 작품이 탄생할까요? 피카소가 처음 시도한 입체파의 콜라주 기법은 추상화의 난해함을 해소하기 위해 종이 등을 붙여서 화면에 구체성과 물질성을 부여한 것입니다. 이후 팝 아티스트인 로버트 라우션버그는 콜라주와 페인팅이 결합된 콤바인 페인팅을 통해 그 상상을 실현에 옮깁니다. 잡동사니 같은 물건들을 화면에 부착하고 페인팅을 같이

조합하여 새로운 콜라주식 미술 장르를 만듭니다.

이런 경향을 더욱 확대한 개념이 바로 브리콜라주이죠. 손에 닿는 대로 어떤 재료들을 이용하는 예술 기법인 브리콜라주를 통해 기존의 것을 새롭게 보고 다르게 활용하는 창의적 사고를 기를 수 있습니다.

영역 통합 2022 개정 교육과정 미술 교과 역량 함양을 위한 미적 체험 - 표현 - 감상 연계

교과 역량	미적 체험	표현	감상
심미적 감수성 창의 · 융합	우연의 효과가 만들어 내는 창조성 경험	콤바인 페인팅과 브리콜라주 기법으로 자유롭게 표현하기	콜라주 관련 작품 감상하기

수업 설계 '예술가의 도시락' 수업 디자인

콜라주와 그 친구들 > 예술가의 도시락 배부 및 도시락 재료 탐색 > 도시락 뚜껑에 브리콜라주와 콤바인 페인팅 활용 작품 제작 > 작품의 의미 만들기 > 완성작 전시하기

수업 과정 안내 수업 과정을 알아볼까요?

❶ 콜라주와 그의 친구들 알아보기

우연의 효과를 통한 예술적 창조성을 표현할 수 있는 콜라주, 콤바인 페인팅, 브리콜라주의 개념과 방법을 작품 감상을 통해 알아봅니다.

❷ 예술가의 도시락 배부 및 재료 탐색

예술가의 도시락에 들어 있는 재료들을 탐색해봅시다.	
어떤 것들이 들어 있나요?	
각각의 재료들의 특징을 찾아볼까요?	
예) 나무젓가락	
깃털	

❸ 콜라주, 콤바인 페인팅, 브리콜라주를 활용하여 작품 제작

도시락 뚜껑에 주어진 재료를 글루건이나 본드 등으로 붙이고 물감 등으로 페인팅하여 창의적인 작품을 완성합니다.
우연의 효과들이 만나서 창의적인 작품이 되도록 합니다.

❹ 작품의 의미 만들기

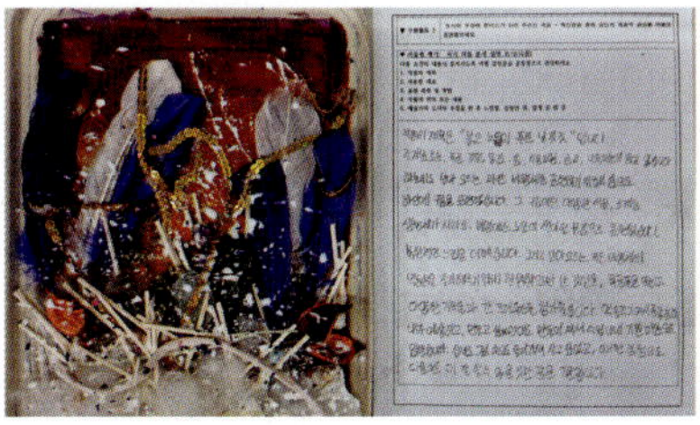

완성된 작품에서 연상되는 이미지와 자신의 경험, 생각 등과 결합하여 작품의 의미를 만들고 짧은 글로 적어보도록 합니다.

완성 작품 완성 작품을 감상해 볼까요?

마르코

마르코의 변신한 모습과 화려함을 표현하였다. 주어진 재료만으로 완성하는 것이 매우 흥미로웠다.

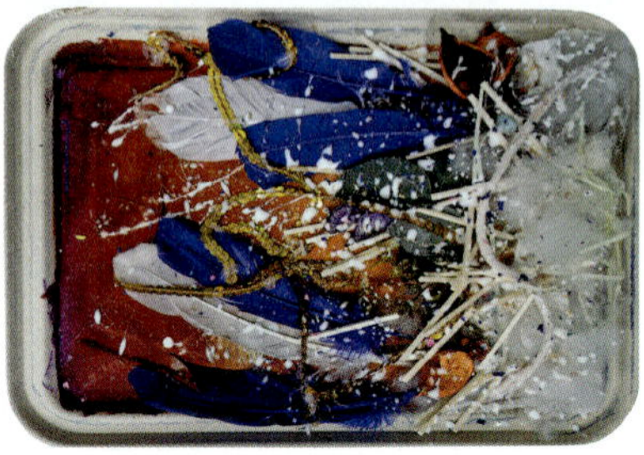

붉은 노을의 푸른 날갯짓

하늘 위로 날아오르는 파란 비행체를 표현하고 싶어서 솜으로 구름을 표현하고 그 구름 위에 다양한 생명체가 자라는 것을 다양한 재료로 표현하였음. 만들고 싶은 이미지대로 그대로 표현되는 것이 신기했으며 실제로 그림 속에 살고 싶을 정도로 아름답게 잘 표현되어서 기분이 좋았다.

어린아이의 꿈

밝고 평화로운 어린아이가 꾸는 꿈의 이미지를 주어진 재료를 사용하여 표현하였다. 평소와는 다른 색다른 재료를 사용하는 것도 창의적인 생각에 도움이 되는 것 같다.

약속의 아름다움

요즘 약속을 잘 지키지 않는 사람들에게 약속, 즉 Serendipity란 글씨를 아름답게 꾸며 약속을 중요시하면 좋겠다는 내용을 말하고 싶었다. 이 수업을 통해 그림 도구 이외의 물건으로도 아름다운 작품을 만들 수 있다는 것을 알게 되었다. 어떠한 사물을 알고 있는 그대로 보지 않고 또 다른 관점으로 생각하고 보는 법을 배우게 되었다.

여러 색의 나

거울을 들여다보면 나 자신이 비쳐진다. 그 거울은 여러 가지 색으로 이루어져 있고 그 거울을 통해 나 자신과 여러 물감들의 색이 함께 있는 모습이 보이는 것을 표현하였다. 이것은 나 자신은 하나로 단정 지을 수 없다는 의미를 담고 있다. 이 작품을 통해 나 자신을 알게 되는 기회가 되었다.

틀에 갇힌 장미

우리 모두가 장미꽃처럼 특별한 존재이나 틀 안에 갇혀 있는 것을 표현하였다. 무엇이든 상상할 수 있고 할 수 있지만 틀 안에서 벗어나지 못하는 것을 의미한다. 작품을 만드는 과정 속에서 나도 몰랐던 나를 발견할 수 있는 시간이었다.

가면 무도회

가면에 가려 사람과 세상을 보지 말고 더 멀리 넓은 세상을 보자는 의미로 작품을 만들었다. 예술가의 도시락을 받고 어떻게 해야 할지 막막했는데 점점 작품이 되어 가는 모습에 뿌듯하고 기분이 좋았다.

극과 극

작품에서 사랑의 형태가 보이지 않지만 이 작품은 사랑을 표현한 것이다. 작품 제목과 같이 극과 극인 두 사람의 모습을 표현하였다. 예술가의 도시락 수업으로 고정관념을 깰 수 있었으며 콜라주라는 미술 표현 기법을 알게 되었다.

평가하기 평가는 이렇게!

학습내용	평가 요소	평가 기준	내용 요소	
예술가의 도시락	주제 표현 및 창의성	콜라주 기법을 이해하고 재료의 물질적 특징을 활용하여 자신만의 이야기를 화면 속에 자유롭게 표현하여 창의적인 작품을 완성하였는가?	지식 · 이해	감각을 활용한 미적 인식 다양한 표현 재료와 방법
			과정 · 기능	새로운 표현을 실험하고 작품 제작하기
			가치 · 태도	표현 과정에서의 주도성과 성찰 자신과 타인의 작품 존중

관련 미술이론 콜라주와 그의 친구들

▶ 콜라주

프랑스어 coller(풀칠하다)에서 유래된 말로 화면에 여러 가지 재료를 붙여서 구성하는 회화 기법입니다.
1910년경 입체파 화가인 피카소와 브라크는 입체파 그림의 난해함을 줄이고 실재감을 강조하기 위해 화면에 종이, 신문지, 우표 등의 실물을 붙여 화면을 구성하는 기법을 개발했는데 이런 기법을 콜라주라고 부르게 되었습니다.

▶ 콤바인 페인팅(콜라주 + 페인팅)

팝 아티스트 로버트 라우션버그가 창시한 미술 기법입니다.
캔버스 위에 그림을 그리는 전통적인 방식을 거부하고 일상의 모든 사물과 버려지거나 파기된 것들을 조합하여 만든 일종의 확대된 개념의 콜라주식 미술 경향입니다.

로버트 라우션버그, 침대, 1955년

▶ 브리콜라주(Bricolage)

손에 닿는 대로 아무것이나 이용하는 예술 기법. 인류학자 레비스트로스는 남미 마투그로수의 인디오들이 정글에서 무언가 발견하면 언젠가 도움이 될지도 모른다고 생각해 습관적으로 주머니에 넣어둔다는 점을 발견하였는데, 이렇게 잘 모르지만 대충 주워 온 물건들을 전혀 예상하지 못하는 방식으로 필요할 때 활용할 수 있는 능력을 말합니다.

출처: 도서출판_주식회사, 아들과딸, SBS, 김병만, 정글의 법칙

▶ 미술에서 브리콜라주(Bricolage)

어떠한 재료들이라도 가장 값지게 창조적이고 재치 있게 활용하는 기술

수업의 확장 미술, 깊게 알고 넓게 배우기

▶ 재료에 따른 다양한 콜라주 작품들

콜라주 작품은 어떤 재료를 사용하는가에 따라 색다른 느낌을 전달해 줍니다.
다양한 재료를 활용한 콜라주 작품을 만나볼까요?

재료	내용		
종이	앙리 마티스	**파피에 콜레(Papier collé)** 신문지, 잡지 등의 인쇄물을 오리거나 찢어서 붙이는 콜라주 미술 기법이다. 대표적으로 마티스의 작품이 있다.	 앙리 마티스, 푸른 누드 Ⅲ, 1952년

재료	내용		
사진	데이비드 호크니	**포토 콜라주** 사진을 이용한 콜라주이다. 인물 및 특정한 공간을 해체하고 재구성하는 결과물을 생산하는 기법으로 데이비드 호크니가 시도한 방법이다.	 데이비드 호크니, Mother 1, 1985년
오브제	조셉 코넬	**오브제 콜라주** 오브제(물건)를 사용한 콜라주로서 대표적인 작가인 조셉 코넬은 상자 안에 버림받은 물건들을 모아서 콜라주 작품을 만들었다.	 조셉 코넬, 화가 후안 그리스를 위한 앵무새, 1953 - 54년
쓰레기, 잡동사니	잭 프리맨	**잡동사니, 쓰레기 콜라주** 병뚜껑, 플라스틱 등의 재활용품을 활용한 콜라주 작품. 대표적인 작가인 잭 프리맨은 잡동사니, 쓰레기 등으로 큰 사이즈의 인물을 콜라주 기법으로 사실적으로 표현하였다.	 잭 프리맨, Junk portraits, 2009년

6

주제 표현

왼쪽이 그림일까? 오른쪽이 그림일까?

반 반 소 묘

2022 개정 교육과정 핵심 역량 하위요소 – 심미적 감성, 창의 · 융합, 주제 표현

수업소개 '반 반 소 묘' 수업은요?

지루한 소묘 수업... 좀 더 재미있게 배울 수 있는 방법은 없을까?
여기 있어요! 여러분들을 위한 반 반 소 묘!

영역 통합 2022 개정 교육과정 미술 교과 역량 함양을 위한 미적 체험 – 표현 – 감상 영역 연계

교과 역량	미적 체험	표현	감상
심미적 감성 창의 · 융합	소묘 작품을 미적으로 지각하기	소묘 작품 제작	타인의 작품 감상 및 작품 설치 활동

수업 설계 '반 반 소 묘' 수업 디자인

동기 유발 > 소묘와 콜라주의 개념 학습 > 활동지 작성 > 반반소묘 작품 제작하기 > 작품 전시하기

수업 과정 안내 수업 과정을 알아볼까요?

❶ 동기 유발

"어느 쪽이 진짜 그림일까요?"

이 새우깡에는 비밀이 숨어 있습니다. 바로 반은 그림이고 반은 실물 과자 봉지라는 사실이죠! 어느 쪽이 그림이고 실물 과자 봉지인지 퀴즈를 통해 오늘 수업에 대한 호기심을 가질 수 있도록 합니다.

https://youtu.be/Q_kBZ0o3q_c (영상 캡처)

혹은 영상을 제시하셔도 됩니다.
[동영상: 생활의 발견 - 실사 그림 고수]

❷ 소묘와 콜라주의 개념 학습

• 소묘와 콜라주의 개념 학습하기

소묘	단색을 사용하며 형태, 명암, 비례 등을 파악하는 미술의 기초과정
콜라주(collage)	종이 · 천 · 쇠붙이 · 나뭇조각 등 다양한 재료를 화면에 직접 붙이는 표현 방법

❸ 활동지 작성

• 명암 연습하기

명암	물체의 밝고 어두움을 뜻합니다.

명도 표현을 통해 명암을 연습하도록 지도한 후, 모든 명암의 단계가 그림에 표현되도록 안내해 주세요!

명암 연습하기

명암이란?	물체의 밝고 어두움을 뜻합니다.

흰색 ◀◀◀◀ 회색 ▶▶▶▶ 검정

10 9 8 7 6 5 4 3 2 1 0

고명도 ◀◀◀◀ 중명도 ▶▶▶▶ 저명도

▶ **명도를 표현해보자. (명암 연습)**

반반 소묘 활동에서 0-10까지의 명도를 활용하여 표현하세요.

10	9	8	7	6	5	4	3	2	1	0

❹ 반반 소묘 작품 제작하기

❹-1 콜라주 기법 적용하기

- 과자 봉지를 반으로 잘라 붙입니다.
- 과자 봉지 안쪽 면에 양면테이프를 붙이고 도화지에 부착합니다.

수업 tip

과자 봉지 안쪽에 과자가 묻어있으니 작업 전에 물티슈와 휴지를 활용하여 깨끗하게 닦아줍니다.

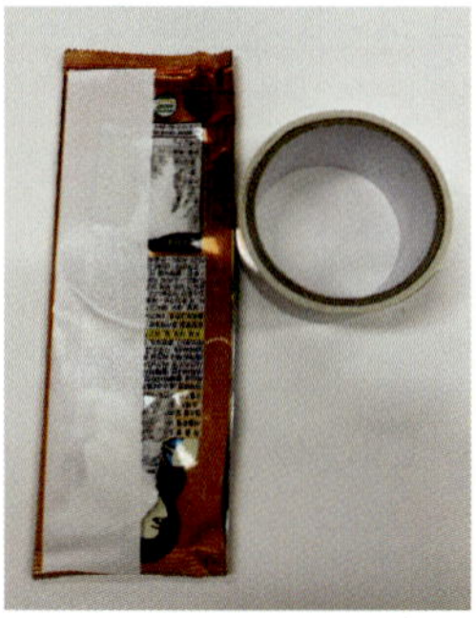

❹-2 남은 반쪽에 그림 그리기

- 소묘의 특성을 활용하여 명암 표현하기

수업 tip

돌돌이 색연필은 섬세한 표현이 어려워요. 연필 형태의 색연필을 사용할 수 있도록 지도해 주세요.

❺ 작품 전시하기

완성 작품 완성 작품을 감상해 볼까요?

오리온
오징어
땅콩
Since 1976

농심
양파깡

CW
플랑
딸기
딸기 타르트쿠키
16개입

오리온
스윙칩
Chicken
간장치킨

해태
홈런볼
초코
HACCP
입안에서사르르 # 초코홈런볼

평가하기 평가는 이렇게!

학습내용	평가 요소	평가 기준	내용 요소	
소묘와 콜라주의 개념	발표력	소묘와 콜라주의 개념에 대하여 구체적으로 발표할 수 있는가?	지식 · 이해	다양한 표현 재료와 방법
			과정 · 기능	새로운 표현을 실험하고 작품 제작하기
			가치 · 태도	자신과 환경에 대한 감수성
반반 소묘 작품 제작	표현력	명암의 단계에 대한 이해를 바탕으로 사물을 사실적으로 관찰하여 높은 완성도의 작품을 제출하였는가?	지식 · 이해	표현 주제와 의도
			과정 · 기능	주제에 적합한 표현 계획하기
			가치 · 태도	자신과 타인의 작품 존중

관련 미술이론 소묘란?

기본적으로 단색을 사용하며 형태, 명암, 비례 등을 파악하는 기초과정인 소묘는 바른 형태와 관찰력, 묘사력, 명암에 의한 입체감, 비례, 균형, 율동감 등을 효과적으로 표현하기 위해 그리는 그림을 의미합니다.

음식 모형 만들기

이야기 한 그릇

2022 개정 교육과정 핵심 역량 하위요소 - 시각적 소통, 미술과 삶, 표현 과정 성찰

수업소개 '이야기 한 그릇' 수업은요?

자, 눈을 감고 상상해 봅시다.

"[행복했던 생일의 추억]을 떠올리게 하는 음식이 있나요?"

케이크, 미역국 등... 다양한 음식이 떠오르죠?

이야기 한 그릇 수업은 자신만의 이야기가 담긴 음식 모형을 만들어보는 수업입니다.

영역 통합 2022 개정 교육과정 미술 교과 역량 함양을 위한 미적 체험 - 표현 - 감상 영역 연계

교과 역량	미적 체험	표현	감상
정체성 시각적 소통 창의 · 융합	자신의 경험과 예술 작품을 관련짓기	음식 모형 만들기	타인의 작품 감상 및 발표하기

수업 설계 '이야기 한 그릇' 수업 디자인

동기 유발 > 조소에 대한 개념학습 > 활동지 작성 > 제작하기 > 작품 제작 > 작품 발표 및 감상

수업 과정 안내 수업 과정을 알아볼까요?

❶ 동기 유발

스토리가 있는 음식 유추하기

"행복했던 생일의 추억을 떠올리게 하는 음식이 있나요?"

생일 음식과 관련된 다양한 경험을 이야기합니다.

❷ 조소에 대한 개념 학습

조소의 개념에 대하여 학습하기

제작 방법에 따른 조소의 구분에 대하여 학습합니다.

제작 방법에 따른 조소의 구분	
조각	나무, 돌처럼 단단한 재료(목조, 석조, 비누 조각 등)
소조	찰흙, 지점토 등 가소성 있는 재료(무른 재료)
개념학습이 끝나면 퀴즈 활동을 통해 개념을 정교화합니다. Q. 우리가 만들 음식 모형은 조각일까요? 소조일까요?	

❸ 활동지 작성

[활동지 핵심 내용]

내가 선택한 음식은?	
↳ 음식의 조형적 특징은? (색, 질감, 형태 등)	
↳ 제작하기 위해 필요한 재료는?	
↳ 이 음식과 관련된 나의 이야기는?	

❹ 제작하기

작품 제작 과정 이해하기

<table>
<tr><td>1</td><td>
• 지점토 등의 하얀색 점토로 음식의 형태 구현하기
– 이 과정에서는 형태도 구현되어야 하지만 질감까지도 완벽하게 표현되어야 합니다.
– 점토에 물감을 섞거나, 색 점토를 활용하면 완성도가 많이 낮아집니다.
– 하얀색의 지점토가 굳은 후, 수채화 물감으로 색을 칠해주면 음식의 완성도가 높아집니다.
– 이 과정에서 흰색의 음식 모형만을 보고도 색상을 상상할 수 있을 정도의 완성도를 갖춰야 합니다.
</td><td></td></tr>
<tr><td>2</td><td colspan="2">
음식 형태 구현 후, 수채화 물감으로 채색 및 세부 표현하여 완성하기
<table>
<tr><th colspan="2">준비물</th></tr>
<tr><td rowspan="2">1</td><td>지점토 또는 클레이</td></tr>
<tr><td>• 치즈, 생크림 등 부드러운 재질은 클레이, 고기, 튀김류의 거친 느낌은 지점토를 활용하는 것이 좋으며 뾰족한 도구로 뜯어주면 현실감 있는 튀김 느낌이 가능합니다.
• 김밥, 거품 등의 표현은 폼 클레이를 활용하였습니다.</td></tr>
<tr><td rowspan="2">2</td><td>음식에 어울리는 접시, 과자 봉지 등의 오브제</td></tr>
<tr><td>–집에서 사용하지 않는 깨진 그릇 등을 활용하였습니다.</td></tr>
<tr><td>3</td><td>국물 표현에 필요한 우드락 본드 등</td></tr>
</table>
<table>
<tr><td>국물</td><td>우드락 본드+수채화 물감을 1~2방울 정도 넣어 농도 조절하기
치즈와 같은 표현은 우드락 본드+아크릴 물감</td><td rowspan="5"></td></tr>
<tr><td>파슬리</td><td>초록색 크레파스
(칼로 슥슥 긁어주세요!)</td></tr>
<tr><td>밥알, 거품 등</td><td>흰색 폼 클레이</td></tr>
<tr><td>파</td><td>초록색 전선</td></tr>
<tr><td>세부 묘사</td><td>파스텔</td></tr>
</table>
</td></tr>
</table>

❺ 작품 제작

작품 제작 순서	
1	지점토, 클레이로 형태 만들기
2	질감 표현하기
3	물감으로 채색하기
4	우드락 본드로 국물, 소스 등의 표현하기
5	작품이 전부 마른 후 니스 칠하기

❻ 작품 발표 및 감상

완성된 음식 모형 작품과 함께 음식과 관련된 자신의 스토리를 발표합니다.

완성 작품 완성 작품을 감상해 볼까요?

친구와 심하게 다툰 후
2주 동안 대화를 하지 않았어요.
그러던 어느 날 우산을 들고 오지 않았는데
비가 정말 많이 내렸어요.
저는 아무 말 하지 않았는데 친구가 우산을
건네줬어요. 우리는 함께 비를 피하며
자연스럽게 대화했고, 오해가 풀렸어요.
배가 고파졌고 학교 앞 분식집에서 허겁지겁
떡볶이와 튀김을 먹었는데 그 음식이 세상에서
제일 맛있는 음식이었어요.
우리는 그날을 추억하며 떡볶이는 내가, 튀김은
친구가 만들었어요.

영화 '라따뚜이'를 봤어요.
작은 몸으로 많은 요리를 척척 해내는
생쥐 '레미'가 음식 평론가 '안톤 이고'
에게 최고의 찬사를 받았던 프랑스의
음식 '라따뚜이'가 너무 먹어보고 싶어서
엄마와 함께 만들어 먹었던 추억이
있어요. 그때의 추억을 떠올려
라따뚜이를 만들어 봤어요.

드라마에서 보고 너무 먹어보고 싶었던
메뉴입니다! 주인공이 이별한 후
포장마차에서 먹은 이 음식.
어른이 되면 꼭 먹어보고 싶어요.

정말 더운 여름 누나와 먹었던
사막의 오아시스 같았던 망고 빙수.
세상에서 제일 맛있는 음식이었습니다.

엄마와 비 오는 일요일에
함께 반죽하며 같이 만들었던 수제비.
점토와 같았던 반죽의 느낌이 잊히지
않아요.

아빠의 단골 냉면집에서 먹었던
시원한 냉면.
초등학생일 때는 넣어 먹지 못했던
식초와 겨자를 처음으로 넣어서 먹어
진짜 중학생이 된 기분이었어요.

평가하기 평가는 이렇게!

학습내용	평가 요소	평가 기준	내용 요소	
조소 (조각, 소조)의 개념과 특징	발표력	조소의 개념과 제작 방법에 따른 조각과 소조의 차이점에 대하여 발표할 수 있는가?	지식 · 이해	다양한 표현 재료와 방법
			과정 · 기능	이미지를 활용하여 소통하기
			가치 · 태도	미술의 다원성 존중
음식 모형 만들기	표현력	작품의 제작 과정에 대한 이해를 바탕으로 대상의 질감, 형태를 사실적으로 구현하여 제출하였는가?	지식 · 이해	표현 주제와 의도
			과정 · 기능	미술 표현 경험을 삶과 연계하기
			가치 · 태도	표현 과정에서의 주도성과 성찰

지폐도 이것의 원리였다!

명화와 만난 오목판화

2022 개정 교육과정 핵심 역량 하위요소 – 심미적 감성, 시각적 소통, 정체성

수업소개 '명화와 만난 오목판화' 수업은요?

판화 수업은 학교 현장에서 쉽게 실행하기 힘든 수업입니다.

프레스기가 매우 비싸 학교 예산으로는 구입하기 힘들고, 기름 잉크 등의 재료들이 까다로워 어려움이 많은 수업이죠. 제가 소개해 드릴 판화 수업은 프레스기도 필요 없고 까다로운 판화 재료들도 필요가 없습니다. 대신 원리는 '오목 판화'에서 가져와 학생들이 작품 과정에서 자연스럽게 오목 판화의 특성을 이해하고 이를 활용한 멋진 작품을 제작할 수 있습니다. 그리고 스케치에 대한 부담이 없어서 학생들이 좋아했던 수업입니다.

영역 통합 2022 개정 교육과정 미술 교과 역량 함양을 위한 미적 체험 - 표현 - 감상 영역 연계

교과 역량	미적 체험	표현	감상
심미적 감성 시각적 소통 정체성	자신이 좋아하는 작품 유형 탐색	오목 판화 작품 제작	명화 작품 감상 및 작품 발표

수업 설계 '명화와 만난 오목판화' 수업 디자인

판화의 종류에 대한 개념 학습 > 명화 이미지 선택하기 > 오목 판화 작품 제작 > 발표 및 감상

수업 과정 안내 수업 과정을 알아볼까요?

❶ 판화의 종류에 대한 개념 학습

판화의 종류에 대한 학습

볼록판화, 오목판화, 평판화, 공판화에 대해 학습한 뒤, 오목판화에 대해 집중적으로 학습합니다. 오목판화는 쉽게 말해 '오목'한 곳에 잉크를 넣고 압력으로 찍어내는 원리입니다. (주된 재료가 '송곳'이어서 각별한 주의가 필요하답니다!)

오목판화에 필요한 재료		'명화와 만난 오목판화' 수업에서 재구성한 재료
아크릴판	>	OHP필름
니들	>	송곳
판화 잉크	>	검은색 크레파스

❷ 명화 이미지 선택하기

학생들은 컴퓨터, 스마트폰, 태블릿PC 등을 활용하여 자신이 원하는 명화 이미지를 찾습니다. 작가와 작품 정보는 검색을 통해 자료를 얻을 수 있으며, 교과서를 활용하여 정보를 얻으면 더욱 좋은 방법이 되겠죠? 너무 복잡한 이미지는 판화 제작 시 어려움이 있으니 교사는 순회지도를 통해 이미지에 대한 피드백을 제공하도록 합니다.

❸ 작품 제작

명화와 만난 오목판화 제작 순서 안내

1. 명화 이미지(아래) OHP필름(위)을 놓고 송곳으로 명화 이미지의 형태를 따라 긁어냅니다.
2. 송곳으로 새겨 생긴 홈에 검은색 크레파스가 들어가도록 문질러 줍니다.
3. 홈 이외의 부분은 휴지로 깨끗하게 닦아 줍니다.
4. 16절 도화지 위에 OHP필름을 놓고 송곳 뒷등으로 힘을 가해 홈 부분을 문질러 줍니다.
5. 종이에 명화 이미지가 묻어나며 작품 완성!

[제작과정에서 주의할 점]

1. 송곳 사용 시 장난치지 않도록 주의해 주세요.
   (뒷등으로 힘을 가할 때 위험하지 않게 뾰족한 부분은 종이테이프로 둘러주세요.)
2. 판화의 특징 중 하나가 그림이 반대로 찍혀 나온다는 점이에요.
   이 점에 유의하여 피드백해주세요.

학생이 소개하는 제작 과정

"저는 평소 좋아하던 키스 해링 이미지를 선택했어요. 형태가 간단하고 선이 굵어서 잘 묘사할 수 있을 것 같았어요.
명화 이미지는 아래에 놓고 그 위에 OHP 필름을 놓고 송곳으로 열심히 새겨요.
송곳 끝이 뭉툭해지면 사포로 다듬은 후 다시 긁으면 처음처럼 아주 잘 긁힙니다."

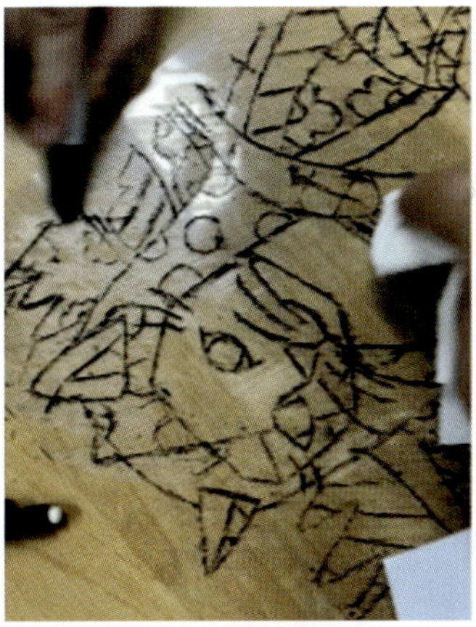

"새긴 홈에 검은색 크레파스를 문질 문질~ 내가 파낸 형상이 나올 때 쾌감을 느꼈어요! 홈 이외의 부분은 휴지로 깨끗하게 닦아 냅니다."

"16절지를 놓고 송곳 뒷등으로 힘을 가하여 문지릅니다. 초등학생의 경우 송곳 뾰족한 부분이 위험하니 주의해주세요!"

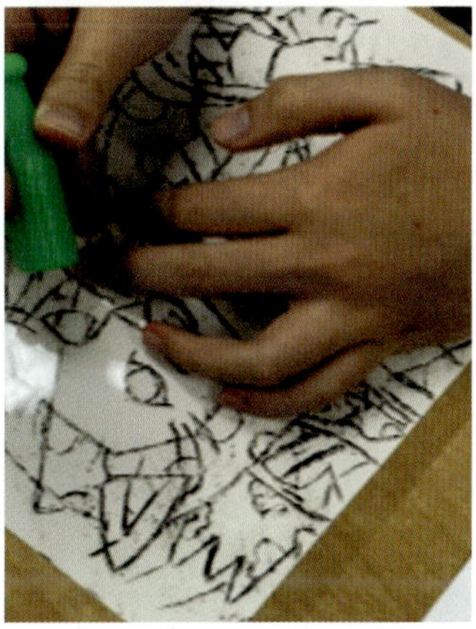

❹ 발표 및 감상

작품이 완성되면 서로 공유하고 발표하는 시간을 갖습니다.
제작 과정 중에서 발견하지 못한 내 작품의 새로운 의미를 친구들과 함께 찾아낼 수도 있답니다.
작품 발표를 통해 좋았던 점과 보완할 점 등에 대해 서로 의견을 주고받습니다.

완성 작품 완성 작품을 감상해 볼까요?

교과서를 보다 이 작품이 가장 제 취향 같아서 선택했어요. 고갱에 대해 더 궁금해져서 스마트폰으로 검색해봤는데 다른 작품들도 너무 맘에 들었어요.

〈고갱 – 타히티의 여인들〉

〈샤갈 - 마을과 나〉

샤갈은 제가 평소 좋아하던 작가예요.
이 작품은 마치 꿈속 같아요.
오목판화를 제작하니 더 근사해진 것 같아요.

반 고흐 〈밤의 카페테라스〉

반 고흐 〈오베르 교회〉

평가하기 평가는 이렇게!

학습내용	평가 요소	평가 기준	내용 요소	
오목판화 작품 제작	표현력	오목판화의 특성을 활용하여 세심하게 홈을 새겼으며 전체적으로 완성도가 높은가?	지식 · 이해	표현 주제와 의도
			과정 · 기능	새로운 표현을 실험하고 작품 제작하기
			가치 · 태도	자신과 타인의 작품 존중

관련 미술이론

오목 판화란?

동판이나 아연판에 철침으로 직접 새기거나 부식시켜서 생긴 오목한 부분에 잉크를 채우고 판 위에 종이를 덮어 프레스의 압력으로 찍어내는 판화

판화의 종류는 크게 볼록판화, 오목판화, 평판화, 공판화 총 4가지로 분류됩니다.
그중 오목판화는 표현 방법에 따라 드라이포인트, 메조틴트, 에칭, 에쿼틴트로 구분되는데 '명화와 만난 오목판화' 수업은 세부적으로 드라이포인트 기법에 해당됩니다.

오목판화의 종류	
드라이 포인트	부식시키는 과정 없이 판면에 직접 예리하고 단단한 철침으로 강하게 긁어 그리는 판화
메조틴트	로커라는 톱니 모양의 예리한 도구에 초승달 모양의 날을 가진 도구를 판면에 교차하는 방향으로 움직여 작은 구멍을 만들어 내며, 벨벳과 같은 부드러운 표현이 특징인 판화
에칭	산의 부식작용을 이용하는 판화의 한 방법. 부식의 정도에 따라 선의 굵기가 달라지는 특징을 이용한 판화
에쿼틴트	송진가루를 활용하여 수채화와 같은 부드러운 효과가 특징인 판화

오목판화의 재료 중 판재는 구리판, 아연판, 아크릴판 등 다양합니다.
드라이포인트 기법의 핵심적인 재료는 바로 '니들'인데, 주변에서 쉽게 볼 수 있는 '송곳'이 니들의 역할을 합니다. '명화와 만난 오목판화' 수업에서는 아크릴판 대신 OHP필름, 니들 대신 송곳, 잉크 대신 검은색 크레파스와 종이 등 우리 주변에서 아주 쉽게 구할 수 있고, 친숙한 재료로 오목판화 작품을 제작합니다.

7

디지털 속의 미술

디지털과 상상의 만남

증강현실로 상상의 장면 연출하기

2022 개정 교육과정 핵심 역량 하위요소- 창의 · 융합, 디지털

수업소개 '증강현실로 상상의 장면 연출하기' 수업은요?

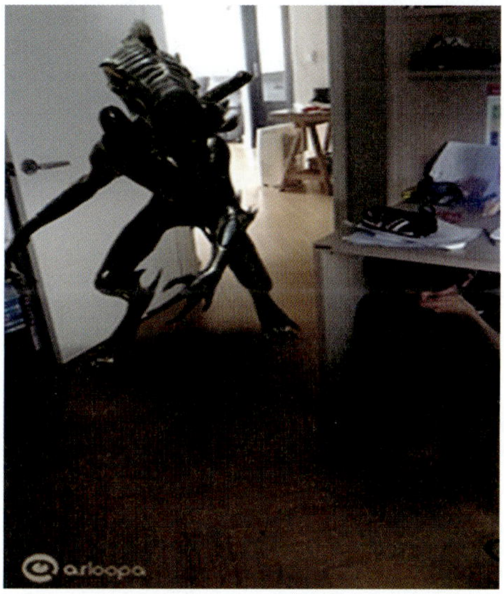

디지털과 상상의 만남

디지털 기술의 발달로 인간의 상상력을 실제 세계에 구현하는 증강현실의 기술은 이미 우리 생활 속으로 들어와 있을 정도로 발전하였습니다. 박물관, 콘서트, 교육 등의 다양한 분야에서 적극적으로 활용되고 있으며 증강현실의 임팩트 있는 시각적 효과로 인해 다양한 미술 분야에서 응용 가능하며 특히 사실적으로 구현하기 힘든 상상의 장면을 실재적인 화면으로 구현할 수 있습니다. 이런 특징을 미술 수업에 활용하여 학생들의 상상력을 실감 나는 화면으로 구현해 보는 활동입니다.

영역 통합 2022 개정 교육과정 미술 교과 역량 함양을 위한 미적 체험-표현-감상 연계

교과 역량	미적 체험	표현	감상
창의 · 융합 디지털	증강현실 체험하기	증강현실 앱을 활용하여 상상의 장면 연출하기	결과물 감상 및 공유

수업 설계 '증강현실로 상상의 장면 연출하기' 수업 디자인

증강현실이란? → 앱 활용 방법 익히기 → 증강현실 앱의 이미지를 활용하여 상상의 장면 연출하고 촬영하기 → 증강현실 작품 공유

수업 과정 안내 수업 과정을 알아볼까요?

❶ 증강현실에 대해 알아보기

❷ 앱 활용 방법 익히기

'arloopa' 앱의 활용법을 알아봅니다.

① 'arloopa' 앱을 스마트폰에 설치합니다.

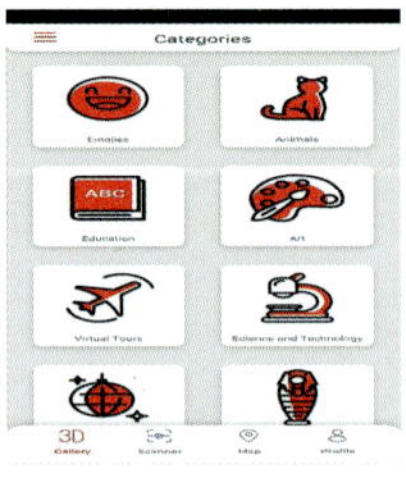

② 카테고리에서 원하는 분류를 클릭합니다.

③ 원하는 대상을 선택한 후 특정 장소에 카메라를 갖다 대면

④ 짜잔~!! 이렇게 움직이는 증강현실을 만날 수 있습니다.

❸ 증강현실앱을 활용한 상상의 장면 연출을 위한 아이디어 스케치

자신 또는 친구, 가족이 주인공이 되어 증강현실 앱으로 만들어 낼 수 있는 상상의 장면을 떠올려 아이디어 스케치를 합니다.
현실에서는 불가능한 상상이 연출될 수 있도록 합니다.

❹ 촬영하고 공유하기

생각한 아이디어와 동작으로 촬영한 증강현실 장면 사진을 다른 친구들과 같이 감상하며 다양한 의견을 공유합니다.

완성 작품 완성 작품을 감상해 볼까요?

코끼리를 번쩍~!!!

어느 날 외계인이 내 방으로 들어왔다!

편의점에 갑자기 불독이 나타나서 깜짝 놀라버렸네~?

우리 아파트에 공룡이 나타났다!!

으악! 살려줘! 공룡이 우리 집에 쳐들어왔어. 잡아먹힐 것 같아!

영화 속의 주인공과 친구가 되었네. "안녕 반가워!"

평가하기 평가는 이렇게!

학습내용	평가 요소	평가 기준	내용 요소	
증강현실	창의적 발상	디지털 매체를 이용하여 창의적인 장면을 스스로 계획하고 연출하여 상상의 재미있는 장면을 사진으로 촬영하였는가?	지식 · 이해	시각 문화의 의미와 역할 미술과 다양한 분야 연결하기 디지털 매체
			과정 · 기능	새로운 표현을 실험하고 작품 제작하기 관찰과 상상으로 아이디어 떠올리기
			가치 · 태도	표현 과정에서의 주도성과 성찰

관련 미술이론 증강현실이란?

▶ 증강현실

- 가상의 콘텐츠가 마치 실제로 존재하는 것처럼 화면상에 보여주는 기법.
- 오감을 통해 실제와 유사한 체험을 제공하는 기술인 가상현실(virtual reality)이 실제 환경을 볼 수 없는 반면 실제 환경에 가상정보를 섞는 증강현실은 더욱 심화된 현실감과 부가 정보를 제공한다.

수업의 확장 미술, 깊게 알고 넓게 배우기

▶ 증강 현실 명함 만들기

자신의 꿈 및 진로 관련 명함을 만들어 보고 'Halo AR' 앱을 활용하여 증강현실 명함으로 제작 해 봅시다.

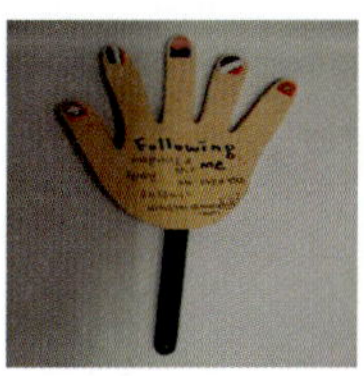

▶ 잠깐! 먼저 증강현실 구현에 꼭 필요한 개념 두 가지를 꼭 기억해 주세요.

- **마커**: 현실세계에서 가상 현실을 불러오기 위한 기준 역할을 하는 것. QR 코드가 스마트폰에서 실행하면 사이트 등으로 연결되는 원리와 같다. 마커 표식을 사진, 사물, 공간 등에 정할 수 있다.
- **오버레이**: 가상 현실(대상)이 디지털 정보를 통해 마커로 인식된 대상에 겹쳐져서 나타나는 정보이다.

		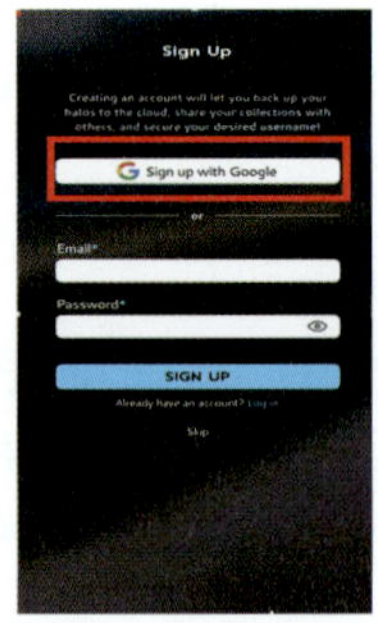	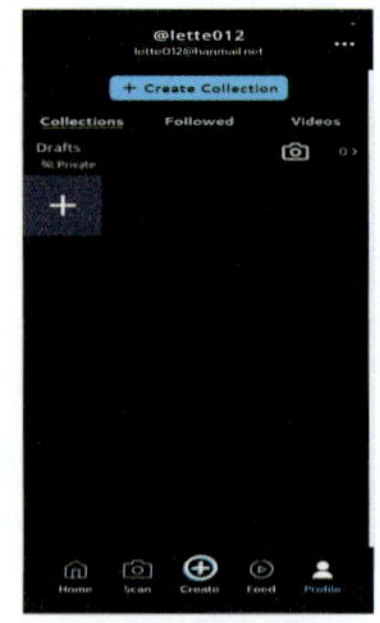
① Halo AR 앱을 설치합니다.	② 'GET STARTED'를 클릭합니다.	③ 로그인을 합니다.	④ 하단의 'CREATE'를 클릭하고 '+'를 선택합니다.
		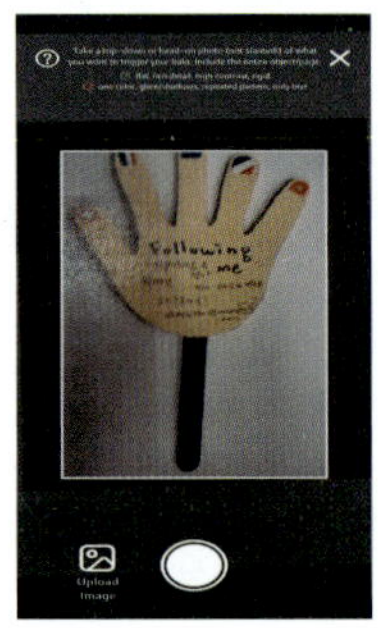	
⑤ 증강현실 프로젝트 이름과 설명을 설정합니다.	⑥ 생성된 프로젝트의 '+'를 선택합니다.	⑦ 증강현실을 불러올 마커 촬영이 나옵니다. 여기서는 제작한 명함을 촬영합니다.	⑧ 이제 마커를 통해 불러올 증강현실의 형식을 선택합니다. (동영상, 링크, 사진 등)

⑨ 이제 증강현실 앱을 사용하여 명함에 스마트폰 카메라를 대면 설정한 증강현실 이미지가 재생됩니다.	⑩ 완성된 증강현실 명함은 QR코드나 링크를 통해 공유할 수 있습니다.		

디지털로 그리는 세상

디지털 감성 일러스트

2022 개정 교육과정 핵심 역량 하위요소 – 심미적 감성, 창의 · 융합

수업소개 '디지털 감성 일러스트' 수업은요?

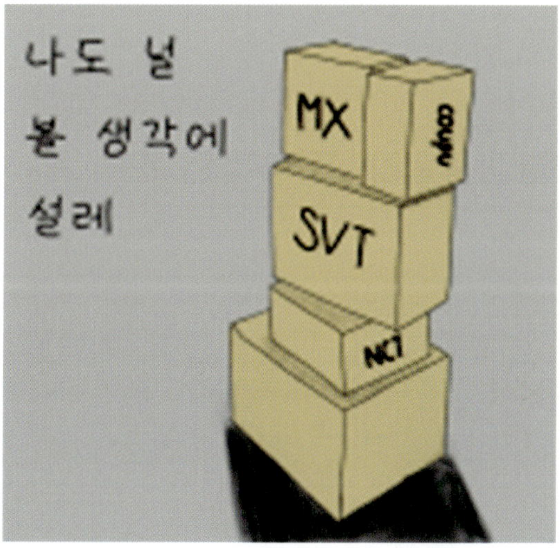

디지털로 그리는 세상

미디어로 소통하는 시대에 살고 있는 요즘 학생들에게 디지털은 이제 삶이자 생활의 일부분입니다. 기술로만 여겨졌던 디지털을 활용한 미술이 점차 하나의 예술 장르로 받아들여지고 있으며 미술 전공자가 아니더라도 누구나 그림을 그리고 즐길 수 있는 흥미로운 미술 매체로 받아들여지고 있습니다. 자신을 표현하는 수단으로서 미디어 아트는 만드는 사람에게도 관람자에게도 매력적인 예술이며 우리 아이들 또한 디지털 기술을 통해 자신의 예술적 감성을 조금 더 재미있고 쉽게 표현할 수 있는 기회가 될 것입니다. 이 수업은

디지털 기술과 인간만이 가지고 있는 감성을 표현할 수 있도록 구성되어 있습니다. 일상의 평범한 사물에서 특별한 의미를 발견해 보는 활동으로 '자신이 선택한 사물이 나에게 말을 건다면 어떤 말을 할까?'라는 상상에 기반하여 감성적인 일러스트와 글과 함께 표현해 보는 수업입니다.

영역 통합 2022 개정 교육과정 미술 교과 역량 함양을 위한 미적 체험-표현-감상 연계

교과 역량	미적 체험	표현	감상
심미적 감수성 창의 · 융합	생활 속에서 미디어 아트 발견하기	드로잉 앱을 활용하여 일러스트 그리기	미디어 아트 감상

수업 설계 '디지털 감성 일러스트' 수업 디자인

미디어 아트 이해하기 > 태블릿 앱 기능 알기 > 사물 선택하고 감성 문장 아이디어 발상 > 선택한 사물 이미지 저장하기 > 앱을 활용하여 선을 따라 그리고 채색하기 > 감상 문장 넣기 > 저장 후 공유하기

수업 과정 안내 '디지털 감성 일러스트' 수업은 이렇게 진행됩니다.

❶ 미디어 아트의 개념

미디어 아트의 개념을 이해하고 그 출발점인 백남준의 작품을 감상하고 현시점에서의 미디어 아트의 종류에 대해 알아봅니다.

❷ 사물 선택하고 감성 문장 아이디어 발상하기

- 평범한 사물에서 특별한 의미를 발견해 보는 활동입니다.

"우리는 누구나 다른 이들이 나를 알아봐주기를, 있는 그대로의 나를 사랑해주기를 바랍니다. 우리가 모르는 곳에서 자신들의 이야기를 하고 싶은 사물들이 우리의 관심을 기다리고 있습니다. 말랑말랑한 마음으로 평소와는 다른 시선으로 그것들을 바라보고 그들의 목소리에 귀 기울여 봅시다."

- 자신의 주변에 있는 평범한 사물을 선택합니다.
- 온라인 검색을 통해 선택한 사물의 이미지나 사진을 저장합니다. 또는 태블릿으로 자신이 선택한 사물을 촬영하고 저장합니다.
- 선택한 사물이 말을 건다면 어떤 말을 할지 상상하여 적어봅니다.

그 사물을 선택한 이유는 무엇인가요?
선택한 사물이 당신에게 말을 건넨다면 어떤 말을 할까요?

❸ 드로잉 앱을 설치하고 기능 이해하기

이비스(ibisPaint) 앱을 설치한다.

나의 갤러리에서 '+'를 클릭한다.

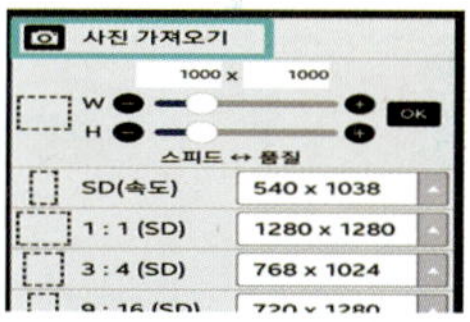

사진 가져오기에서 저장된 선택한 사물의 이미지를 불러온다.

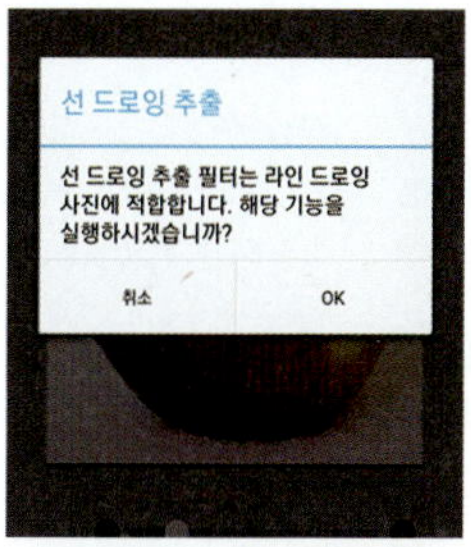

'선 추출' 메시지창에서 아니오를 클릭한다.

하단의 숫자가 적힌 사각형인 레이아웃 기능을 선택한다.

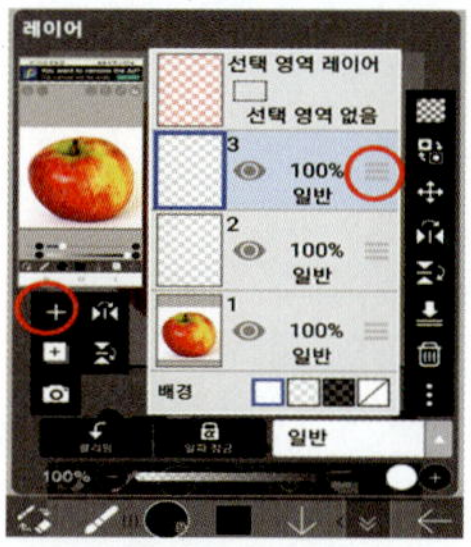

'+'버튼을 클릭하여 여러 개의 레이아웃을 생성한다.

브러시 기능을 활용하여 선을 따고 채색 후 텍스트 기능을 활용하여 감성 문장을 입력한다.

완성 작품 완성 작품을 감상해 볼까요?

평가하기 평가는 이렇게!

학습내용	평가 요소	평가 기준	내용 요소	
사물 일러스트	디지털 앱을 활용한 표현력	사물의 특징을 파악한 뒤 디지털 앱의 기능을 잘 활용하여 사실적으로 표현하고 자신의 감정과 생각을 담은 짧은 글을 조화롭게 작성하여 창의적인 작품을 만들었는가?	지식 · 이해	삶과 미술의 관계 표현 주제와 의도
			과정 · 기능	미술과 다양한 분야 연결하기 디지털 매체 활용
			태도	표현 과정에서의 주도성과 성찰 자신과 환경에 대한 감수성

관련 미술이론 미디어 아트의 시작

▶ 미디어 아트(media art)

사진 전화 영화 등의 발명 이후 신기술들을 사용한 매체를 이용한 예술

▶ 미디어 아트의 시작 – 비디오 아티스트 '백남준'(1932~2006)

1932년 서울 종로 출생으로 어린 시절 독일로 유학을 하며 플럭서스 멤버로 활동하며 행위 예술가로 활동했습니다.

1961년 집안이 파산 후 가난한 예술가로 전락하지만 '어차피 가난해졌고 뭘 해도 곤궁함을 벗어나긴 힘들 것 같으니 예술만큼은 가장 비싼 재료를 활용해보자'라고 생각하여 '재미없으면 예술이 아니다'라는 신념을 가진 백남준은 많은 사람이 텔레비전 앞에서 즐거워하는 모습을 보면서 영감을 받고 이후 돈이 생기는 대로 값비싼 텔레비전을 사들이며 미디어 아트라는 것을 처음으로 시도하게 됩니다. 처음에는 새로운 형식의 작품을 사람들이 이해하지 못했지만 백남준은 포기하지 않고 꾸준히 노력하였고 드디어 인정을 받기 시작했답니다.

이 작품은 부처가 텔레비전을 통해서 자신의 모습을 바라보고 있는 장면을 표현한 것으로 "서양 과학기술과 동양의 영적인 세계를 절묘하게 조합했다"는 평가를 받았답니다. 차가운 기계가 동양의 철학을 만나 텔레비전을 통해서도 무언가를 깨달을 수 있다는 메시지를 전달하고 있습니다. 이렇게 탄생한 것이 바로 비디오 아트입니다.

백남준, TV 부처, 1974년

수업의 확장 미술, 깊게 알고 넓게 배우기

▶ **미디어 아트의 현재**

프로젝션 매핑

건물 외벽이나 물체 위에 영상을 보여주는 것. 즉 실제 공간에 영상을 보여주는 기술이다.

미디어 파사드

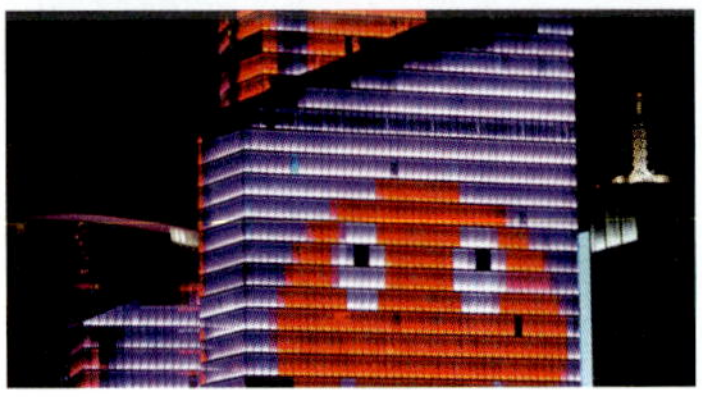

프로젝션 매핑의 일종으로 미디어에 건물 외벽을 뜻하는 파사드(facade)가 합쳐진 용어로, 건물의 외벽에 다양한 영상을 투사하는 것이다.

디지털 드로잉의 세계 - NFT (NON-FUNGIBLE TOKEN) 대체불가토큰

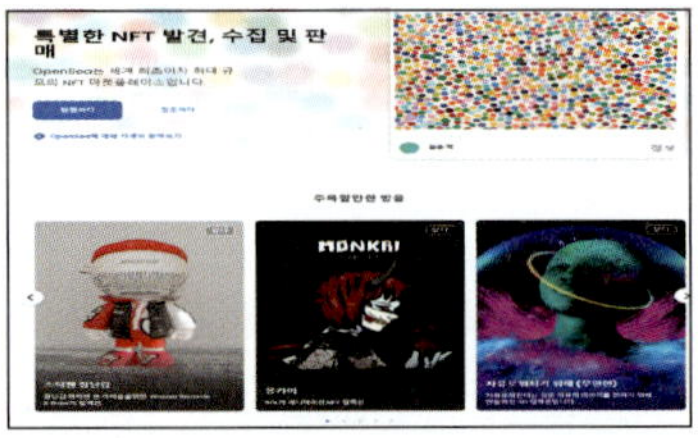

교환과 복제가 불가능하여 저마다 고유성과 희소성을 갖는 블록 체인 기반의 기술을 활용하여 영상 그림 음악 등의 디지털 파일에 복제 및 위조가 불가능한 암호를 증명서 형태로 만들 수 있는 '신종 디지털 자산'. 이런 특징으로 인해 디지털 그림도 예술 작품으로 다루어질 수 있게 되었다.

오픈씨(https://opensea.io/collection/rektguy) 사이트는 세계 최대의 NFT아트를 쉽게 만나고 창조하고 판매할 수 있는 곳이다.

네모 칸으로 만들어가는 세상

진로 픽셀 아트

2022 개정 교육과정 핵심 역량 하위요소 – 시각적 소통, 다양한 매체의 실험, 창의 · 융합

수업소개 '진로 픽셀 아트' 수업은요?

픽셀로 세상을 담을 수 있다?

지금의 인스타그램처럼 한때는 싸이월드가 자신을 나타낼 수 있는 SNS 매체였죠! 선생님도 싸이월드 미니 룸과 미니미에 쓴 도토리만 해도 한 달 용돈을 넘길 수준이었답니다. 픽셀 아트는 이와 같은 선생님의 흑역사를 떠올리게 하는 재미난 주제랍니다.

픽셀은 우리가 보는 스마트폰이나 모니터 등의 화면을 구성하는 기본 단위를 뜻하는데 쉽게 말해 '화소'라고 표현합니다. 우리는 그 픽셀을 하나씩 찍어 작품을 제작해 봅시다.

영역 통합 2022 개정 교육과정 미술 교과 역량 함양을 위한 미적 체험-표현-감상 영역 연계

교과 역량	미적 체험	표현	감상
시각적 소통 창의 · 융합	나의 진로 적성 파악하기	픽셀아트 작품 제작하기	타인의 작품 감상하기

수업 설계 '진로 픽셀 아트' 수업 디자인

동기 유발	→	비트맵, 벡터, 픽셀에 대한 개념학습	→	활동지 작성	→	애플리케이션 사용법 학습하기 및 작품 제작	→	완성작 발표

수업 과정 안내 수업 과정을 알아볼까요?

❶ 동기 유발

▶ SNS에서 이미지 파일이 깨지거나 했던 일상생활 속 경험에 대하여 이야기하기
"무엇 때문일까?"
우리는 이 깨진 이미지로 예술작품을 만들어 볼 거예요!

❷ 비트맵, 벡터, 픽셀에 대한 개념학습

• 비트맵과 벡터의 개념 학습하기

비트맵	• 픽셀[점]로 이루어진 그림 • 우리가 흔히 쓰는 jpg 파일
벡터	• 수학 좌표[선]법으로 그림 • 아무리 확대해도 이미지가 깨지지 않음 • 일러스트레이터 프로그램(Ai)

• 비트맵의 하위요소인 픽셀 학습하기

픽셀	디지털 이미지를 이루는 가장 작은 단위인 사각형 점

• 비트맵vs벡터의 차이점에 대해 발표하기

퀴즈를 통해 비트맵과 벡터의 차이를 발견하고 발표하도록 지도합니다.

❸ 활동지 작성

진로 픽셀 아트

학년 학년 번
이름: ____________

[학습목표]
1. 비트맵과 벡터의 차이에 대하여 설명할 수 있다.
2. 픽셀의 특징을 활용하여 진로 픽셀 아트 작품을 제작할 수 있다.

☞ 다음 질문에 따라 빈칸을 채워보세요.

1	나의 꿈 (진로)은? ☞ 관심있는 분야도 괜찮아요.	
2	↳ 나의 꿈 분석하기 ☞ (도구, 소품 등 포함) 3가지 이상 적고 이를 포함하여 디자인하시오.	

활동지 작성 활동을 통해 자신의 꿈(진로)이 무엇인지 고민하고 진로와 관련된 도구, 소품 등의 요소를 3가지 이상 유추합니다.

☞ 픽셀 아트를 디자인하시오. (32X32) / 활동지를 참고하여 작품을 제작할 예정입니다.

- 픽셀 아트 디자인 스케치 작업

  실제 (32×32) 칸을 바탕으로 스케치 작업을 하기 때문에 활동지를 참고하여 앱을 활용한 픽셀 아트 작품을 제작합니다.

❹ 애플리케이션 사용법 학습하기 및 작품 제작

- 1단계

  [애플] 앱스토어
  [삼성] 플레이스토어에서

  [8bit 화가]를 검색한 후, 애플리케이션을 다운로드합니다.

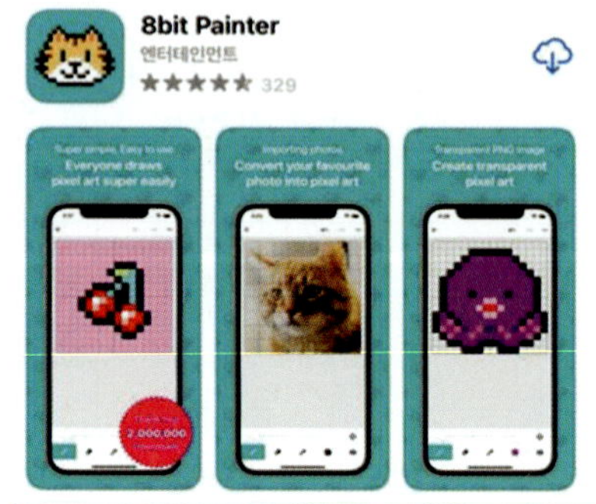

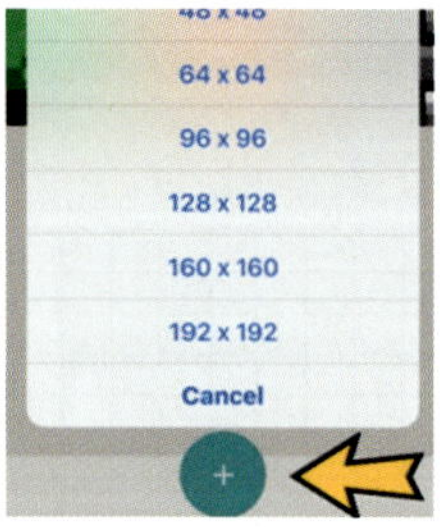

- 2단계

  애플리케이션을 실행합니다.
  화면의 [+]를 선택하세요.

- 3단계

  캔버스 크기인
  32×32를 선택한다.

  (수업 주제나, 학생들의 발달 정도에 따라 더 많은 픽셀 혹은 더 적은 픽셀을 활용할 수 있어요.)

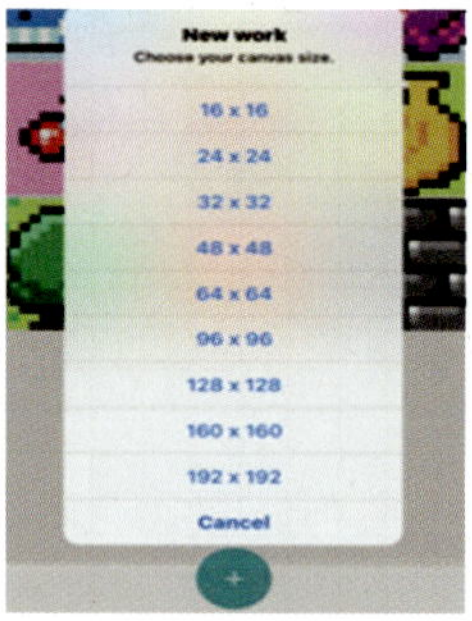

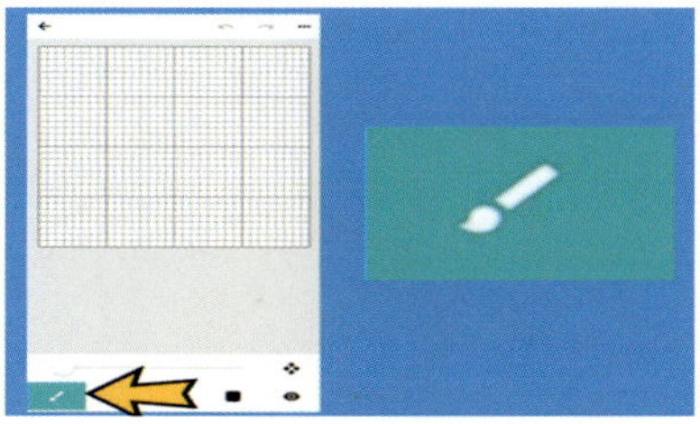

1개의 픽셀 색칠하기

이 아이콘을 선택하면
1개의 픽셀을 색칠할 수 있습니다.

전체 픽셀 색칠하기

이 아이콘을 선택하면
배경 등 전체 픽셀을
색칠할 수 있습니다.

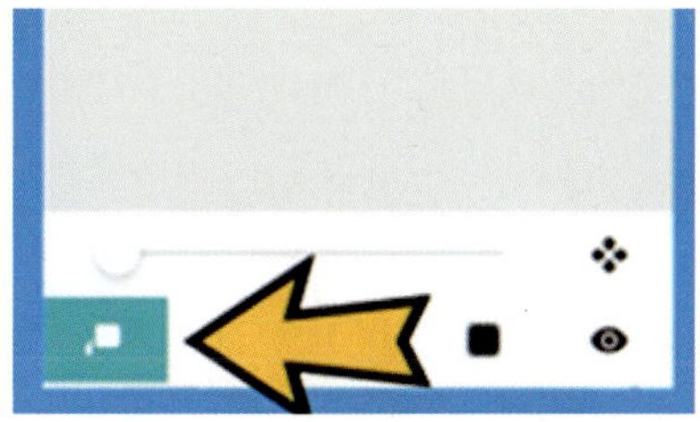

선택한 부분 지우기/삭제하기

이 아이콘을 선택하면
삭제(지우기)하고 싶은 부분을
지워낼 수 있습니다.

이전, 이후로 돌아가기

이 아이콘을 선택하면
이전, 이후 작업 단계로
돌아갈 수 있습니다.

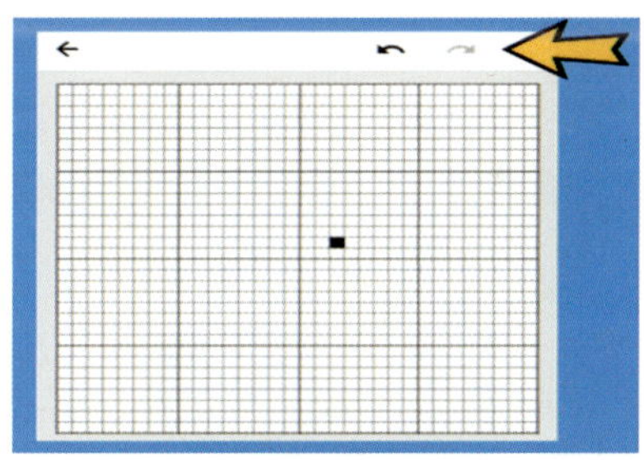

색 선택하기

이 아이콘을 선택하면
다음과 같은
2가지 방법으로
색을 선택할 수 있습니다.

색 선택하기 ①

첫 번째 방법,
○를 움직이며 원하는 색상을 선택할 수 있습니다.

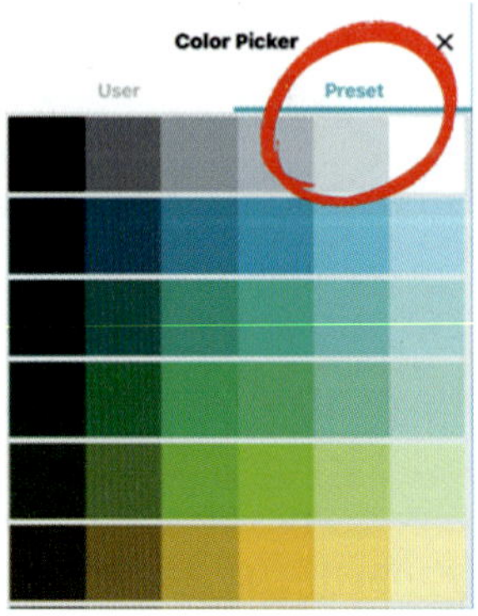

색 선택하기 ②

두 번째 방법,
Preset을 눌러 원하는 색상을 선택할 수 있습니다.

진행 중인 이미지 확인하기

이 아이콘을 선택하면 격자가 사라지고 현재 진행 중인 이미지를 확인할 수 있습니다.

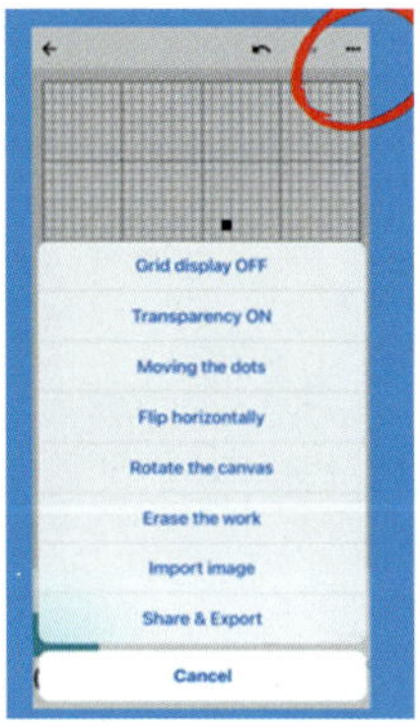

이미지 저장하기

오른쪽 상단의
점 3개[...]를 선택하세요.

- 4단계

Share & Export(공유&보내기)를 선택하세요.

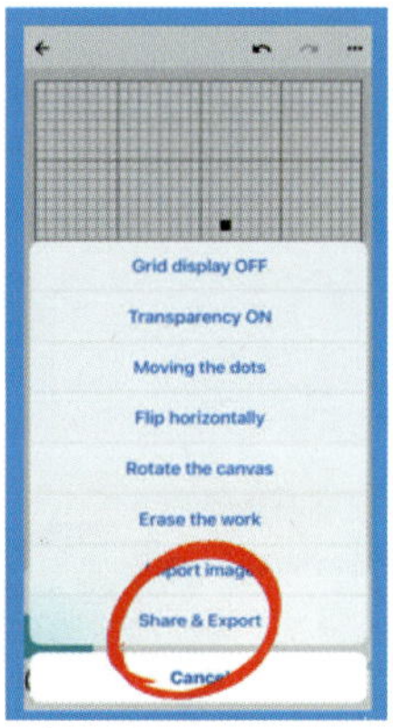

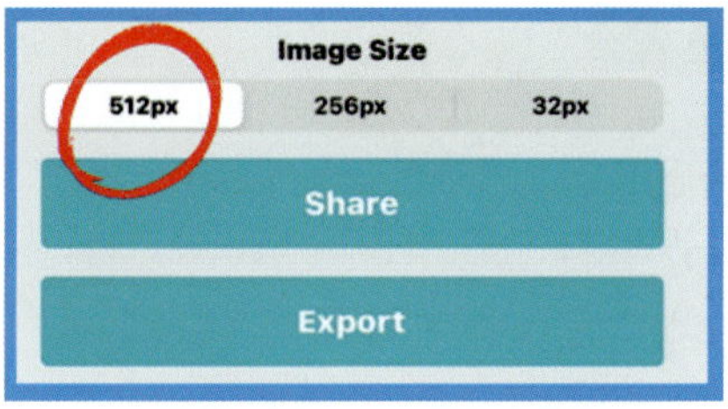

- 5단계

이미지 크기
반드시 512px로 저장합니다.
(32, 256px는 이미지가 작습니다.)

이제 기본적인 애플리케이션의 사용법을 숙지하셨습니다.
본격적으로 활동지를 참고, 애플리케이션을 활용하여 나만의 진로 픽셀 아트 작품을 제작해봅시다!

❺ 완성작 발표

이 친구가 표현하고자 한 직업은 무엇일까요?

무엇 때문에 알 수 있었나요?

이 작품은 누구의 작품일까요?

등의 질문을 통해 완성 작품을 함께 감상하고 직업과 관심사를 맞히는 퀴즈 활동을 합니다.
이 과정을 통해 서로에 대해 깊이 이해할 수 있습니다.

완성 작품 완성 작품을 감상해 볼까요?

선생님이 꿈인 학생의 작품

농구선수가 꿈인 학생의 작품

영화배우가 꿈인 학생의 작품

건축가가 꿈인 학생의 작품

농구에 관심이 많은 학생의 작품

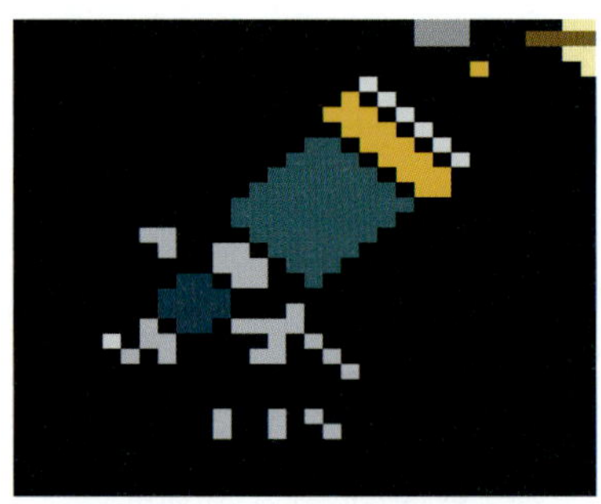

천문학자가 꿈인 학생의 작품

평가하기 평가는 이렇게!

학습내용	평가 요소	평가 기준	내용 요소	
비트맵 & 벡터 픽셀 개념학습	활동지 평가	비트맵과 벡터의 차이점에 대하여 설명할 수 있으며 픽셀과 비트맵의 상관관계에 대하여 이해하였는가?	지식 · 이해	삶과 미술의 관계
			과정 · 기능	미술과 다양한 분야 연결하기
			가치 · 태도	자신과 환경에 대한 감수성
픽셀 아트 작품 제작	표현력	픽셀의 특징을 바탕으로 자신의 진로 요소를 구체적으로 잘 표현하였는가?	지식 · 이해	다양한 표현 재료와 방법
			과정 · 기능	미술 표현 경험을 삶과 연계하기
			가치 · 태도	표현 과정에서의 주도성과 성찰

관련 미술이론 픽셀(Pixel)이란?

디지털 이미지를 이루는 가장 작은 단위인 사각형 점.
다른 말로 '화소'라고도 합니다.
해상도가 높을수록 많은 픽셀로 이루어져 있어요!

반 고흐와 내가 만나는 시간

아트 필터를 통해 반 고흐의 세상 이해하기

2022 개정 교육과정 핵심 역량 하위요소 – 다양한 매체 실험, 창의・융합

수업소개 '아트 필터를 통해 반 고흐의 세상 이해하기' 수업은요?

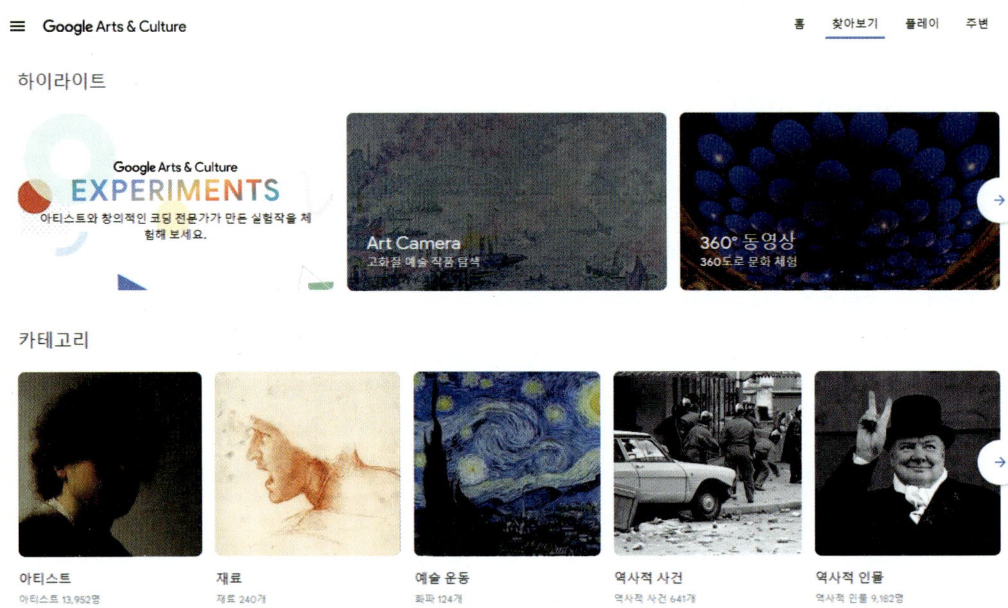

"구글 아트 앤 컬쳐(Google Arts & Culture) 서비스를 아시나요?"

전 세계에 있는 수많은 미술 작품의 아카이브이자 세상에서 가장 큰 미술관인 구글 아트 앤 컬쳐! 2016년에 출시된 구글 아트 앤 컬쳐는 구글에서 예술 및 문화 웹사이트를 보완하기 위해 만들어졌으나 이제는 이 서비스를 통해 누구나 쉽게 집에서도 박물관과 미술관을 관람할 수 있게 되었습니다. 또한 증강현실, AI 기술 등의 최신 기술을 접목하여 다양한

예술 경험을 제공하고 있습니다. 이번 수업에서는 이러한 구글 아트 앤 컬처 서비스를 활용하여 작가 반 고흐의 작품을 재구성하고 그의 작품 세계를 이해하는 시간을 갖고자 합니다.

영역 통합 2022 개정 교육과정 미술 교과 역량 함양을 위한 [미적 체험-표현-감상] 영역 연계

교과 역량	미적 체험	표현	감상
심미적 감성 창의 · 융합 공동체	작품을 통해 자신의 경험 이야기하기	애플리케이션을 통해 반 고흐 작품 재구성하기	작가 반 고흐의 생애와 작품 감상하기

수업 설계 '아트 필터를 통해 반 고흐의 세상 이해하기' 수업 디자인

동기 유발 > 반 고흐에 대해 학습하기 > 작품 재구성하기 > 발표 및 감상 > 영상 감상 > 편지 작성하기

수업 과정 안내 수업 과정을 알아볼까요?

❶ 동기 유발

• 자신이 아는 서양 미술 작가 이름 발표하기

피카소, 뭉크, 다빈치.... 그리고 반 고흐

"우리가 정말 반 고흐에 대해 잘 알고 있을까?"

❷ 반 고흐에 대해 학습하기

- 반 고흐에 대해 학습하기
  (교과서를 활용하면 더욱 좋아요!)

"때때로 나는 낮보다 밤이 더 살아있고 풍부하게 채색되어 있다고 느낀다."

낮에 자고 밤에 연구했던 반 고흐.
그는 밤을 사랑해서 낮과 밤이 바뀐 삶을 살았다.

별이 빛나는 밤에, 1889, 캔버스에 유채, 74×92cm, 뉴욕 현대미술관

❸ 작품 재구성하기

- 구글 아트 앤 컬처 사용방법 학습하기
  스마트폰을 활용하여 구글 아트 앤 컬쳐를 다운받고
  [내가 관심을 가지고 연구하는 대상 사진 찍기]

- 스마트폰을 활용하여 Google Arts & Culture 애플리케이션 다운 받기

수업 tip

앱을 설치 후 실행하면 영어로 기본 설정이 되어 당황스러울 수 있습니다. 하지만 걱정 마세요! 구글 번역이 내장되어 있어 번역 언어를 한국어로 선택하면 모든 앱 콘텐츠를 번역할 수 있기 때문에 편하게 사용 가능합니다!

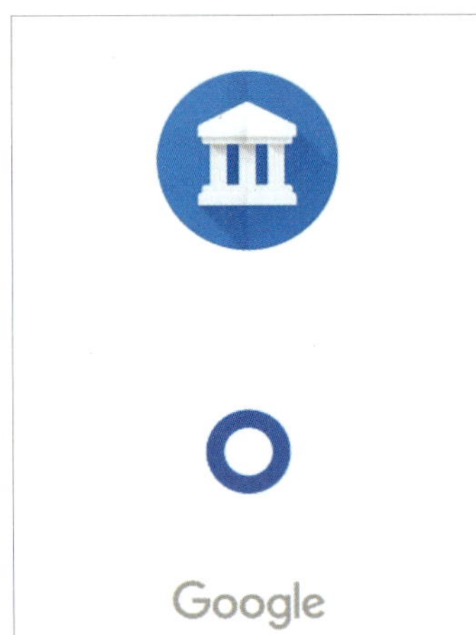

- 애플리케이션 실행하기
  반 고흐 필터를 선택하여 확대하면 작품의 붓 터치까지 세심하게 느낄 수 있는 초확대 기능이 있습니다.

• 반 고흐 필터를 통해 내가 관심을 가지고 연구하는 대상 촬영하기

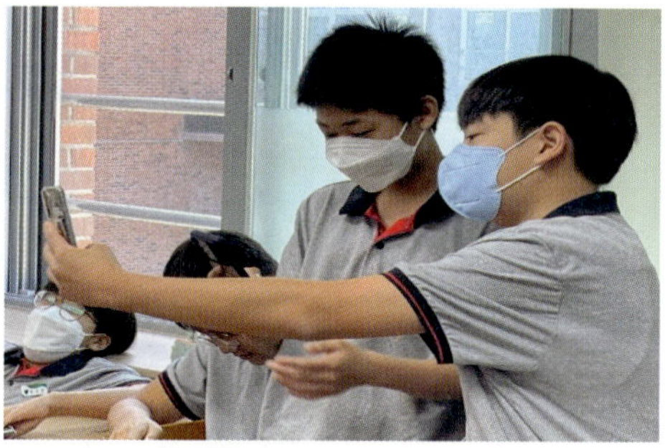

내 사진을 예술 작품으로 변환시켜주는 Art Transfer

사진을 촬영 혹은 업로드하면 특정 화가의 스타일로 그림을 바꿔줍니다.
고전 미술, 현대 미술 등 적용할 수 있는 작품 스타일이 60개가 넘으며 이 중 하나가 고흐의 별이 빛나는 밤에입니다. 또한 이미지를 예술 작품으로 변환하는 모습을 GIF 파일로 제공하기도 하여 타인에게 공유하기도 쉽습니다. 별다른 기술이 없어도 사진을 그림으로 바꿔주기 때문에 학생들의 흥미도가 높답니다.

❹ 발표 및 감상

친구들의 작품을 감상하고, 자신이 관심을 가지고 연구하는 대상이 무엇인지, 그리고 반 고흐의 작품과 어떤 연관성이 있는지 발표합니다.

❺ 영상 감상

반 고흐가 타임머신을 타고 현대로 온다면?

https://youtu.be/ubTJI_UphPk
닥터 후 시즌5 10화 중 반 고흐가 오르세 미술관에 방문한 장면의 영상을 감상합니다.

❻ 편지 작성하기

영상을 감상한 후 반 고흐에게 전하고 싶은 말을 편지로 써보는 활동을 합니다.

[학생 활동 이미지] 반 고흐에게 메시지 전하기

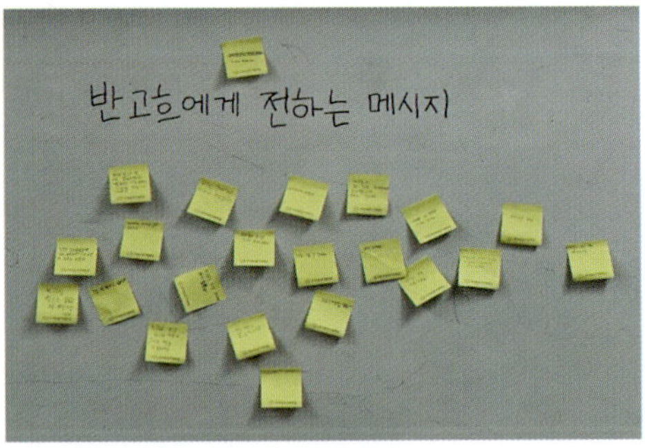

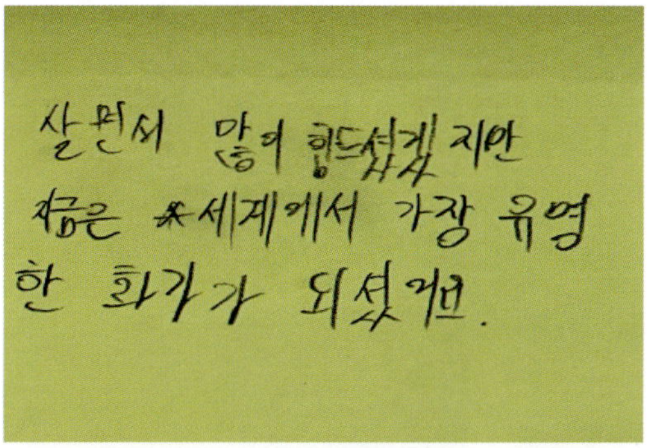
살면서 많이 힘드셨겠지만
지금은 세계에서 가장 유명
한 화가가 되셨어요.

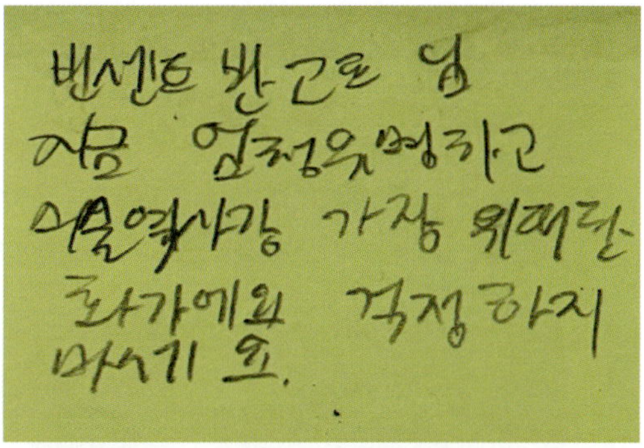
빈센트 반 고흐 님
지금 엄청 유명하고
미술역사상 가장 위대한
화가예요 걱정하지
마세요.

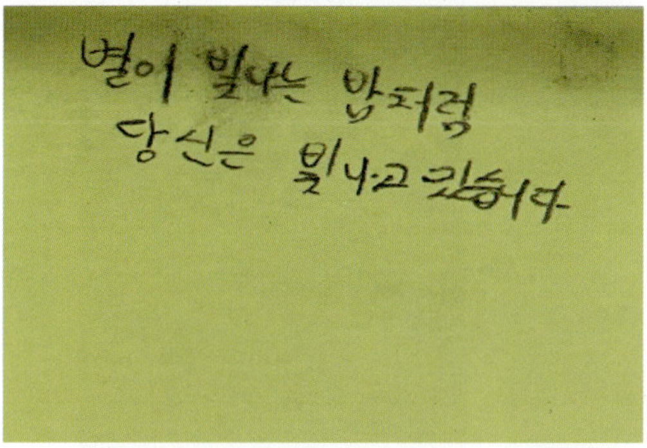
별이 빛나는 밤처럼
당신은 빛나고 있습니다

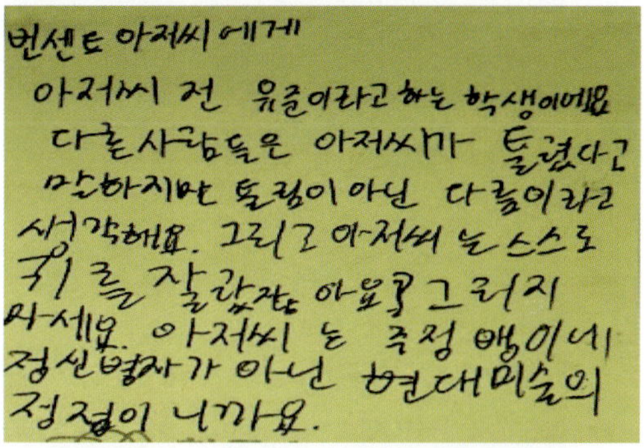
빈센트 아저씨에게
아저씨 전 유준이라고 하는 학생이에요
다른 사람들은 아저씨가 틀렸다고
말하지만 틀림이 아닌 다름이라고
생각해요. 그리고 아저씨는 스스로
귀를 잘랐잖아요 그러지
마세요. 아저씨는 주정뱅이나
정신병자가 아닌 현대미술의
정점이니까요.

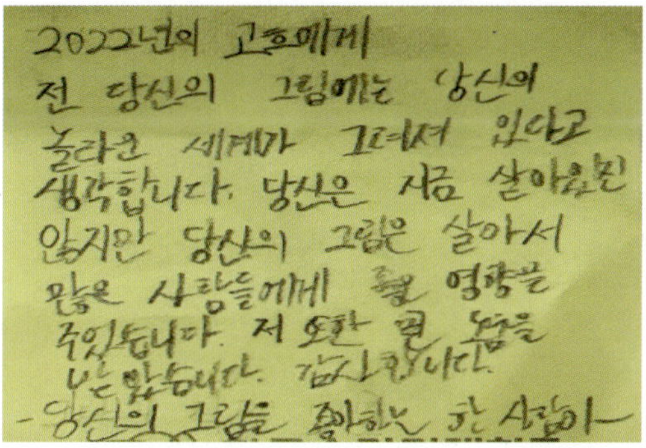
2022년의 고흐에게
전 당신의 그림에는 당신의
놀라운 세계가 그려져 있다고
생각합니다. 당신은 지금 살아있진
않지만 당신의 그림은 살아서
많은 사람들에게 좋은 영향을
주었습니다. 저 또한 큰 도움을
받았습니다. 감사합니다.
-당신의 그림을 좋아하는 한 사람이-

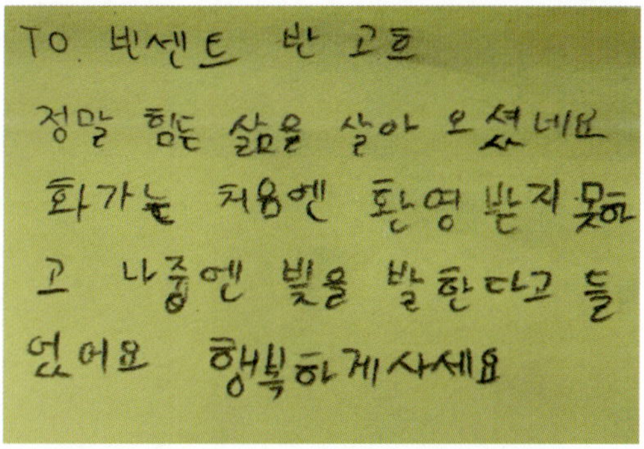
TO. 빈센트 반 고흐
정말 힘든 삶을 살아 오셨네요
화가는 처음엔 환영 받지 못하
고 나중엔 빛을 발한다고 들
었어요 행복하게 사세요

완성 작품 완성 작품을 감상해 볼까요?

평가하기 평가는 이렇게!

학습내용	평가 요소	평가 기준	내용 요소	
작가 반 고흐의 작품 감상	감상문 작성	반 고흐의 일생과 작품에 대하여 설명할 수 있으며 자신의 생각을 구체적으로 발표할 수 있는가?	지식 · 이해	미술의 시대적, 지역적, 사회적 맥락
			과정 · 기능	미술 작품을 해석하고 가치 판단하기
			가치 · 태도	공동체 문화에 기여
작품 재구성하기	표현력	애플리케이션을 활용하여 반 고흐의 작품에 대한 이해를 바탕으로 높은 완성도의 작품을 제출하였는가?	지식 · 이해	다양한 표현 재료와 방법
			과정 · 기능	새로운 표현을 실험하고 작품 제작하기
			가치 · 태도	표현 과정에서의 주도성과 성찰

관련 미술이론 빈센트 반 고흐(Vincent Van Gogh)

전 세계에서 가장 사랑받는 작가인 빈센트 반 고흐.
목사의 아들로 태어나 미술을 시작하게 된 그는 폴 고갱을 스승으로 여겨 자신이 머물고 있는 곳에 와주길 소망했습니다. 그는 동료 화가들이 함께하는 화가 공동체를 만들고 싶어 했죠. 하지만 고갱과의 다툼에서 고흐는 정신적 고통을 이기지 못하고 스스로 자신의 귀를 자르게 됩니다.

살아있을 때의 고흐는 작가로서 실패했다 평가받기도 해요. 왜냐하면 생전에 딱 한 작품만이 판매되었기 때문이죠. 심지어 고물상에게 그림을 팔았는데 고물상이 물감을 긁어내고 중고 캔버스로 팔았다는 이야기도 있는 반 고흐. 그의 작품 세계에 대해 학습해 봅시다.

빈센트 반 고흐의 '별이 빛나는 밤'은 미술에 관심이 없는 사람이라도 누구나 아는 대표적인 명화입니다. 모나리자보다 유명하다고 하는 이 작품은 별이 떠 있는 모습을 살펴볼 수 있고 고흐가 자신의 정신적 고통을 표현한 작품이기도 합니다.

내가 확신을 가지고 모든 것을 안다고 말할 수는 없다. 하지만 지도에서 도시나 마을을 가리키는 검은 점을 보면 꿈을 꾸게 되는 것처럼 별이 반짝이는 밤하늘은 늘 나를 꿈꾸게 한다.

고흐의 편지 中 1888. 6월

언제 어디서나 쉽게 만나는 우리 학교 전시회

VR 미술관

2022 개정 교육과정 핵심 역량 하위요소 - 다양한 매체의 실험, 전시 기획, 공동체

수업소개 'VR 미술관' 수업은요?

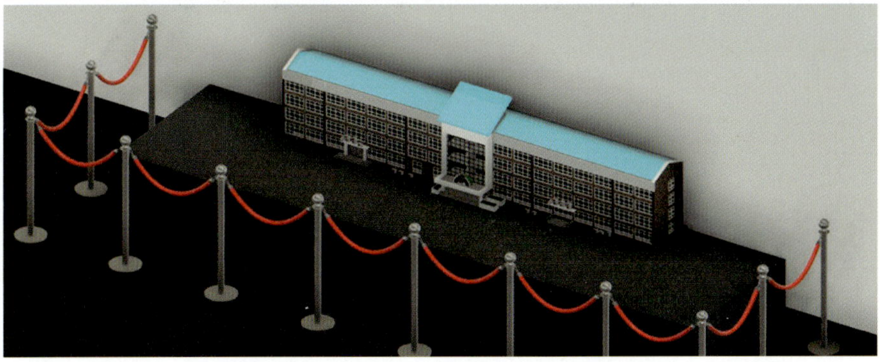

"우리 학교가 내 손안에 있다?"

어때요? 실제 학교와 똑같지 않나요? 수업을 통해 학생이 VR로 재구현한 우리 학교! 함께 만들어 볼까요?

영역 통합 2022 개정 교육과정 미술 교과 역량 함양을 위한 미적 체험-표현-감상 영역 연계

교과 역량	미적 체험	표현	감상
창의 · 융합 시각적 소통 공동체	미술관 방문 경험 이야기하기	VR프로그램 활용하여 가상공간 제작하기	VR미술관 감상 및 체험하기

수업 설계 'VR 미술관' 수업 디자인

동기 유발 → VR에 대한 개념 학습 → 프로그램 활용하여 제작하기 → VR 체험하기

수업 과정 안내 수업 과정을 알아볼까요?

❶ 동기 유발

"미술 전시의 단점은 무엇일까?"

라는 질문을 통해 미술관의 시 · 공간적 제약에 대하여 이야기합니다.

"이러한 문제를 해결할 수 있는 미술관은 없을까?"

직접 현재 미술관에서 운영하는 VR 전시를 학생들과 체험합니다.

[국립현대미술관 홈페이지: https://www.mmca.go.kr/]

❷ VR에 대한 개념 학습

• 가상 현실(VR)의 개념에 대하여 학습하기

VR	인간의 상상에 따른 공간과 사물을 컴퓨터에 가상으로 만들어 실제처럼 체험할 수 있도록 하는 기술

❸ 프로그램 활용하여 제작하기

사전 활동

계획하기

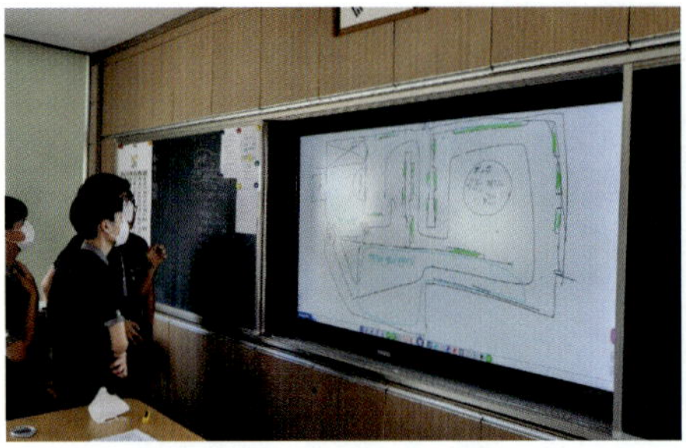

전시 주제 및 전시 공간 구성 등에 대한 사전 논의 후에 프로그램을 활용하여 VR 전시 공간을 제작합니다.

제작 프로그램명
Unity 홈페이지: https://unity.com/kr

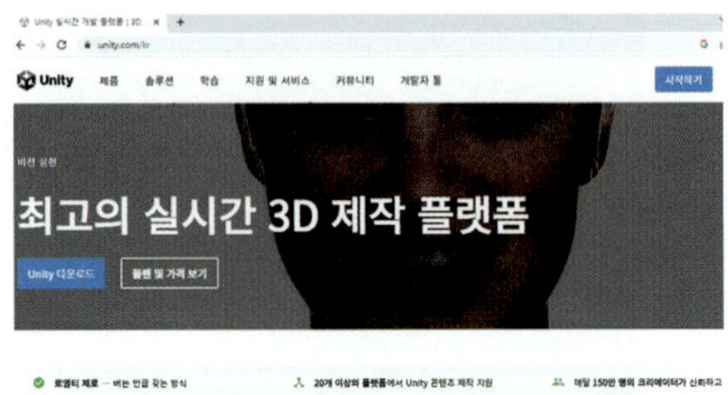

• 1단계

유니티를 실행해 VrChat사이트에서 최신 SDK를 다운받아 유니티에 설치하여 준비한다.

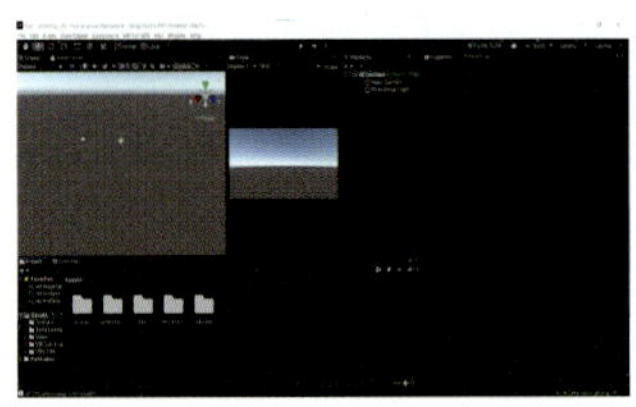

• 2단계

유니티 내부에 큐브 모델을 조정하여 간단한 공간을 만들어 기초를 세운다.

• 3단계

필요에 따라 인터넷에서 무료로 배포하는 각종 모델들을 다운 받아 유니티에 적용 후 배치한다.

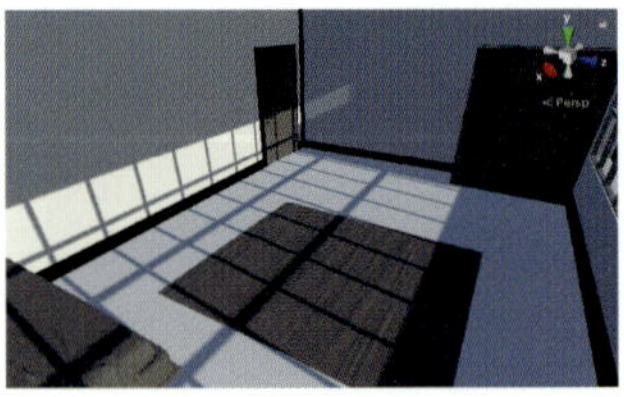

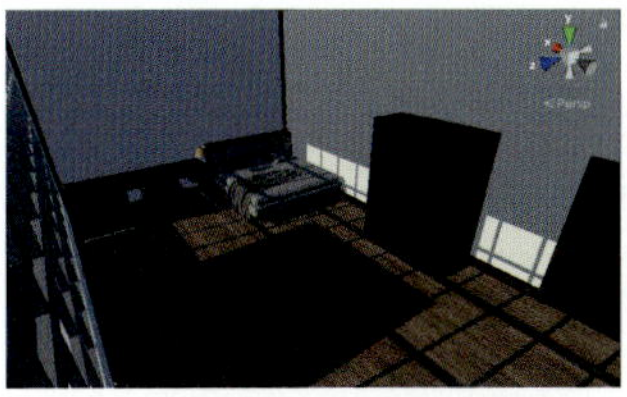

- 4단계

적용한 모델들에 따라 적절한 재질들을 넣어 자연스럽게 보이도록 디자인한다.

- 5단계

제작한 월드를 VrChat에 업로드한다.

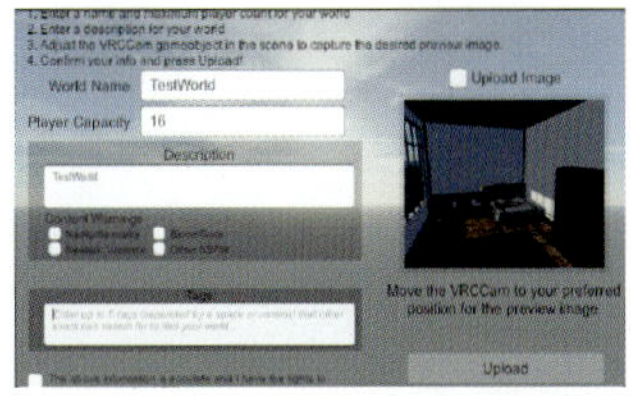

- 6단계

VrChat 프로그램을 통해 업로드한 월드에 접속이 가능하며 체험한다.

❹ VR 체험하기

- VR 기기를 활용하여 내가 만든 가상의 공간 체험하기

00:19
02:13

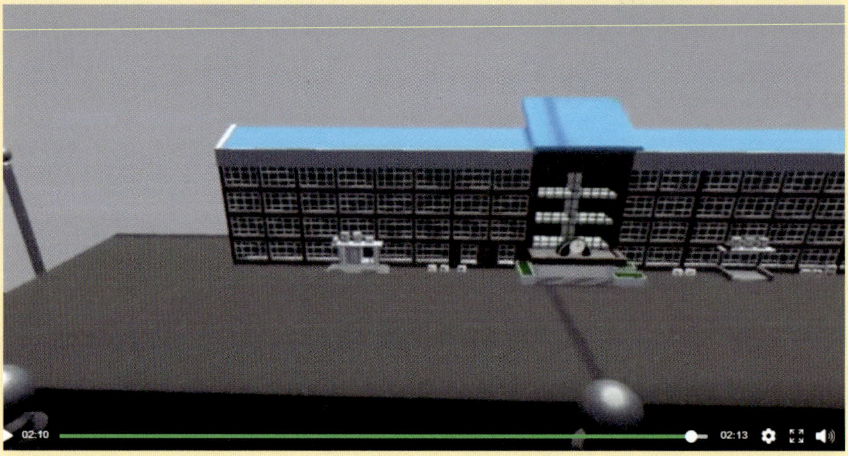
02:10
02:13

완성 작품 완성 작품을 감상해 볼까요?

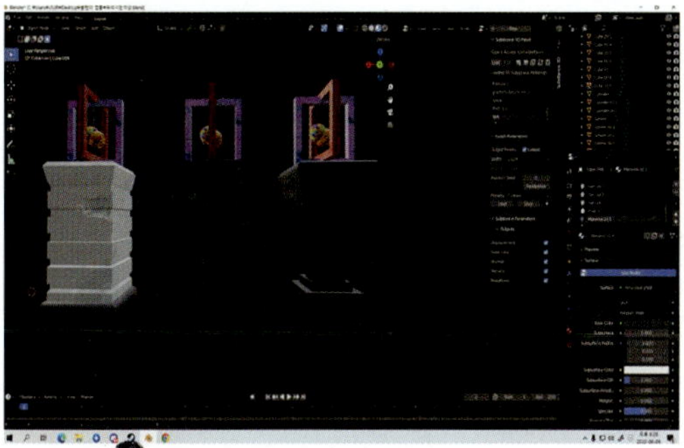

디자인 과정 1

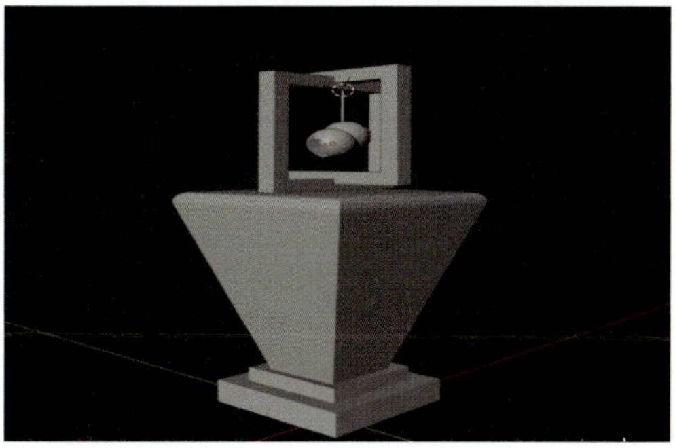

디자인 과정 2

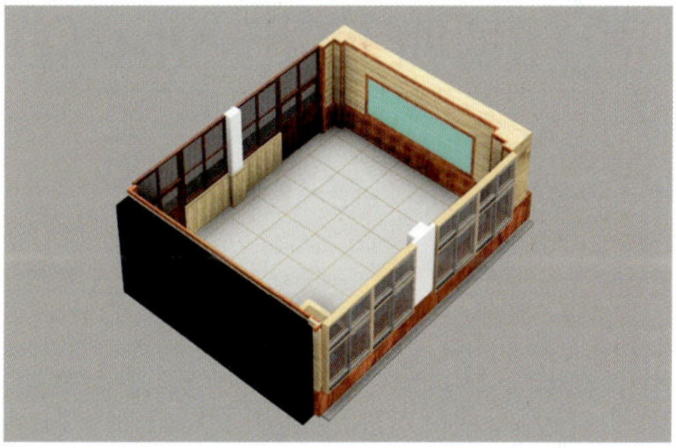

완성작-외부

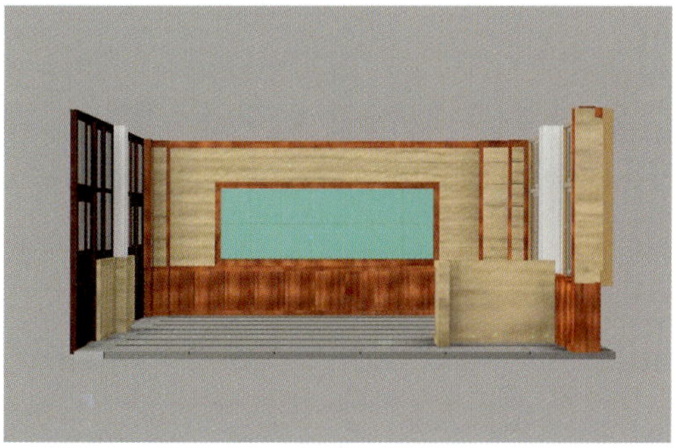

완성작-내부

평가하기 평가는 이렇게!

학습내용	평가 요소	평가 기준	내용 요소	
VR의 개념	발표력	VR의 개념과 실생활 속 VR 적용 사례에 대하여 구체적으로 발표할 수 있는가?	지식 · 이해	미술과 삶의 관계
			과정 · 기능	대상과 현상의 미적 가치 분석하기
			가치 · 태도	미술과 삶의 연결과 공감
프로그램 활용하기	표현력	프로그램을 활용하여 가상의 공간을 창의적으로 제작하여 제출하였는가?	지식 · 이해	적용과 융합을 위한 표현 방법
			과정 · 기능	표현 매체와 방법을 실험하고 융합하기
			가치 · 태도	표현 과정의 집중과 자기성찰

관련 미술이론 VR(Virtual Reality)이란?

가상 현실 VR(Virtual Reality)

인간의 상상에 따른 공간과 사물을 컴퓨터에 가상으로 만들어 실제처럼 체험할 수 있도록 하는 기술

마치 실제 존재하는 환경인 것처럼 가상의 환경을 제공하여 실제 현실과 상호 작용하는 것과 같은 경험을 제공하는 기술이다. 보통은 현실에서 직접 경험하기 힘든 상황을 체험하기 위한 용도로 사용된다. 예로 거동이 불편한 사람들에게 가상의 관광지를 간접적으로나마 경험할 수 있게 해주는 등 시공간의 제약에서 벗어나 다양한 경험을 간접적으로 할 수 있게 해준다.

이러한 가상현실은 현실과 얼마나 일치하느냐에 따라 그 몰입도가 달라진다. 현재 국립중앙박물관, 부산현대미술관 등 다양한 미술관, 박물관에서 VR전시를 적극 활용하고 있다.

빛과 퍼포먼스로 만나는 드로잉 쇼쇼쇼!!

빛으로 그리는 세상 - 라이트 드로잉

2022 개정 교육과정 핵심 역량 하위요소 – 심미적 감성, 창의 · 융합, 공동체

수업소개 '라이트 드로잉' 수업은요?

빛과 퍼포먼스로 만나는 드로잉 쇼쇼쇼!!

빛을 통해 새로운 시각적인 이미지를 만들어내는 라이트 아트를 활용하여 교실에서 드로잉 쇼를 해 볼 수 있는 체험 중심의 수업입니다. 빛이라는 새로운 매체를 경험하고 학생들이 모둠 활동을 통해 자신들의 이야기를 재미있는 드로잉 퍼포먼스로 보여줄 수 있어요.

영역 통합 2022 개정 교육과정 미술 교과 역량 함양을 위한 미적 체험-표현-감상 연계

교과 역량	미적 체험	표현	감상
심미적 감성 창의 · 융합 공동체	과학과 미술의 만남	라이트 드로잉 쇼 퍼포먼스	미디어 아트 작품 감상 모둠별 드로잉 쇼 감상

수업 설계 '라이트 드로잉' 수업 디자인

과학과 미술의 만남으로 탄생한 미술 > 라이트 아트 작품 및 드로잉 퍼포먼스 감상 > 모둠 만들기 > 모둠별 스토리보드를 정하고 역할 분담하기 > 자신이 맡은 드로잉 부분 연습하기 > 음악에 맞춰 조별 드로잉 쇼!

수업 과정 안내 수업 과정을 알아볼까요?

❶ 과학과 미술의 만남으로 탄생한 미술

과학기술과 미술이 만나서 새로운 미술 장르가 탄생합니다.

그 시작에는 자랑스러운 대한민국의 아티스트 백남준이 있습니다.
백남준은 최초의 미디어 아트인 '비디오 아트'를 창시한 작가입니다.

백남준의 비디오 아트 이후 미디어 아트는 다양한 분야에서 발전하였습니다. 그중 빛을 활용한 라이트 아트에 대해 알아보고 라이트 드로잉 퍼포먼스를 해봅시다.

비디오 아트란?

텔레비전과 같은 비디오 매체를 표현 수단으로 한 예술로 백남준이 창시했습니다.

❷ 라이트 아트 작품 및 드로잉 퍼포먼스 감상

라이트 아트와 관련 작품들을 감상하고 라이트(빛)를 활용한 라이트 드로잉에 대해 알아봅니다.

라이트 드로잉(페인팅)이란?

① 최초의 라이트 드로잉은 피카소가 시도했습니다.

② 카메라의 셔터 속도를 느리게 하여 손전등 등을 이용한 빛의 잔상을 담아내는 사진 기술을 이용한 작품. 피카소가 허공에 그린 켄타우로스 그림을 감상해봅니다.

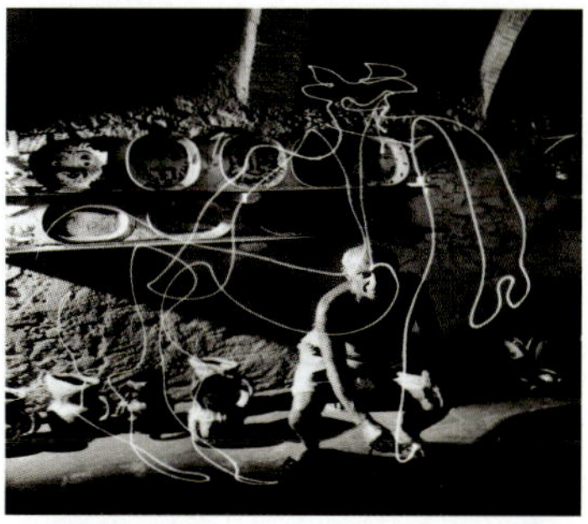

파블로 피카소의 첫 번째 라이트 페인팅 작품 '켄타우로스(Centaur)'

라이트 드로잉 퍼포먼스

LED UV 블랙 라이트와 축광지를 사용하여 빛이 발광되는 원리를 이용한 빛으로 그림을 그리는 원리입니다. 일정 시간 후 그림이 사라지기 때문에 퍼포먼스 또는 실시간 드로잉으로 실현 가능합니다.

❸ 모둠별 스토리보드를 정하고 역할 분담하기

모둠 만들기 라이트 아트 체험하기

① 라이트 아트를 위한 필수 준비물

- 가장 중요한 것은 암막 조건을 만드는 것입니다. 창문을 커튼, 검은 종이 등으로 가려주세요. 암막천을 큰 사이즈로 구입 후 사용도 가능합니다.
- 라이트 드로잉 그리기 도구 - 블랙라이트 자외선 UV 펜(전등)

가는 선용(인터넷 사이트
구매 가능 가격: 1000원대)

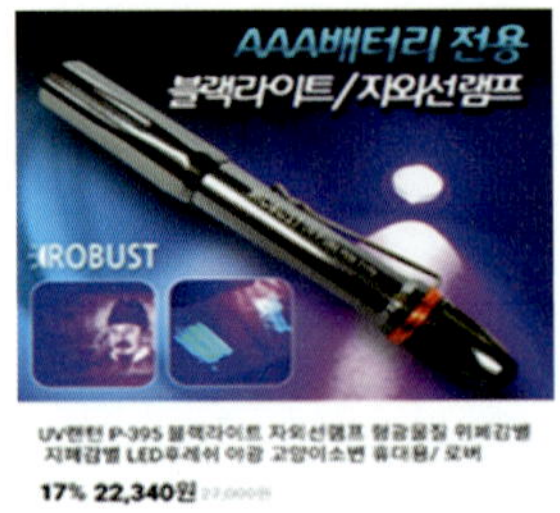

굵은 선용(인터넷 사이트 구매 LED
UV 랜턴, 가격대 2만원 초만)

측광시트지: 한 롤로 구입 후 크기에 맞춰 사용
90*60cm(한 마)당 약 50,000원

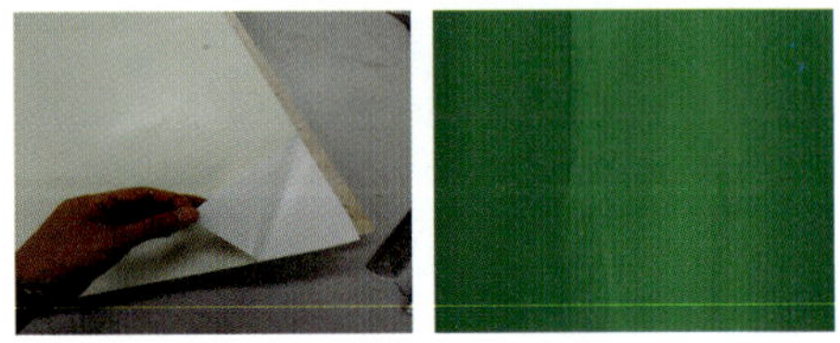

교실에서 사용 시 판넬(90*60cm)에 측광
시트지를 붙여서 드로잉 쇼 스크린으로 사용

② 모둠을 만들고(3~4명) 모둠별로 라이트 드로잉 조별 주제를 정하고 스토리보드를 작성합니다.

③ 퍼포먼스의 길이는 3분을 넘지 않도록 합니다.

- 〈학생 활동 예시〉

1. 주제 정하기 (예) 크리스마스, 핼러윈, 3.1 운동 등
2. 기-승-전-결로 간단 스토리 정하기

기	승	전	결
눈사람이 홀로 있음	친구 눈사람이 놀러옴	햇님이 등장하고 눈사람들이 녹음	슬퍼하는 눈사람들

3. 단계별 드로잉 이미지 정하고 역할 분담
4. 배경 음악 선정

❹ 음악에 맞춰 조별 드로잉 쇼쇼쇼!

- 모둠별로 라이트 드로잉 연습 후 라이트 드로잉 퍼포먼스를 음악에 맞춰 멋지게 펼쳐봅니다.
- 어둠 속에서 진행되는 퍼포먼스로 사람보다는 그림이 강조되므로 발표나 앞에 나서기를 두려워하는 친구들도 적극적으로 참여할 수 있답니다.

완성 작품 완성 작품을 감상해 볼까요?

일제 시대에 독립 운동을 주제로 을사늑약 및 3. 1 운동, 안중근 의사가 손가락을 자른 이미지 등을 박진감 넘치는 음악에 맞춰 역사 의식을 나타낸 라이트 드로잉 쇼

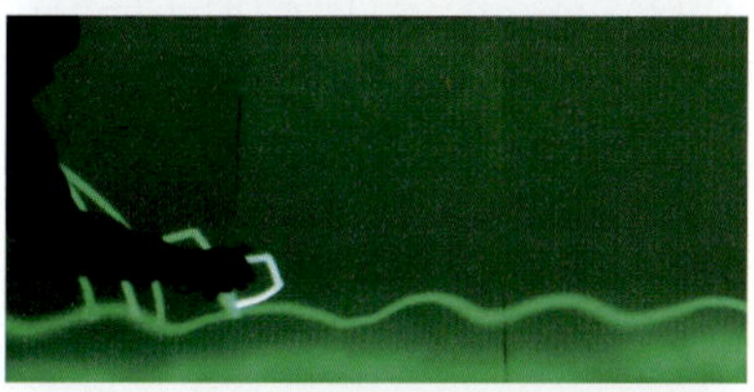

세월호 사건을 주제로 침몰하는 배, 영정사진, 촛불의 이미지를 구성하였고 '천 개의 촛불이 되어'라는 배경음악에 맞춰 시간차를 두고 라이트 드로잉

쓰레기를 함부로 버리는 한 소년의 이야기를 통해 환경오염을 주제로 표현한 라이트 드로잉

평가하기 평가는 이렇게!

학습내용	평가 요소	평가 기준	내용 요소	
라이트 드로잉	매체의 활용	라이트 아트의 특징을 이해하고 빛이라는 매체를 탐색하여 모둠원들과 함께 주제와 어울리는 이미지를 빛으로 드로잉 퍼포먼스를 통해 표현하였는가?	지식 · 이해	다양한 표현 재료와 디지털 매체
			과정 · 기능	감각과 매체를 활용하여 탐색하기 새로운 표현 실험 미술과 다양한 분야 연결하기
			가치 · 태도	표현과정에서의 주도성과 성찰 다양한 표현을 시도하는 태도

관련 미술이론

▶ 미디어 아트란?

새로운 화학, 기계 등의 기술을 사용한 새로운 매체 기술을 사용하는 예술입니다.

▶ 미디어 아트의 종류

비디오 아트(video art), 컴퓨터 아트(computer art), 웹 아트(web art), 디지털 아트(digital art), 랜드 아트(land art), 일렉트로닉 아트(electronic art), 인터넷 아트(internet art), 피지컬 컴퓨팅(physical computing), 인터랙티브 아트(interactive art), 라디오 아트(radio art), 소프트웨어 아트(software art), 미니멀 아트(minimal art), 사운드 아트(sound art), 라이트 아트(Light art), 로보틱 아트(robotic art), 키네틱 아트(kinetic art) 등 다양한 분야로 전개되고 있습니다.

▶ 라이트 아트란?

- 빛을 활용해서 새로운 시각적인 이미지를 구현하는 예술입니다.
- 1960년대 중반 기술을 활용한 테크놀로지컬 아트의 영역에 속하며, 넓은 의미로 보면 움직임 때문에 모빌과 같은 키네틱 아트의 한 부분으로 평가되기도 합니다.
- 전구, 네온, 레이저, 형광등 등 다양한 전광과 빛을 사용하는데 자체의 개념에 한정되기보다 다른 아트, 미술 분야에 접목되고 활용되면서 진화하는 장르입니다.

수업의 확장 미술, 깊게 알고 넓게 배우기

▶ 빛을 활용한 과학기술인 어둠 속에서 빛나는 검은 빛! 블랙 라이트란?

블랙 라이트 조명은 가시광선을 제외하고 자외선만 방출되는 조명을 말합니다. 그중 형광색의 발현이 두드러지는 조명을 uv-a라고 부릅니다. 어두운 장소에서 형광물질을 향해 이 조명을 비추면 빛이 나는 것처럼 형광빛으로 빛나죠. 이런 특징 때문에 다양한 분야에서 활용되고 있답니다.

① 위조지폐 감별하기(형광 잉크로 인쇄된 부분이 발광)

② 과학수사 시 혈흔 발견(적혈구 속에 들어있는 미세한 형광물질에 반응)

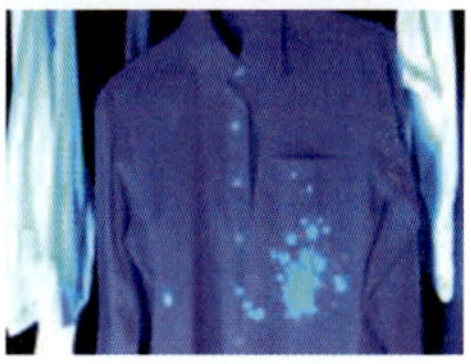

수업의 확장 관련 작가의 작품을 탐구해볼까요?

댄 플래빈

'형광등'이라는 특정 소재를 사용하여 자신만의 독특한 예술세계를 개척하였습니다.

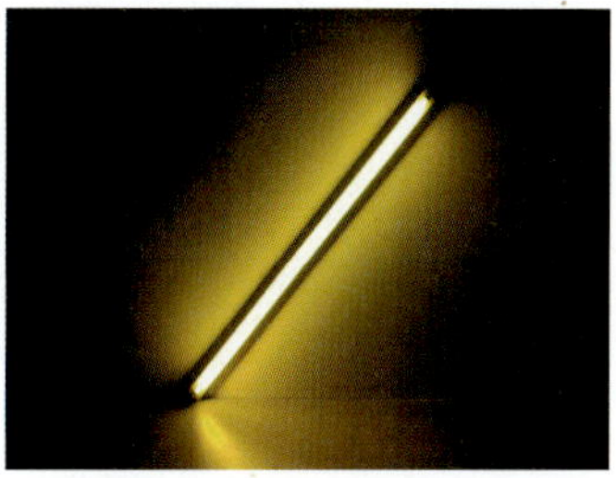

1963년 5월 25일의 사선
콩스탕탱 브랑쿠시에게

댄 플래빈이 처음으로 형광등 하나만을 사용한 작품으로 그는 슈퍼마켓에서 산 2.4미터의 형광등을 비스듬히 작업실 한쪽 벽면에 설치하였습니다. 제목이 가리키는 1963년 5월 25일은 플래빈이 이 작품을 완성한 날일 뿐만 아니라 이후 그의 빛 작업에 있어 새로운 출발점을 의미합니다. 작품의 부제에는 현대 추상 조각의 거장인 콩스탕탱 브랑쿠시의 이름이 담겨있습니다. 누구나 살 수 있었던 노란색의 형광등은 플래빈에 의해 공간으로 무한히 확장되는 새로운 빛의 작품으로 변화됩니다.

데니스 패런

빛의 3원색인 RGB를 이용한 컬러 그림자로 아름답고 오묘한 작업을 만들어내는 네덜란드 작가 데니스 패런입니다. 빛과 칼라 그림자가 다채로운 작품들을 만나 만들어 내는 색과 형태, 그림자가 공간과 작품의 경계를 허물고 또한 관람객들이 직접 그림자를 만들어 작품에 또 다른 감성을 더하는 공감각적인 경험을 할 수 있는 작품이랍니다.

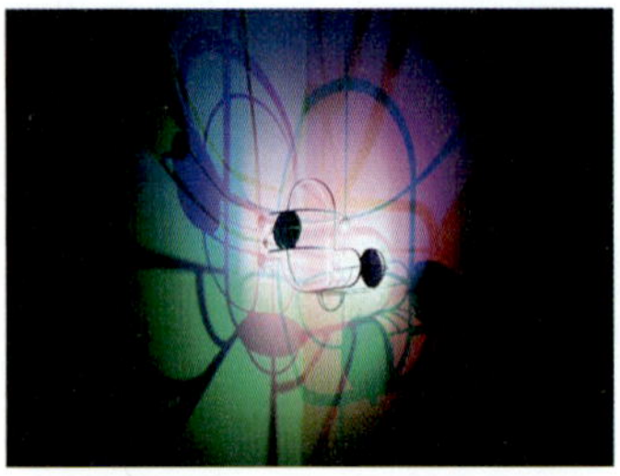

CMYK코너(CMYK Corner), 2012년, 3D 프린티드 프레임과 LED

데니스 패런의 작품에서 사용된 CMYK 전구를 활용하여 빛의 3원색을 체험할 수 있어요.

올라푸르 엘리아손

자연을 미술관으로 끌어들이다.

아이슬란드계 덴마크 작가인 올라푸르 엘리아손(Olafur Eliasson)은 태양, 물, 바람, 이끼 등의 자연을 주제로 수학과 과학, 건축과 공학을 예술에 접목하였습니다. 자연을 고찰하고, 세상을 변화시키는 예술의 힘을 강조하는 그는 "작품을 감상하는 '당신'이 곧 예술"이라고 말하고 있답니다.

수업의 확장

이렇게도 수업할 수 있어요!

▶ 빛을 활용한 다양한 수업 확장

- 블랙라이트와 형광테이프를 활용한 라인 드로잉을 해 볼 수 있답니다. 축제나 창체 시간에 즐겁게 아이들과 활동 가능하답니다.

8

미술사의 재발견

이제까지 몰랐던 감상의 즐거움

미술 감상! 어렵지 않아요

2022 개정 교육과정 핵심 역량 하위요소 – 심미적 감성, 공동체

수업소개 '미술 감상! 어렵지 않아요' 수업은요?

이제까지 몰랐던 감상의 즐거움

미술 감상은 지루하고 어렵다는 생각을 많이 합니다. '미술 감상이 재미있고 즐거울 수도 있구나'라는 경험을 제공함과 동시에 제대로 된 미술 감상 방법을 학생들이 알게 하는 방법은 없을까요? 흥미 위주로 수업을 하다 보면 미술 감상 이론 수업은 조금 하고 바로 실기 수업으로 넘어가는 식으로 수업이 진행되어왔습니다. 이런 결과인지 모르겠지만 학생들이 미술관에서 10분 만에 대충 그림을 구경하고 로비에서 휴대폰 삼매경에 빠져있

는 모습을 쉽게 목격할 수 있습니다. 부모님들이 예술 감성을 길러주기 위해 아이들의 손을 잡고 미술관을 다니던 시절이 지나고 나면 미술 감상은 아이들에게 맛없는 영양제가 되기 십상입니다. 미술 감상의 제대로 된 방법을 알려주면서 학생들에게 감상의 즐거움까지 선사할 수 있는 수업을 소개하고자 합니다.

영역 통합 2022 개정 교육과정 미술 교과 역량 함양을 위한 미적 체험 - 표현 - 감상 연계

교과 역량	미적 체험	표현	감상
심미적 감성 공동체	감상의 즐거움 알기	활동지 작성	펠드먼의 감상 단계를 활용하여 감상하기

수업 설계 '미술 감상! 어렵지 않아요' 수업 디자인

펠드먼의 감상 단계 소개 → 작품 제시하기 → 비평 단계별로 감상하기 → 감상 퀴즈 및 발표

수업 과정 안내 수업 과정을 알아볼까요?

❶ 펠드먼의 미술 비평 단계 소개 및 작품 제시

- 펠드먼의 미술 비평 단계를 간단히 소개합니다.
- 미리 활동지와 감상 스티커판을 나누어 줍니다. 보상 스티커를 통해 적극적인 참여를 유도합니다.

수업 tip

☑ 질문 던지기, 발견하기 활동에 모든 학생이 참여할 수 있도록 한다.
☑ 감상 질문에 대한 어떤 반응에도 칭찬을 아끼지 않는다.
☑ 자신의 생각을 말하는 것이 두려워지지 않는 분위기를 형성한다.

감상 퀴즈 스티커 판				- 5개 모으면 상품 증정 -	

• 피터르 브뤼헐의 〈농민의 결혼식〉(1568/패널에 유채) 작품을 보여 줍니다.

❷ 서술하기 - 그림과의 첫 만남 마음 열기

• 아무런 정보를 제공하지 않고 질문을 합니다.

Q. 이 그림의 첫인상은 어때요?

• 어떤 대답에도 감상 퀴즈 스티커판에 붙일 스티커를 줍니다.
• 아무도 대답이 없을 때는 첫 번째 학생부터 모두의 대답을 들어보며 자유롭게 이야기할 수 있는 분위기를 만듭니다.

옛날 그림 같아요

파티중인것 같아요

Q. 이 그림에는 무엇이 그려져 있나요? 최대한 많이 찾아볼까요?

- 1번부터 끝번까지 한 가지씩 무조건 찾아서 말하기 미션 실시!!
- 처음에는 찾기 쉬우나 마지막 번호에 가까이 올수록 학생들은 어려움을 느낌과 동시에 찾고 싶다는 생각이 들며 지켜보는 학생들도 집중해서 같이 찾아보게 되는 분위기가 되면서 그림을 좀 더 자세하게 들여다보게 됩니다.
- 가장 많이 찾은 학생에게는 칭찬과 보상을 제공해 줍니다.

❸ 그림 자세하게 보기 – 객관적인 그림의 정보 찾기

- 두 번째 단계는 그림의 객관적인 정보를 찾는 과정입니다.

Q. 이 그림을 그린 화가는 누구일까요?
이 그림은 언제 그려졌나요?
이 그림의 재료는 무엇일까요?
이 그림의 표현 방법은 무엇일까요?

- 대부분은 미술관이나 박물관의 그림 옆에 붙여놓은 사각형 설명(표찰) 안에 다 들어있다는 것을 알려줍니다.

이 그림은 피터 브뤼헐의 1568년 북유럽 르네상스 그림으로 써 표현 재료와 기법은 패널에 유채, 크기는 114 * 164 사이즈의 그림입니다.

Q. 이 그림의 색, 형태, 구도는 어떻게 표현되었나요? (초등용 질문)
이 그림에 표현된 조형 요소와 원리는? (중 · 고등용 질문)

- 이 질문은 그림에서 색과 형태, 구도 등의 조형 요소와 원리를 스스로 발견해 보는 중요한 감상 질문 중 하나입니다.
- 정해진 정답보다는 그림 속에서 표현된 미적 요소를 스스로 찾아보는 경험을 통해 미술 감상에 대한 호기심을 채워나가도록 합니다.

자연스런운 색감에 원색으로 강조를 해서 대비의 효과를 준 것 같아요

대각선 구도를 통해 활기찬 결혼식의 모습을 표현한 것 같아요

❹ 작가의 마음 들여다보기

그림이 그려진 시대 속으로 풍덩!

- 이 그림의 주제 또는 표현이 된 이야기는 무엇인지 이렇게 표현한 이유를 그 당시 시대적 배경과 연결 지어 찾아보도록 합니다.
- 그림과 관련된 미술사적 지식을 제공하면서 학생들이 내용을 추론해 갈 수 있도록 이끌어 줍니다.

Q. 작품의 주제는 무엇인가요? 어떤 이야기가 담겨 있나요?

- 그 당시 네덜란드가 처한 시대적 배경에 근거하면 네덜란드는 스페인의 지배를 받아서 매우 어려운 농촌 생활을 해온 터라 결혼식을 마을잔치로 열었다고 합니다. 배가 고픈 상황에서 수프(죽)뿐만인 결혼식 잔치 음식이지만 그거라도 먹어보고 싶은 심정이라 결혼식은 안중에도 없다는 것을 표현했다는 이야기가 있습니다. 브뤼헐은 이런 소박한 피로연의 모습을 통해 농민 생활에 대한 브뤼헐의 따뜻한 시선과 공감, 그리고 풍자를 표현하였습니다.

Q. 작가가 이렇게 표현한 이유를 시대적 배경과 연결 지어 찾아보세요.

북유럽 르네상스 화가였던 브뤼헐

이탈리아 르네상스 화가와 달리 북유럽 르네상스 화가들은 주변의 대상, 인물들을 르네상스 정신(이성적, 합리적)으로 표현하였는데 브뤼헐도 자신이 살고 있는 마을 사람들의 생활상을 자세히 관찰하여 세밀하게 표현하였습니다.

- 작품의 가치 판단하기 – 평가하기

Q. 이 작품이 마음에 드나요? 또는 마음에 들지 않나요?
그 이유는 무엇인가요?

- 실제로 미술 작품을 감상 후 개인적인 느낌과 생각은 주관적일 수 있습니다. 학생들에게 이 그림이 마음으로 와닿을 수도 있고 어떤 학생들에게는 어려울 수도 있으니까요.
- 마음에 들거나 마음에 들지 않더라도 자신이 그렇게 생각한 이유에 대해 말해보는 것이 미술 감상에서 중요합니다.

Q. 이 작품의 미술사적 의의와 가치는 무엇일까요?

- 개인의 취향을 떠나 작품은 기나긴 미술의 역사의 한가운데서 미술사적인 가치를 가지고 있습니다. 이 과정을 통해 작품의 가치 판단을 할 수 있는 안목을 기를 수 있답니다.
  자!~~ 이제 미술 작품 감상의 방법에 한 단계 다가선 당신.
  흐릿하기만 했던 미술 감상의 방법을 알고 나니 갑자기 미술관에 가보고 싶어지죠?

평가하기 평가는 이렇게!

학습내용	평가 요소	평가 기준	내용 요소	
미술 감상 방법 이해	활동지 평가	펠드먼의 감상 단계를 활용하여 주어진 작품을 단계별로 감상하고 성실하게 내용을 작성하였는가?	이해 · 지식	미술의 시대적, 지역적, 사회적 맥락
			과정 · 기능	미술 작품의 내용과 형식 분석하고 설명하기 미술 작품을 해석하고 가치 판단하기
			가치 · 태도	미술의 다원성 존중

관련 미술이론 펠드먼의 미술 비평 단계

펠드먼의 미술 비평 단계는 총 4단계로 진행됩니다.

서술하기	그림과의 첫 만남	직관적 관찰, 외형적 요소 묘사하는 과정, 제목, 작가, 제작년도, 작품의 전체적인 느낌 등
분석하기	그림 자세히 보기	세밀한 관찰로 형식적 특징을 객관적으로 분석, 조형 요소와 원리, 구도, 표현방법, 재료, 용구, 기법과 양식 등
해석하기	작가의 마음 알기	서술과 분석으로 얻은 정보를 통해 내용적 특징 분석, 주제 파악, 작가가 전달하고자 하는 의미, 작품 의도, 시대적 상황 등
판단하기	그림의 가치 판단하기	앞의 단계를 토대로 하여 다양한 역사적, 미적 가치를 바탕으로 작품을 평가하는 단계, 잘된 점, 아쉬운 점 찾기, 종합적인 자기 평가, 작품이 지닌 가치를 자신의 관점에서 생각, 설명하기, 작품의 가치 판단

(감상 제시 그림) 브뤼헐(Pieter Brueghel) '농민의 결혼식'

Pieter Brueghel(피터르 브뤼헐), 네덜란드, 1525~1569년
16세기 북유럽 르네상스의 대표적인 화가입니다. 농민 생활을 애정과 유머를 담아서 사실적으로 묘사하여 '농민의 브뤼헐'이라고 불리죠.

수업의 확장

새로운 개념 학습하기

▶ **북유럽 르네상스에 대해 알아봅시다!**

북유럽 르네상스란?

14세기경 르네상스는 유럽 사회에 신선한 힘을 가져다주었고 이탈리아 르네상스는 유럽 각지로 퍼져 유럽 각지에서도 점차 문예가 부흥하는데 16세기 이후부터는 북유럽(알프스 이북)에서 르네상스가 퍼집니다. 북유럽 르네상스는 사회 개혁적 성격+현실적+이성적 성격이 강했고 부조리한 현실과 부패한 교회를 비판했습니다. 이탈리아의 르네상스는 고전 유물에서 영감을 얻은 반면, 북유럽인들은 자연에 눈을 돌리며 세부묘사에 치중하고 사물의 모습을 있는 그대로 묘사하려는 사실적인 기법이 유행했습니다. 이와 같이 사실에 가깝게 묘사하는 것은 초상화에서 두드러졌는데, 프랑스의 왕 샤를 6세는 신붓감을 물색할 때 화가를 보내어 초상화를 그려 오게 한 뒤 그림만 보고 결정했다고 합니다. 유화의 발명자인 플랑드르(Flandre, 네덜란드 플란데런) 화가 후베르트 반 에이크(Hubert van Eyck)의 동생 얀 반 에이크(Jan Van Eyck, 1390~1441년)는 이 새로운 유화 기법을 사용하여 사실주의의 극치를 보여주는 작품들을 남겼습니다.

매일 상처받은 작품을 치료해주는 사람들이 있다?

컨서베이터가 되어보자!

2022 개정 교육과정 핵심 역량 하위요소 – 공동체, 진로, 정체성, 미술과 삶

수업소개 '컨서베이터가 되어보자!' 수업은요?

1989년 국립현대미술관 보존과학실에 둘둘 말린 그림 한 점이 들어왔다고 하네요. 이 그림은 1930년대 활동한 여성 화가 이갑경 작가의 작품 '격자무늬의 옷을 입은 여인'으로 일부 캔버스 천이 찢어지고 색이 퇴색되어 있었습니다. 회생이 불가능해 보였지만 보존과학자들이 6개월 넘게 공을 들여 복원에 성공했습니다. 먼저 더 이상 물감층이 떨어지지 않도록 보호하기 위해 작품 위에 한지를 붙이고 작품 뒷면에는 캔버스 천을 붙였

다고 해요. 물감이 떨어진 부분은 곱게 간 호분과 아교액을 반복하여 소재로 메운 후 수술칼로 정교하게 질감을 성형했습니다. 이처럼 시간이 흐름에 따라 작품도 수명을 다하곤 합니다.

원작의 가치를 지키고 시간의 흔적을 최대한 지우고 예술품의 수명을 연장시키는 보존과학자인 컨서베이터에 대하여 알아보고 직접 작품을 복원하는 과정을 경험해 볼까요?

영역 통합 2022 개정 교육과정 미술 교과 역량 함양을 위한 미적 체험 - 표현 - 감상 영역 연계

교과 역량	미적 체험	표현	감상
시각적 소통 정체성 공동체	미술관 관련 직업 학습하기	컨서베이터 활동하기	컨서베이터 활동 소감 발표하기

수업 설계 '컨서베이터가 되어보자!' 수업 디자인

동기 유발 > 컨서베이터에 대한 개념학습 > 컨서베이터 활동 > 발표하기

수업 과정 안내 수업 과정을 알아볼까요?

❶ 동기 유발

- 컨서베이터란 무엇을 의미하는지 예측하며 영상 감상하기

출처: 비디오머그
[예술품이 수명을 다하면 어떻게 해야 할까?]
https://youtu.be/vUKjJ-uL21Q

❷ 개념학습

"미술품 보존은 왜 필요할까요?"

시간은 어디에서나 그 흔적을 남깁니다.
인간이 노화하듯 예술작품도 '노화'를 피할 수는 없죠.
색이 변하기도 하고, 종이가 떨어져 나가기도 하고, 작품도 시간의 흐름에 따라 수명을 다하곤 합니다.

이렇게 수명이 다한 예술품에 숨을 불어넣는 사람들이 있습니다.
원작의 가치와 의도를 보존하면서도 시간의 흔적을 최대한 지우고 예술품의 수명을 연장시키는 보존과학자.

작품들도 아프면 처방받고 치료하고(복원)
아프기 전에 미리 예방한다.(보존)

"우리도 컨서베이터가 되어 아픈 미술 작품을 치료해주자!"

❸ 컨서베이터 활동

- 원본작품 훼손하기
  찢고, 물에 적시고, 구기는 등의 활동을 통해 원본작품(예: 정선의 금강전도)을 훼손합니다.

작품 기록 카드

이름 (○혜준)

▶ 기록 카드에 작품 훼손 정도 기록하기

그림을 찢는 과정에서 몇 조각이 사라졌다. 그 조각을 찾지 못했다.
그림은 거의 다 구겨졌고 너덜너덜해졌다.

- 기록 카드에 작품 훼손 정도 기록하기
  작품이 망가진 상태를 기록카드에 구체적으로 기록합니다.

- 작품 복원하기
  물감이나 점토, 종이 등을 활용하여 원본작품과 비슷하게 복원합니다.

▶ 컨서베이터 활동에 대한 느낀점

배경의 푸른 하늘을 표현하기 어려웠다. 쉬울 줄 알았는데 막상 해보니 한지를 이어붙이는 것도 힘들었다. 컨서베이터분들은 아픈 작품을 낫게해주는 멋진 의사인 것 같다.

- 컨서베이터 활동에 대한 느낀 점 기록하기
  원본으로 복구하는 활동을 통해 느낀 점을 기록합니다.

❹ 발표하기

작성한 작품 기록 카드를 바탕으로 작품의 어떤 점을 중점으로 복원하였는지(색, 형태 등) 컨서베이터 활동에 대한 느낀 점을 발표한다.

평가하기 평가는 이렇게!

학습내용	평가 요소	평가 기준	내용 요소	
컨서베이터의 개념	발표력	컨서베이터의 개념과 역할에 대하여 구체적으로 설명할 수 있는가?	지식 · 이해	전시의 목적과 유형
			과정 · 기능	미술과 시대, 사회, 환경과의 상호 관련성 분석하기
			가치 · 태도	감상을 통한 소통
컨서베이터 활동	작품 기록 카드 작성력	원본 작품 복원과정을 절차대로 수행하고 작품 기록 카드를 구체적으로 작성하여 제출하였는가?	지식 · 이해	미술 감상과 비평을 위한 관점과 방법
			과정 · 기능	표현 매체와 방법을 실험하고 융합하기
			가치 · 태도	미술과 삶의 연결과 공감

관련 미술이론 컨서베이터(Conservator)란?

미술 작품에 적절한 조치를 취하고, 보관 방법에 관해 연구하고 그에 따른 조치를 취하는 사람. 쉽게 설명하자면 마치 미술 작품을 고치는 의사 같은 분이랍니다.

아트 게임으로 다 함께 예술가가 되어봐요!

아트 게임으로 다 같이 예술하자

2022 개정 교육과정 핵심 역량 하위요소 – 심미적 감성, 공동체

수업소개 '아트 게임으로 다 같이 예술하자' 수업은요?

아트 게임으로 다 함께 예술가가 되어봐요!

대상의 구체적인 형상이 아닌 조형 요소와 원리를 활용하여 작가의 생각과 느낌을 표현하는 예술 형식을 가진 그림을 추상화라고 부릅니다. 추상화는 형태의 모호성 때문에 학생들이 이해하기 가장 어려운 그림 중 하나입니다. 화가들이 도대체 무엇을 그린 것인지, 조형 요소와 조형 원리는 무엇인지 재미있는 아트 게임을 만들어 보고 플레이해 보면서 추상화를 쉽게 이해해 볼 수 있습니다. 추상화를 요소별로 해체해보고 이를 다시 게임이라는 재미있는 방법으로 재구성 후 추상화로 그려 보면서 추상화의 아름다운 미적 형식을 체험해 볼 수 있는 수업입니다.

영역 통합 2022 개정 교육과정 미술 교과 역량 함양을 위한 미적 체험 - 표현 - 감상 연계

교과 역량	미적 체험	표현	감상
심미적 감수성 공동체	친구와 같이 만들어 보는 아트 게임	아트 게임을 통한 추상화 제작	추상화 작품 감상

수업 설계 '아트 게임으로 다 같이 예술하자' 수업 디자인

모둠 구성 및 아트 게임 소개 > 추상화에 대해 알아보자! > 모둠 활동을 통해 추상화를 각 요소별로 해체하고 주사위 게임 만들기 > 게임을 진행하며 그림 그리기 > 작품 완성하기 > 감상 및 공유

수업 과정 안내 수업 과정을 알아볼까요?

❶ 모둠 구성 및 아트 게임 소개

- 4~5명 정도로 모둠을 구성합니다.
- 아트 게임을 만드는 과정을 안내합니다.

❷ 추상화에 대해 알아보자!!

- 추상화의 개념을 이해하고 뜨거운 추상화, 차가운 추상화를 작품 감상을 통해 알아봅니다.

❸ 추상화를 조형 요소별로 해체시켜보기

추상화 작품 이미지를 모둠별로 나누어 주고, 모둠원들이 협의하여 추상화를 조형 요소별로 떼어낸 형태를 주사위 게임판(6×4) 칸 안에 하나씩 그려 넣습니다.

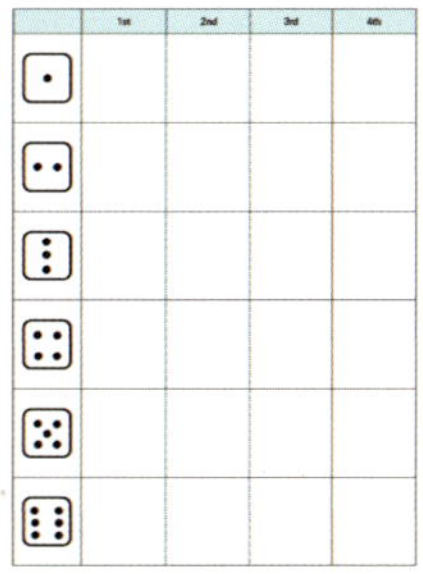

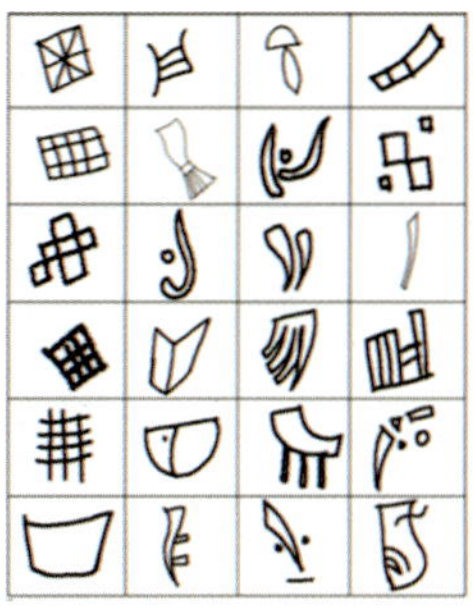

칸딘스키

- 추상 미술의 아버지
- 뜨거운 추상화의 창시자
- 소리와 채색 간의 상징적 관계를 제시하고 '점, 선, 면' 저서를 통해 추상 미술 예술론을 완성함

호안 미로

- 추상미술과 초현실주의적 환상을 그린 화가
- 오토마티즘 기법을 사용하여 상징적 기호들로 추상화를 그림

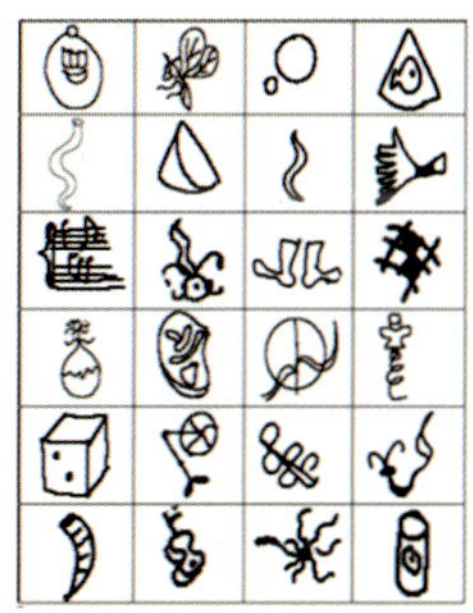

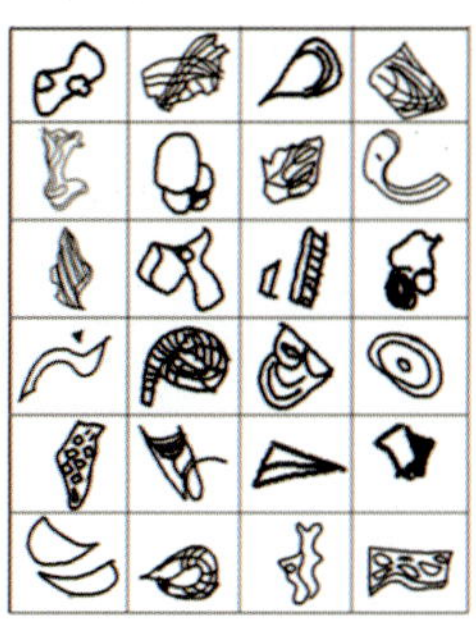

프랭크 스텔라

- 미니멀리즘 화가
- 1970년 이후 기하학적인 형태와 곡선적인 형태가 서로 교차하며 감각적으로 채색되고 혼합된 매체로 이루어진 부조 작업의 추상화를 제작함

피카소

- 20세기를 대표하는 입체파의 창시자
- 원근법에서 벗어나 다시점에서 대상을 분해하여 재구성한 입체파의 대표적인 화가

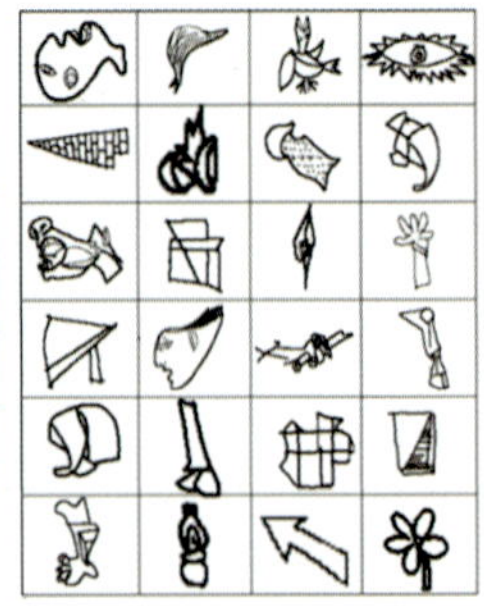

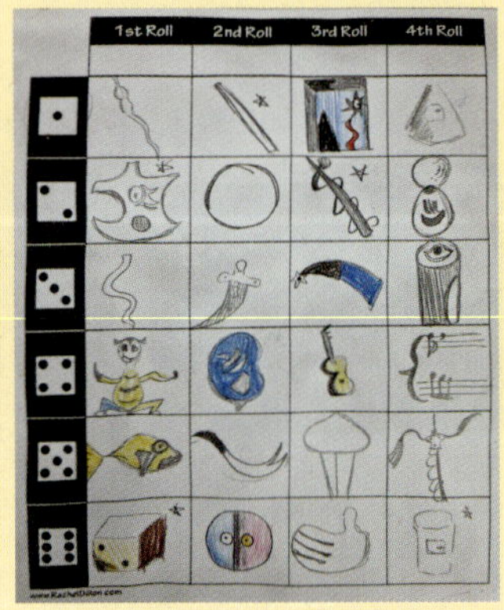

❹ 주사위 게임을 진행하며 추상화 그리기

- 주사위 게임을 통해 나온 숫자에 해당하는 형태를 도화지에 그려가면서 게임을 진행합니다.
- 사전에 미리 모둠별로 다양한 채색재료를 준비해 주고(오일파스텔, 물감, 파스텔, 마카, 색연필 등) 3가지 이상 사용할 수 있도록 합니다.

❺ 작품 완성 및 감상

완성 작품 완성 작품을 감상해 볼까요?

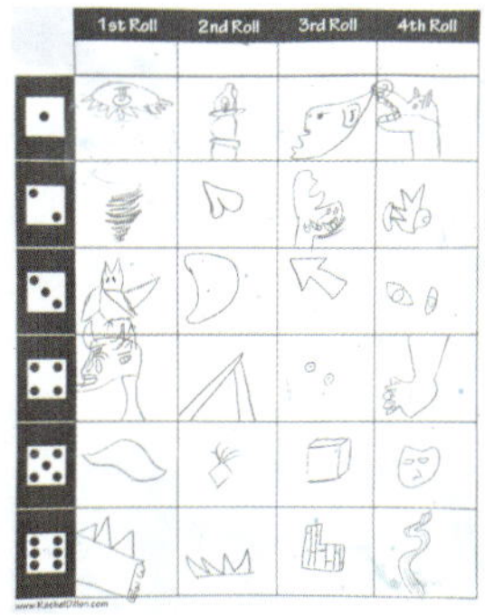

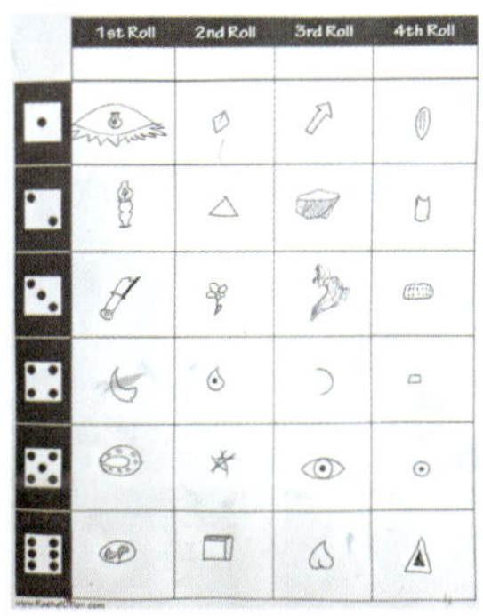

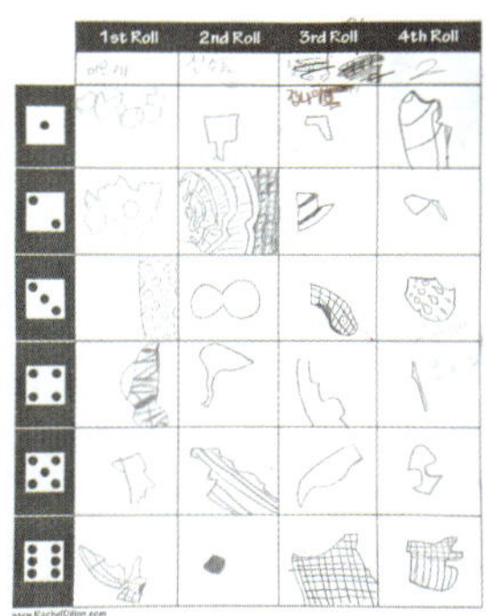

평가하기 평가는 이렇게!

학습내용	평가 요소	평가 기준	내용 요소	
아트게임을 통한 추상화 제작	조형성	추상화 작품을 분석하고 모둠 활동을 통해 정한 조형 요소를 활용하여 화면의 조형 원리를 적용한 추상화 작품을 창의적으로 제작하였는가?	지식 · 이해	미술 용어와 지식 조형 요소와 원리의 효과
			과정 · 기능	미술 작품의 내용과 형식 분석하고 작품을 공유하고 소통하기
			가치 · 태도	미술의 다원성 존중 자신과 타인의 작품 존중

관련 미술이론

재미있는 추상의 세계

▶ 추상화란?

대상의 구체적인 형상 없이 점, 선, 면, 색 등의 조형 요소와 원리를 활용하여 작가의 생각과 느낌을 표현한 미술로 차가운 추상과 뜨거운 추상으로 나눌 수 있다.

▶ 추상화의 종류

차가운 추상(기하학적 추상)

빨강, 검정, 파랑, 노랑, 회색의 구성, 1920년

감정을 배제하고 기하학적인 형태로 표현한 그림

- 대표적 화가: 몬드리안
  몬드리안(Pieter Cornelis Mondriaan/1872~1944)은 극도의 단순한 검정선과 빨강, 파랑, 노랑, 하양 면의 어울림만으로 표현한 차가운 추상의 대표적 화가입니다. 계산된 형과 절제된 색을 사용하고 이 세상의 모든 형태는 수직선과 수평선으로 이루어져 있다고 생각하여 화면을 단순화시켜 자신만의 창조적인 기호로 표현하였습니다.

뜨거운 추상(서정적 추상)

구성8, 1923년

마음속의 강한 충동을 자유로운 형과 색으로 표현한 추상화

- 대표적 화가: 칸딘스키
  칸딘스키(Wassily Kandinsky/1866~1944)는 대상의 구체적인 재현에서 이탈하여 음악에서 느낄 수 있는 음률과 리듬감을 시각적인 요소로 표현하였습니다. 화려한 색채와 비정형적 형태를 통해 역동적이고 감성적인 추상표현 양식을 완성하였답니다.

수업의 확장 관련 작가의 작품을 탐구해볼까요?

▶ 차가운 추상 계열

절대주의

'적절한 표현 수단이란 최대한으로 감성을 표현할 수 있는 것이며 사물의 외형을 거부하는 것'이란 생각으로 미술의 순수성을 표현한 사조이다.

대표화가: 말레비치

미니멀리즘

최소한의 예술. 화면에서 최대로 표현을 제거하여 예술 형태의 가장 본질적인 요소를 탐구하는 것을 특징으로 하는 예술 사조이다.
1960년대에 미국을 중심으로 발달했으며, 기하학적이고 단순한 형태와 선을 사용하는 것이 특징이며 한국에서는 동양적 정서와 결합하여 단색화라는 새로운 유파를 탄생시켰다.

▶ 뜨거운 추상 계열

추상표현주의

초현실주의의 자동기술법에 영향을 받아 거대한 캔버스를 바닥에 눕히고 물감을 떨어뜨리는 액션페인팅을 통해 비재현적인 이미지를 창조한 화파이다.

잭슨 폴록

앵포르멜

비정형이란 의미로, 프랑스를 중심으로 일어난 현대 추상회화의 한 경향이다. 2차 세계대전 이후 기하학적 추상의 차가운 면에 대응하여 추상의 서정적인 측면을 강조하게 되었고 1951년 프랑스의 평론가 미셸 타피에가 이를 앵포르멜(非定形)이라고 칭했다. 정해진 형상을 부정하고 일그러진 형상과 질감의 효과를 살려 격정적이고 주관적인 표현을 한 화파이다.

신표현주의

1970년대 미술의 주류를 이루던 지나치게 지적인 추상미술에 대한 반동으로, 다시 인간의 육체를 비롯해 알아볼 수 있는 대상들을 묘사하기 시작한 젊은 미술가들에 의해 시작된 화파이다.
선명하지만 서로 어울리지 않는 흔해빠진 배색을 사용했고, 내면의 혼란 · 긴장 · 소외감 · 모호함에 대한 느낌을 전달하는 원시주의적 방법으로, 부자연스럽고 우스꽝스럽게 대상을 묘사했다.

혼적이 또 다른 예술이 되다!

작가의 팔레트

2022 개정 교육과정 핵심 역량 하위요소 -
심미적 감성, 정체성, 문화 존중, 미술의 역사

수업소개 '작가의 팔레트' 수업은요?

"이 팔레트는 어떤 작가의 팔레트일까요?"

흔적을 통해 사건의 실마리를 풀어나가는 탐정처럼
우리도 팔레트에 남은 작가의 흔적을 통해 작품을 유추할 수가 있답니다!

영역 통합 **2022 개정 교육과정 미술 교과 역량 함양을 위한 미적 체험 - 표현 - 감상 영역 연계**

교과 역량	미적 체험	표현	감상
심미적 감성 정체성 공동체	자신이 좋아하는 색 찾아보기	작가의 팔레트 제작하기	작가와 작품 분석하기

수업 설계 **'작가의 팔레트' 수업 디자인**

동기 유발 → 색채 이론에 대한 개념학습 → 활동지 작성 및 작품 탐구 · 분석 활동 → 컬러 팔레트 작품 제작 활동 → 컬러 팔레트 작품 감상 및 발표

수업 과정 안내 **수업 과정을 알아볼까요?**

❶ 동기 유발

- 작가의 팔레트와 작품 연결하기
  - 이 그림을 그린 작가의 팔레트는 어느 것일까요?
  - 팔레트 이미지를 보고 학생들이 작가를 유추할 수 있도록 합니다.
  - 작품과 팔레트를 연결하여 상상해 보는 동안 학생들의 관찰력과 관심이 up! up!

반 고흐의 팔레트

반 고흐, 오베르 교회,
오르세 미술관

모네의 팔레트

클로드 모네-수련, 마르모탕 모네 미술관

피카소의 팔레트

피카소-아비뇽의 처녀들,
뉴욕 근대 미술관

달리의 팔레트

달리 - 기억의 지속, MOMA

샤갈의 팔레트

샤갈 - 에펠탑의 신랑 신부, 퐁피두 현대미술관

드가의 팔레트

드가-무대 위 발레 리허설, 뉴욕 메트로폴리탄 미술관

작가의 팔레트로 작가의 작품을 찾아 연결할 수 있었던 이유는 무엇일까요?
그렇죠. 작가의 팔레트에는 작가가 자주 사용하는 색상과 붓질 등이 남아 있었기 때문입니다. 우리는 '색'에 대해 학습하고 작가의 작품을 분석하여 컬러 팔레트를 제작해 보는 활동을 해볼 거예요!

❷ 개념학습(색채 이론)

색에 대한 학습

색상	색의 주요한 속성 중 하나 색상은 보통 빨강, 파랑과 같은 이름으로 불림
명도	물체의 색이나 빛의 색이 지니는 밝고 어두움의 정도
채도	색의 선명도를 의미
한색	일반적으로 파랑, 감청, 남색과 같은 차가움을 연상하게 하는 색
난색	일반적으로 빨강, 주황, 노랑과 같은 따뜻함을 연상하게 하는 색

색상, 명도, 채도, 한색, 난색의 개념을 활용하여 작품 분석 활동을 할 수 있도록 합니다.

❸ 활동지 작성 및 작품 탐구 · 분석활동

활동지 작성을 통해 작품 탐구 및 분석

내가 선택한 작가는?	
작품 제목은?	
작가의 작품 색 분석하기	
작품에서 사용된 색상은?	
명도는?	높다 (　　　) / 낮다 (　　　)
채도는?	높다 (　　　) / 낮다 (　　　)
작가는 한색을 많이 사용했나요? 난색을 많이 사용했나요?	
[심화 퀴즈] 작가가 작품을 제작할 때 이 색상을 주로 사용한 이유는 무엇일까요? (스마트폰을 활용하여 작가와 작품에 대한 설명을 읽고 유추해 봅시다.)	

❹ 작품 제작 활동

파워포인트를 활용하여 컬러 팔레트 제작 활동

분석한 작품과 작가가 주로 쓰는 색상표를 바탕으로 컬러 팔레트를 제작합니다.
색상은 작품에서 스포이트를 활용하여 쉽게 얻을 수 있습니다!

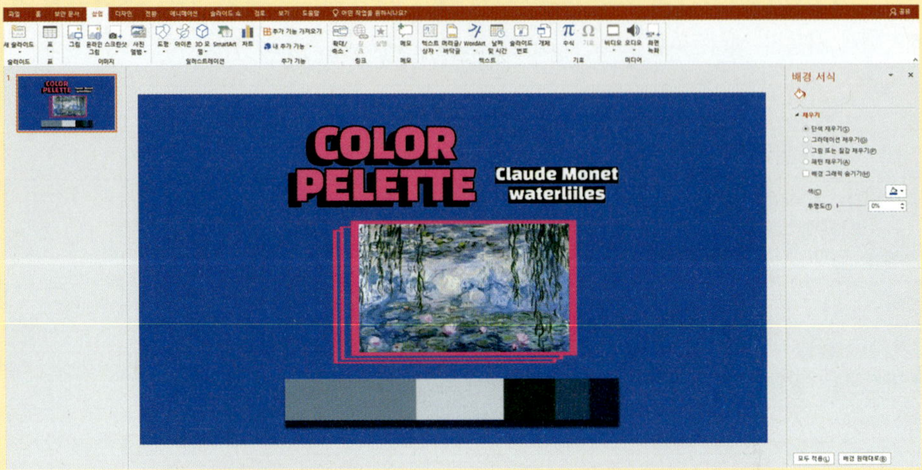

❺ 컬러 팔레트 작품 감상 및 발표

컬러 팔레트를 발표하고 작가의 심리 상상해 보기

"작가는 왜 이런 색을 많이 사용했을까?"
작가에 대해 얻은 정보를 바탕으로 미술사와 연결하는 활동으로 마무리합니다.

완성 작품 완성 작품을 감상해 볼까요?

평가하기 평가는 이렇게!

<table>
<tr><th>학습내용</th><th>평가 요소</th><th>평가 기준</th><th colspan="2">내용 요소</th></tr>
<tr><td rowspan="3">색채 이론</td><td rowspan="3">활동지 평가</td><td rowspan="3">선택한 작가의 작품을 색채이론(색상, 명도, 채도, 한색, 난색)을 활용하여 구체적으로 분석할 수 있는가?</td><td>지식 · 이해</td><td>조형요소와 원리의 효과</td></tr>
<tr><td>과정 · 기능</td><td>작품을 공유하고 소통하기</td></tr>
<tr><td>가치 · 태도</td><td>표현 과정에서의 주도성과 성찰</td></tr>
<tr><td rowspan="3">작가의 팔레트</td><td rowspan="3">표현력</td><td rowspan="3">작가의 팔레트 작품을 파워포인트를 활용하여 높은 완성도의 작품을 제출하였는가?</td><td>지식 · 이해</td><td>다양한 표현 재료와 방법</td></tr>
<tr><td>과정 · 기능</td><td>새로운 표현을 실험하고 작품 제작하기</td></tr>
<tr><td>가치 · 태도</td><td>표현 과정에서의 주도성과 성찰</td></tr>
</table>

관련 미술이론 색채 이론

▶ 색상

색의 주요한 속성 중 하나.

색상은 보통 빨강, 파랑과 같은 이름으로 불립니다. 가장 대표적인 색상은 앨버트 헨리 먼셀의 20 색상환이 있습니다. 인간이 식별할 수 있는 색상은 약 170가지밖에 되지 않는다고 합니다.

앨버트 헨리 먼셀(Albert Henry Munsell) 20색상환

빨강, 다홍, 주황, 귤색, 노랑, 노랑연두, 연두, 풀색, 녹색, 초록, 청록, 바다, 파랑, 감청, 남색, 남보라, 보라, 붉은보라, 자주, 연지

▶ 명도

물체의 색이나 빛의 색이 지니는 밝고 어두움의 정도를 의미하며, 검정색을 0, 흰색을 10으로 봅니다.

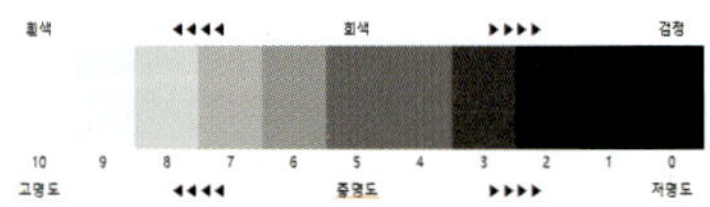

▶ 채도

색의 선명도를 의미합니다.
깨끗하고 맑은 색이 원색 ▶ (채도가 높다)
회색이 섞여 탁하면 ▶ (채도가 낮다)

▶ 한색

일반적으로 파랑, 감청, 남색과 같은 차가움을 연상하게 하는 색입니다. 주로 차분한 색상으로 긴장 완화와 사색적 경험이 가능하나 지나치면 우울함 등의 감정을 느낄 수 있습니다.

▶ 난색

일반적으로 빨강, 주황, 노랑과 같은 따뜻함을 연상하게 하는 색입니다. 편안, 포근, 유쾌, 만족감, 열정 등을 느낄 수 있습니다.

수업의 확장

서로의 생각 이야기하기

▶ **"색을 '소유'할 수 있을까?"**

반타블랙 'Vanta Black'은 세상에서 가장 어두운 검은색입니다.
이러한 반타 블랙의 독점권을 구매한 아티스트가 있습니다.

바로, 애니시 커푸어(Anish Kapoor)라는 영국 조각가입니다.
왜 애니시 커푸어만 반타블랙을 사용할 수 있냐구요?
왜냐하면 그가 반타 블랙 개발사에 거액을 지불하고 반타 블랙 페인트의 독점 사용 계약을 맺었기 때문이죠.

반타블랙을 구매한 애니시 커푸어. 다른 아티스트들은 절대 예술 작품에 반타블랙을 사용할 수 없습니다. 따라서 다른 아티스트들의 분노와 항의가 빗발치고 있습니다.
과연 신소재를 경제적 힘으로 독점하여 다른 아티스트들의 자유로운 창작 기회를 차단하는 것이 옳은 일일까요? 학생들은 과연 이 문제를 두고 어떻게 생각할까요?

평면에서 입체로 명화로의 미술 여행

명화 입체 터널

2022 개정 교육과정 핵심 역량 하위요소 – 심미적 감수성, 미술 문화 이해

수업소개 '명화 입체 터널' 수업은요?

평면에서 입체로 명화로의 미술 여행

명화를 감상하는 방법에는 여러 가지가 있습니다. 학생들은 주로 펠드먼의 미술 감상 단계에 맞추어 그림을 감상하고 조형적 특징과 시대적 배경 등을 배우게 되죠. 명화의 아름다움을 눈으로만 보고 끝내는 것이 아니라 직접 재해석해서 입체로 만들어 보는 활동을 통해 그림 속에 숨겨진 조형적 특징을 자연스럽게 학습하는 수업이에요. 자신이 직접

명화를 선택하고 조사해 보면서 미술사적 지식을 쌓고 조형 요소별로 해체하여 다시 입체적으로 재구성해 봄으로써 명화 속에 숨겨진 조형적 아름다움을 발견해 볼 수 있는 수업입니다.

영역 통합 2022 개정 교육과정 미술 교과 역량 함양을 위한 미적 체험 - 표현 - 감상 연계

교과 역량	미적 체험	표현	감상
심미적 감수성 미술 문화 이해	미술 문화 이해하기	명화 입체 터널 만들기	작품 감상 및 발표

수업 설계 '명화 입체 터널' 수업 디자인

그림 감상법을 알아보기 > 명화를 찾아보자! > 명화 자세히 들여다 보기 > 명화 입체 터널 구상하기 > 명화의 구성요소 그리기 > 입체 터널에 단계적으로 붙이기 > 발표 및 결과물 전시

수업 과정 안내 수업 과정을 알아볼까요?

❶ 그림 감상법 알아보기

펠드먼의 감상 단계를 통해 그림을 감상하는 방법을 이해합니다.

❷ 명화를 찾아보자!

- 명화 카드를 학생들에게 제공합니다.
- 그중에서 자신이 마음에 드는 명화를 선택하도록 합니다.

- 명화 카드를 제공하고 36개의 작품 중에서 마음에 드는 작품을 선택하기

❸ 명화 자세히 들여다보기

- 명화 카드 뒷면을 참조하여 그림에 관련된 정보 및 작품의 시대적 배경, 작가의 의도 등을 조사하고 활동지에 작성합니다.

내가 선택한 그림에 대한 정보를 적어보세요.		
작가:	제목:	제작년도:
작품설명: (간단히 요약)		
작가는 어떤 사람인가요?		

❹ 명화 입체 터널 구성하기

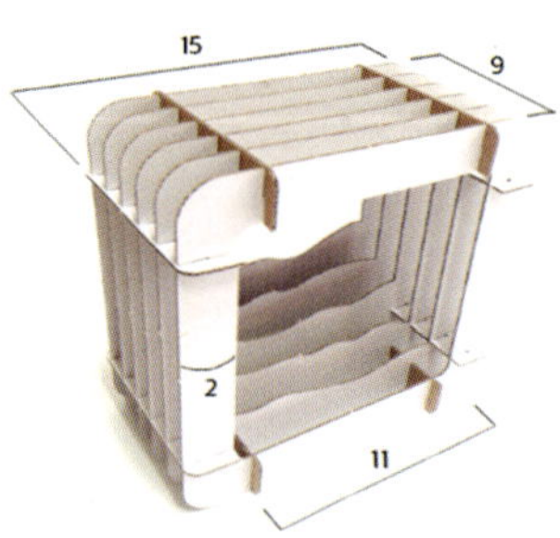

- 먼저 선택한 명화의 미적 특징을 고려하여 색과 느낌을 살려 테두리를 색칠합니다.
- 6단계의 입체 터널에 배치할 조형 요소나 형태를 크기를 고려하여 채색합니다.
- 채색된 테두리 프레임을 순서대로 조립합니다.

❺ 명화의 구성 요소 그리기

명화의 각 개별 요소를 도화지에 그리고 채색 후 오려서 준비합니다.

❻ 입체 터널에 단계적으로 붙이기

여섯 개의 종이틀 안의 입체 공간을 잘 활용하여 명화의 이미지가 전체적으로 잘 구성될 수 있도록 배치하고 고정시킵니다.

❼ 발표 및 결과물 전시

완성 작품 완성 작품을 감상해 볼까요?

오지호 〈남향집〉

프리다 칼로 〈자화상〉

다비드 〈마라의 죽음〉

마티스 〈춤〉

레제 〈건설자들〉

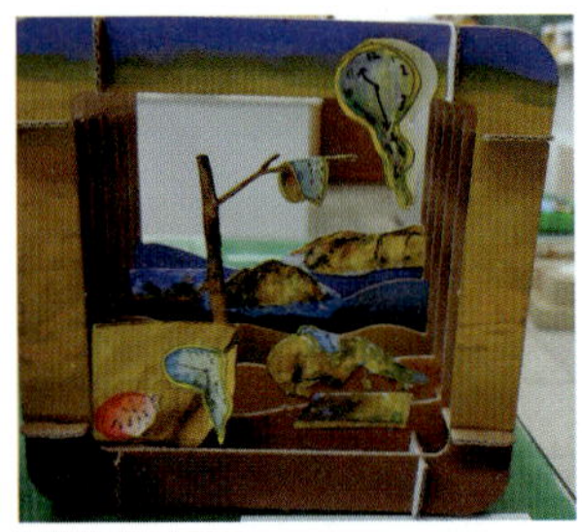

달리 〈기억의 지속〉

박수근 〈빨래터〉

뭉크 〈불안〉

반 고흐 〈고흐의 방〉

드가 〈연주자들〉

김득신 〈파적도〉

르누아르 〈피아노 치는 소녀들〉

평가하기 평가는 이렇게!

<table>
<tr><th>학습내용</th><th>평가 요소</th><th>평가 기준</th><th colspan="2">내용 요소</th></tr>
<tr><td rowspan="3">명화입체
터널 제작</td><td rowspan="3">조형성</td><td rowspan="3">명화의 미적인 특징을 활용하고 형태를 요소별로 분해하여 공간감과 원근감을 잘 살려 입체적으로 표현하였는가?</td><td>지식 · 이해</td><td>미술 용어와 지식</td></tr>
<tr><td>과정 · 기능</td><td>미술 작품의 내용과 형식 분석하고 설명하기
작품을 공유하고 소통하기
주제에 적합한 표현 계획하기</td></tr>
<tr><td>가치 · 태도</td><td>미술의 다원성 존중
자신과 타인의 작품 존중</td></tr>
</table>

소원을 말해봐!

민화로 만드는 입체 소원 액자

2022 개정 교육과정 핵심 역량 하위요소 - 심미적 감수성, 미술 문화 이해

수업소개 '민화로 만드는 입체 소원 액자' 수업은요?

복을 기원하는 아름다운 그림, 우리 민화 이야기

조선 후기에 등장한 민화는 서민들의 정서를 반영한 우리만의 전통 그림입니다. 민화만의 독특한 미적 특징은 현대에서도 재평가받고 그 아름다움을 향유하는 많은 사람들이 있습니다. 상점에도 민화의 아름다움을 활용한 아트 상품이 있고 민화를 취미생활로 배

우기도 합니다. 민화는 조형적 아름다움 외에도 우리의 민간 신앙과의 결합으로 상징성을 가지고 복을 기원하는 기능도 가지고 있답니다. 이러한 기능을 활용하여 자신의 소원에 해당하는 민화의 소재를 찾아보고 입체 액자로 제작하여 자신의 방을 장식해 보는 수업입니다.

영역 통합 2022 개정 교육과정 미술 교과 역량 함양을 위한 미적 체험 - 표현 - 감상 연계

교과 역량	미적 체험	표현	감상
심미적 감수성 미술 문화 이해	소원을 말해봐!	민화 입체 소원 액자 만들기	우리나라 민화 감상 및 특징 알기

수업 설계 '민화로 만드는 입체 소원 액자' 수업 디자인

민화에 대해 알아보기 → 소원을 말해봐! → 바탕 액자 꾸미기 → 소원 관련 민화 그리기 → 완성하기

수업 과정 안내 수업 과정을 알아볼까요?

❶ 민화에 대해 알아보기

민화의 개념과 특징에 대해 알아봅니다.

❷ 소원을 말해봐!

- 민간 신앙과 결합하여 복을 기원하는 민화의 소재별 상징성을 찾아봅니다.
- 자신의 소원 3가지를 적어보고 그 소원에 해당하는 민화의 소재를 찾아봅니다.

자신의 소원	소원에 맞는 민화의 소재	민화의 상징성
예) 공부를 잘하는 것	책가도	학업 성공

❸ 액자 배경 꾸미기

입체 액자를 자신이 선택한 소재의 느낌을 살려 채색하고 꾸며봅니다.

❹ 민화 그리기

도화지에 자신이 선택한 민화의 소재를 그리고 채색한 뒤 오려 냅니다. 이때 민화 트럼프 카드를 도안으로 활용합니다.

민화 카드 활용하기

액자에 민화 그림들을 아름답게 배치하고 붙여서 민화 소원 액자를 완성합니다.

완성 작품 완성 작품을 감상해 볼까요?

평가하기 평가는 이렇게!

학습내용	평가 요소	평가 기준	내용 요소	
민화 소원 입체 액자 만들기	작품의 조형성	우리나라 민화의 특징과 상징성을 이해하여 자신의 소원을 반영한 민화 입체 액자를 아름답게 제작할 수 있는가?	지식 · 이해	다양한 문화 존중과 참여 미술 용어와 지식 미술의 시대적, 지역적, 사회적 맥락
			과정 · 기능	다양한 표현 재료와 방법
			가치 · 태도	표현 과정에서의 주도성과 성찰 미술의 다원성 존중

관련 미술이론 복을 기원하는 전통회화! 민화란?

▶ 민화

조선시대 후기 서민들 정서를 반영하여 생활 공간을 장식하거나 복을 기원하는 목적으로 그려진 실용화

▶ 민화의 특징

- 민간 신앙과 결합
- 원색의 대담한 사용
- 독특한 화면 구성
- 상징성, 해학성, 장식성
- 무명의 화가가 그린 익명성

▶ 민화의 상징성

모란도	화조화	잉어도	책가도

가정의 평안과 부귀영화	부부의 화합과 행복	출세와 성공	학업 성공
까치와 호랑이	**연화도**	**십장생도**	**송학도**

벽사구복	선비의 벼슬과 복을 기원, 또는 다산	무병장수	정절과 부부애

수박	포도	어해도	토끼

수박씨만큼 행운이 가득 하다는 뜻, 장수와 구복	결실과 번영	유유자적한 여유와 풍류, 부부애	명예, 재물, 지혜

수업의 확장

이렇게도 수업할 수 있어요!

▶ 민화 드림캐처 만들기

드림캐처(dreamcatcher)는 '꿈을 잡는 사람'이라는 뜻으로 아메리카 원주민의 전통 주술품입니다. 창문 등 잠자리 근처에 걸어놓으면 악몽을 잡아준다는 물건으로, 일종의 부적과 비슷한 물건이라 할 수 있습니다. 그런데 이러한 드림캐처와 비슷한 의미를 가진 전통 미술이 있습니다. 여러분들의 소원을 이뤄 줄 멋진 '민화 드림캐처'를 함께 만들어볼까요?

▶ 과정 안내

종이에 자신의 소원을 한 가지씩 적는다.

"내 소원을 그림으로 표현할 수는 없을까?"

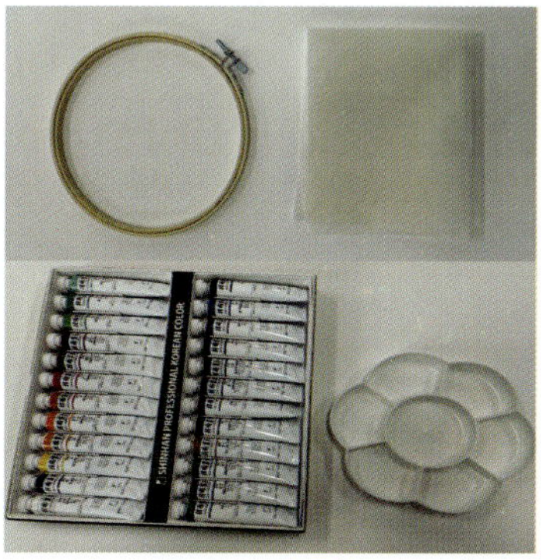	[준비물] 비단 자수틀 한국화 물감 꽃접시 한국화 세필 붓 상징성을 담은 민화 작품 자료 등

	1. 비단 천을 자수 틀을 활용하여 고정시킵니다. 이 작업 이후 남는 천은 가위를 사용하여 깔끔하게 잘라주세요!
	2. 아교와 물을 9:1 비율로 섞은 후 비단에 고운 붓질로 2번 발라줍니다. 
	3. 도안을 아래에 두고 호분 물감(흰색)으로 스케치를 옮깁니다.
	4. 다양한 한국화 물감을 활용하여 채색해줍니다.
	5. 앞면 뒷면 양쪽 모두 채색하면 시간이 지나도 물감이 떨어지지 않아요! (박락현상 방지)
	6. 드림캐처의 깃털 대신 전통 매듭을 달아 마무리합니다.

현대 미술: 김종학의 작품 재구성하기

너와 내가 함께 만들어가는 꽃밭

2022 개정 교육과정 핵심 역량 하위요소 – 공동체, 미술 문화 창출

수업소개 '너와 내가 함께 만들어가는 꽃밭' 수업은요?

〈숲〉 캔버스에 아크릴, 193×300cm, 2011

"작품 속에 꼭꼭 숨어있는 꽃들을 찾아볼까요?"

무엇이 보이나요? 나팔꽃도 보이고... 초롱꽃도 보이고... 나비도 보이네요!
설악산 천지의 꽃 더미와 우거진 나무들, 절기마다 바뀌는 풍경을 원초적인 색으로 캔버스에 풀어가는 작가 김종학의 작품을 재구성해 봅시다.

영역 통합 2022 개정 교육과정 미술 교과 역량 함양을 위한 미적 체험 - 표현 - 감상 영역 연계

교과 역량	미적 체험	표현	감상
심미적 감성 공동체 창의 · 융합	나의 탄생화 찾아보기	김종학 작가 작품 재구성하기	김종학 작가의 작품 세계 학습하기

수업 설계 '너와 내가 함께 만들어가는 꽃밭' 수업 디자인

동기 유발 > 김종학 작가에 대해 학습하기 > 자신의 탄생화 찾아보기 > 작품 제작 > 작품 전시 및 소감

수업 과정 안내 수업 과정을 알아볼까요?

❶ 동기 유발

- 시 감상하기 활동

작가가 시를 통해 말하고자 하는 것은 무엇일까요?

나 하나 꽃 피어

시인: 조동화

나 하나 꽃 피어
풀밭이 달라지겠느냐고
말하지 말아라

네가 꽃피고 나도 꽃피면
결국 풀밭이 온통
꽃밭이 되는 것 아니겠느냐

나 하나 물들어
산이 달라지겠느냐고도
말하지 말아라

내가 물들고 너도 물들면
결국 온 산이 활활
타오르는 것 아니겠느냐

이 시와 같이 한 명 한 명의 그림이 모여 다시 하나의 큰 꽃밭 작품이 되는 수업입니다.

❷ 김종학 작가에 대해 학습하기

• 김종학 작가에 대하여 학습하기

설악산에 들어간 작가가 설악산의 봄을 담은 풍경들은 원근법을 잃고 할미꽃, 나팔꽃, 벚꽃 등 각자의 개체로, 강렬한 색상으로 존재합니다. 작가의 작품에는 가려진 꽃도 숨겨진 꽃도 없습니다. 우리는 이러한 작가의 특징을 바탕으로 작품을 새롭게 제작해봅니다.

❸ 자신의 탄생화 찾아보기

• 자신의 탄생화 찾아보기
(스마트폰, 태블릿pc 등을 활용하여 탄생화 검색하기)

2월 23일(살구꽃)	꽃말: 아가씨의 수줍음
9월 16일(용담)	꽃말: 용기

❹ 작품 제작

자신의 탄생화를 바탕으로 김종학 작가의 작품 제작하기

	캔버스에 젯소(GESSO) 및 밝은 색상을 활용하여 밑 작업을 해주면 더 예쁜 결과물이 나와요! (8명씩 30호 정방형 캔버스 제공) 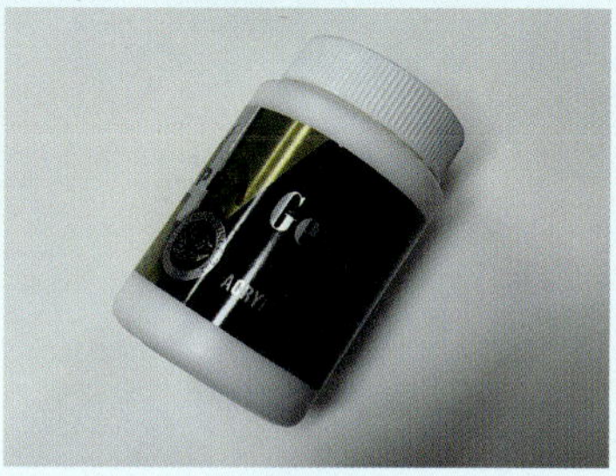
	학생들이 함께 캔버스에 자신의 탄생화를 다양한 색과 형태를 활용하여 그려봅니다.

❺ 작품 전시 및 소감

교내에 작품 전시하고 발표하기

평가하기 평가는 이렇게!

학습내용	평가 요소	평가 기준	내용 요소	
작가 김종학 작품 재구성하기	표현력	인터넷 매체를 활용하여 얻은 꽃의 정보를 바탕으로 조별 학생들과 높은 완성도의 작품을 재구성하여 표현하였는가?	지식 · 이해	표현 주제 심화
			과정 · 기능	주제 확장을 통한 작품 계획하기
			가치 · 태도	미술 활동에 대한 관심과 참여

관련 미술이론 김종학(Kim Chong Hak) 작가에 대하여 알아볼까요?

1970년대 초반.
국내 현대미술의 대표 작가로 자리매김한 설악의 화가 김종학 작가!

원근법을 잃고 각자의 개체로 존재하는 꽃밭은 꽃의 형상과 강렬하고 두터운 색이 가상공간에서 춤추듯이 섞여 새로운 형태로 재탄생되었습니다.

"자연의 모든 부분이 내 영감의 원천이다."
"Everything about nature is the source of my inspiration."

현대 미술: 마우리치오 카텔란의 작품 재구성하기

세상에서 가장 비싼 바나나

2022 개정 교육과정 핵심 역량 하위요소 - 시각적 소통, 공동체, 미술 문화 창출

수업소개 '세상에서 가장 비싼 바나나' 수업은요?

"세상에서 가장 비싼 바나나는 얼마일까요?"

여러분께 세상에서 가장 비싼 바나나를 소개합니다!
바나나를 알면 현대미술이 보인다? 현대 미술 바나나(반하나) 수업을 소개합니다.

영역 통합 2022 개정 교육과정 미술 교과 역량 함양을 위한 미적 체험 - 표현 - 감상 영역 연계

교과 역량	미적 체험	표현	감상
심미적 감성 창의 · 융합	현대 미술과 관련된 경험 이야기하기	마우리치오 카텔란 작품 재구성하기	마우리치오 카텔란 작품 감상하기

수업 설계 '세상에서 가장 비싼 바나나' 수업 디자인

동기 유발 > 마우리치오 카텔란 작품 학습하기 > 활동지 작성하기 > 작품 제작 > 작품 발표 > 현대미술에 대한 자신의 생각 나누기

수업 과정 안내 수업 과정을 알아볼까요?

❶ 동기 유발

- 수업 이전에 꼭 필요한 활동이 있습니다.

  [자신에게 가치 있는 물건 가져오기]

  학생들이 가져올 물건이 주인공이 되고, 작품이 되기 때문에 반드시 고민의 과정이 필요하다고 공지해주세요.

질문을 통해 현대미술에 대한 흥미가 생길 수 있도록 유도해주세요.

"세상에서 가장 비싼 바나나는 얼마일까요?"
"어떤 바나나가 가장 비싼 바나나일까요?"
"다이아몬드로 장식한 바나나일까요?"
"아니면 황금으로 만들어진 바나나일까요?"
정답은

"벽에다 테이프로 붙여놓은 바나나입니다."

❷ 마우리치오 카텔란 작품 학습하기

마우리치오 카텔란 학습하기

마우리치오 카텔란 - 코미디언, 2019, 갤러리 페로탱,
마이애미

이 모든 것은 바로
'마우리치오 카텔란'의 작품 '코미디언'의 이야기입니다.

2019년 12월 미국 플로리다 마이애미에서 열린
'아트 바젤 마이애미'에서 이 작품이 12만 달러
한화 약 1억 5천만 원에 팔렸습니다.

바나나가 특별했냐구요?
아니요.
그냥 근처 시장에서 팔던 **지극히 평범한 바나나**였습니다.

이뿐만이 아니었습니다.
작가의 친구 데이비드 다투나라는 헝가리 퍼포먼스 아티스트가
그 바나나를 현장에서 먹어버렸죠.

데이비드 다투나 〈코미디언〉을 먹는 장면

이렇게 말이죠.
그리고 말했습니다.
"예술가는 늘 배가 고프다."

그럼 그는 1억 5천만 원을 배상했을까요?
아닙니다.
작가의 의도가 중요하지 바나나라는 물질 자체는
중요하지 않기 때문입니다.
이것이 바로 '**현대 미술**'입니다.

황당하죠?
그럼 작가는 왜 바나나를 선택했을까요?

작가는 말했습니다.
"바나나는 유머를 가진 클래식한 오브제이자
국제무역의 상징이다."

그리고 작가는 작품의 제목을 '코미디언'이라고 지었습니다.

바나나 한 송이가 1억 5천에 팔리는 현대미술을
코미디라 표현한 것인지, 바나나 한 송이를 전시하는
자기 자신을 코미디언이라 표현하는 것인지
그럼에도 불구하고 그 바나나를 1억 5천 이상에 구매하는
컬렉터들을 코미디언이라 하는 것인지
그는 오직 감상자의 뜻에 맡겼을 뿐입니다.

현대 미술은 작가의 의도와 감상자의 뜻에 따라 결정됩니다.

이 수업은 내게 의미 있는 물건 1개를 선택하여
마우리치오 카텔란의 작품을 재구성하고
그 이유와 가격을 측정해볼 거예요.

❸ 활동지 작성하기

2022 경북 수업나눔한마당 미술 수업 자료

마우리치오 카텔란의 코미디언 작품 재해석하기

학년 학년 번

이름: ________

[학습목표]

1. 마우리치오 카텔란의 작품에 대하여 설명할 수 있다.
2. 현대미술의 특징을 활용하여 작품을 재구성 할 수 있다.

마우리치오 카텔란 [코미디언]

재구성한 나의 작품

☞ 마우리치오 카텔란의 작품에 대한 정보를 바탕으로 다음 빈칸을 채워보세요.

<table>
<tr><td rowspan="2">작품 제목</td><td rowspan="2">코미디언</td><td>작품 제목</td><td></td></tr>
<tr><td>↳ 이유</td><td></td></tr>
<tr><td rowspan="2">작품 가격</td><td rowspan="2">1억 5천만원</td><td>작품 가격 측정</td><td></td></tr>
<tr><td>↳ 이유</td><td></td></tr>
<tr><td rowspan="2">오브제[1)]</td><td rowspan="2">바나나</td><td>내가 선택한 오브제</td><td></td></tr>
<tr><td>↳ 이유</td><td></td></tr>
<tr><td>카텔란의 작품을 감상하고 느낀점 (현대 미술에 대한 나의 생각)</td><td colspan="3"></td></tr>
</table>

1) 오브제(Objet): 예술과 무관한 일상생활의 물건을 본래의 용도에서 분리하여 작품에 사용하는 것을 의미하는 용어

❹ 작품 제작

- 활동지를 바탕으로 작품을 제작하는 과정
  준비물: 흰색의 벽과 은색 테이프

소재에 따라 다양한 방법으로 연출하여 사진 촬영하기

❺ 작품 발표

작품 제작 활동이 끝나면 활동지를 바탕으로 작품을 발표합니다.

무엇을 상징할까? 그리고 이 작품의 가격은 얼마일까?

❻ 현대미술에 대한 자신의 생각 나누기(토론 활동)

작품 활동을 통해 느낀 점과 자신이 생각하는 현대 미술이란 무엇인지 함께 생각을 나누는 시간을 갖습니다.

완성 작품 완성 작품을 감상해 볼까요?

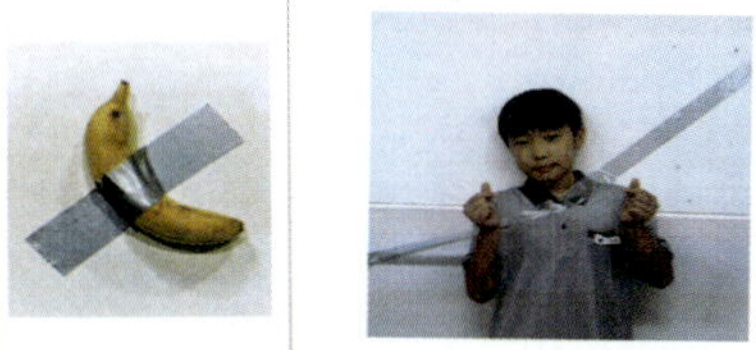

마우리치오 카텔란의 코미디언 작품 재해석하기

학습목표 1. 마우리치오 카텔란의 작품에 대하여 설명할 수 있다. 2. 현대미술의 특징을 활용하여 작품을 재구성 할 수 있다.

[작품 재구성하기]

작품 제목	코미디언	작품 제목	I
		↳이유	나의 영어가 I여서
작품 가격	1억 5천만원	작품 가격 측정	∞
		↳이유	내 가치는 너무 높고 [illegible]
오브제	바나나	내가 선택한 오브제	나
		↳이유	전세계 모든 사람들 자기자신은 소중하다. 나도 소중해서 [illegible]
카텔란 작품을 감상하고 느낀점	바나나는 언젠가는 썩고 버려야 할 텐데 저렇게 바나나를 테이프로 붙여 작품을 만들어 정말 신기하다.		

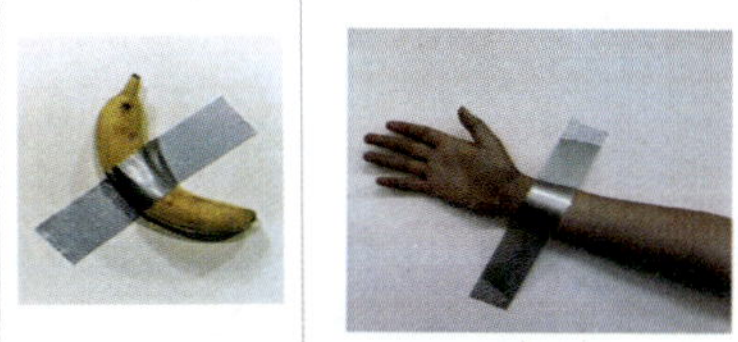

마우리치오 카텔란의 코미디언 작품 재해석하기

학습목표 1. 마우리치오 카텔란의 작품에 대하여 설명할 수 있다. 2. 현대미술의 특징을 활용하여 작품을 재구성 할 수 있다.

[작품 재구성하기]

작품 제목	코미디언	작품 제목	손
		↳이유	말 그대로 테이핑된 손이다!!! ㅋㅋㅋ♡
작품 가격	1억 5천만원	작품 가격 측정	100억
		↳이유	누구에게나 손은 아주 중요하기 때문이다
오브제	바나나	내가 선택한 오브제	손
		↳이유	손은 만드는 걸 할 수 있기 때문이다
카텔란 작품을 감상하고 느낀점	카텔란의 작품을 보면 우리가 예술가로 생각하거나 고민할 때 너무 복잡하게 생각하고 있다 생각이 든다. 그리고 해석을 하면 할수록 재밌는 것 같다.		

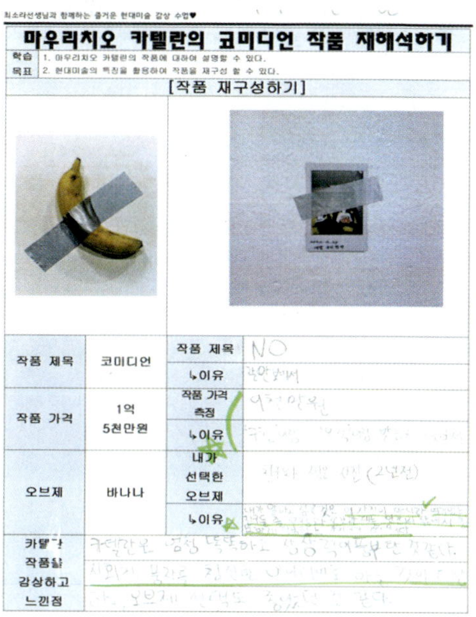

최소라선생님과 함께하는 즐거운 현대미술 감상 수업♥

마우리치오 카텔란의 코미디언 작품 재해석하기

학습 목표	1. 마우리치오 카텔란의 작품에 대하여 설명할 수 있다. 2. 현대미술의 특징을 활용하여 작품을 재구성 할 수 있다.

[작품 재구성하기]

작품 제목	코미디언	작품 제목	NO
		↳이유	
작품 가격	1억 5천만원	작품 가격 측정	
		↳이유	
오브제	바나나	내가 선택한 오브제	
		↳이유	
카텔란 작품을 감상하고 느낀점			

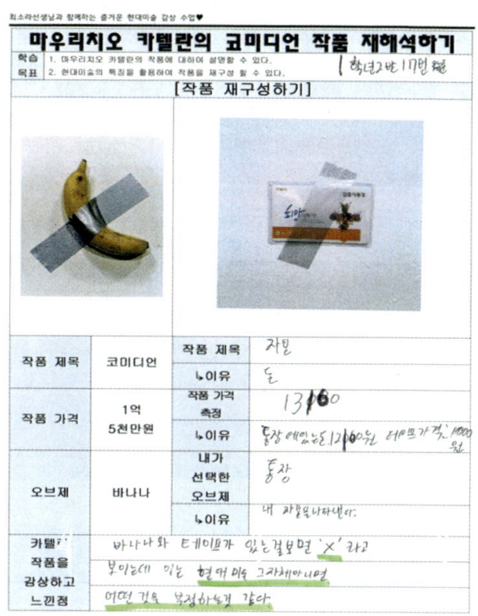

최소라선생님과 함께하는 즐거운 현대미술 감상 수업♥

마우리치오 카텔란의 코미디언 작품 재해석하기

학습 목표	1. 마우리치오 카텔란의 작품에 대하여 설명할 수 있다. 2. 현대미술의 특징을 활용하여 작품을 재구성 할 수 있다.

[작품 재구성하기]

작품 제목	코미디언	작품 제목	
		↳이유	
작품 가격	1억 5천만원	작품 가격 측정	
		↳이유	
오브제	바나나	내가 선택한 오브제	
		↳이유	
카텔란 작품을 감상하고 느낀점			

평가하기 평가는 이렇게!

학습내용	평가 요소	평가 기준	내용 요소	
작가 마우리치오 카텔란	발표력	작가 마우리치오 카텔란의 작품 세계에 대하여 이해하고 작품에 대하여 구체적으로 발표하였는가?	지식 · 이해	미술 용어와 지식
			과정 · 기능	미술 작품의 내용과 형식 분석하고 설명하기
			가치 · 태도	미술의 다원성 존중
작가 마우리치오 카텔란 작품 재구성하기	감상문 작성	작가 마우리치오 카텔란 작품에 대한 이해를 바탕으로 작품을 재구성하고 현대미술에 대한 자신의 생각을 구체적으로 작성하였는가?	지식 · 이해	다양한 비평 관점과 방법
			과정 · 기능	미술 작품을 해석하고 가치 판단하기
			가치 · 태도	공동체 문화에 기여

관련 미술이론 **마우리치오 카텔란(Maurizio Cattelan)을 소개합니다.**

이탈리아의 조각가이자 행위예술가로 활동하고 있는 그는 1960년생으로 이탈리아 파노바 출신이다. 1998년에 그는 피카소의 가면을 배우에게 쓰게 한 뒤, 뉴욕근대미술관(MoMA)의 입구에서 관람객들을 맞이했다. 마치 사람들이 현대 미술관이 아닌 테마 공원에 온 것처럼 느끼게 할 목적이었다. 이러한 풍자적인 위트 감각은 그의 작업 스타일을 가장 잘 말해준다. 그는 종교, 축구 리그, 정치, 미술계, 역사 의식 등 다양한 사회 문제와 기성 체제를 풍자하는 작품을 보여주는 아티스트이다.

현대미술: 마이클 크레이그마틴 작품 재구성하기

Here and Now!

2022 개정 교육과정 핵심 역량 하위요소 – 심미적 감성, 미술 문화 창출

수업소개 'Here and Now!' 수업은요?

“일상 사물이 예술이 될 수 있다?”

우리 주변에 흔한 물건들이 예술이 되는 작품이 있습니다!
작가 마이클 크레이그마틴은 일상의 오브제를 예술 작품으로 승화하는 멋진 작가입니다.
작가의 작품 세계 속으로 풍–덩 빠져볼까요?

영역 통합 2022 개정 교육과정 미술 교과 역량 함양을 위한 미적 체험 - 표현 - 감상 영역 연계

교과 역량	미적 체험	표현	감상
심미적 감성 창의 · 융합	일상의 사물 탐색하기	마이클 크레이그마틴 작품 재구성하기	마이클 크레이그마틴 작품 감상하기

수업 설계 'Here and Now!' 수업 디자인

동기 유발 → 마이클 크레이그마틴 작품 학습하기 → 작품 제작 → 작품 감상

수업 과정 안내 수업 과정을 알아볼까요?

❶ 동기 유발

“우리 주변의 일상의 오브제가 예술 작품이 될 수 있을까요?”

마이클 크레이그마틴의 작품은 주로 ‘자연’보다는 ‘인공물’입니다.
일상의 오브제를 주제로 활용하는 그는 무심히 지나칠 수도 있는 일상의 사물들을 들여다보다 주변의 평범한 물건의 성질을 이해하는 것이 삶의 본질에 더 가깝다고 생각했기 때문입니다. 결국 예술은 나의 일상 가운데 있다는 것을 작품을 통해 보여준답니다.

❷ 마이클 크레이그마틴 작품 학습하기

우리에게 매우 익숙한 플라스틱 뚜껑이 딸린 테이크아웃 컵을 표현한 작품입니다. 테이크아웃 컵은 아무도 특별히 디자인되었다고 생각하지 않습니다. 매우 일상적이고 평범해서 주의를 끌지 못할 정도입니다. 마이클 크레이그마틴은 이런 평범한 오브제를 주 모티프로 선택하고 여기에 색을 넣는 작업을 합니다. 검은색 라인으로 가능한 한 물체 그대로를 정확하게 표현하며 화려한 색상을 사용합니다. 이런 컬러들은 지각에 영향을 미치기도 하고 오브제의 정체성을 변화시키기도 하기 때문입니다.

간단히 말해! 마이클 크레이그마틴 작가의 작품은

1. 일상의 사물을 소재로 한다.

2. 화려한 색상을 사용한다.

이러한 특징을 활용하여 작가의 작품을 재구성해볼까요?

❸ 작품 제작

일상생활 속 사물을 촬영하고 인쇄합니다.

인쇄한 사진 위에 OHP필름을 올려두고 검은색 네임펜을 활용하여 스케치를 따라 그립니다.

원색의 아크릴 물감을 활용하여 색칠합니다.

혹은, 색상지를 활용하여 배경지를 제작합니다.

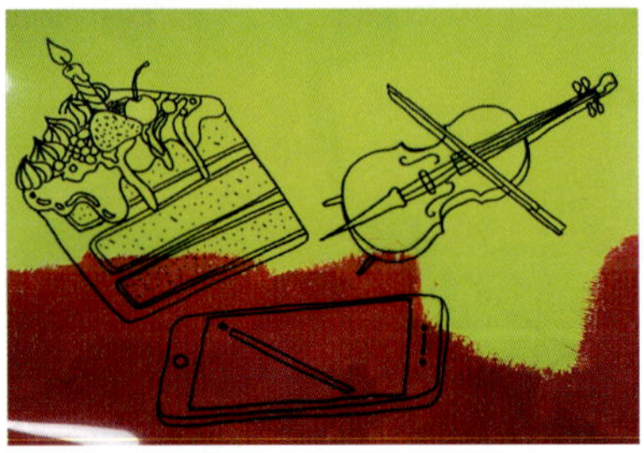

OHP필름 아래에 색지를 배경으로 놓아 줍니다.

❹ 작품 감상

친구들과 함께 완성한 작품을 감상합니다.

완성 작품 완성 작품을 감상해 볼까요?

평가하기 평가는 이렇게!

학습내용	평가 요소	평가 기준	내용 요소	
작가 마이클 크레이그 마틴	발표력	작가 마이클 크레이그 마틴의 작품 세계에 대하여 이해하고 구체적으로 발표하였는가?	지식 · 이해	미술의 시대적, 지역적, 사회적 맥락
			과정 · 기능	미술 작품을 해석하고 가치 판단하기
			가치 · 태도	미술의 다원성 존중
작가 마이클 크레이그 마틴 작품 재구성하기	표현력	작가 마이클 크레이그 마틴의 작품 특징을 활용하여 높은 완성도의 작품을 제작하였는가?	지식 · 이해	표현 주제와 의도
			과정 · 기능	주제에 적합한 표현 계획하기
			가치 · 태도	표현 과정에서의 주도성과 성찰

관련 미술이론 작가 소개 - 마이클 크레이그마틴(MICHAEL CRAIG - MARTIN)

"제 작품은 우리가 지금 여기서 경험하는 일상생활의 즐거움, 아름다움, 중요성을 강조하고자 합니다."

– 마이클 크레이그마틴(MICHAEL CRAIG - MARTIN)

마이클 크레이그마틴은 개념미술 1세대 작가로 1970~80년대까지 런던 골드스미스 대학에서 교수로 재직하며 데이미언 허스트, 줄리언 오피, 트레이시 에민 등 '영국의 젊은 예술가(YBA - Young British Artist)'들을 양성한 스승이자 개념미술의 방향을 제시한 아티스트입니다. 이 공로를 인정받아 엘리자베스 2세 여왕으로부터 2001년 대영 제국 훈장 CBE(Commander of the British Empire)를, 2016년에는 영국 왕실에서 기사 작위까지 받은 유명한 작가입니다.

9

부록

활동지 나에게로 떠나는 상상여행

학교　　학년　　반　번　　이름

1. 몽유도원도 알아보기

(　　　)세계　　　(　　　)세계　　　(　　　)세계

↓　　　↓　　　↓

낮아진 시선, 건조한 평지		새처럼 내려다본 세계

- 누구의 꿈 이야기인가? ____________________
- 첫 번째 그림에는 무엇이 그려졌으며 무엇을 상징하는가? ____________________
- 세 번째 그림은 무엇을 상징하는가? ____________________
- 가운데 그림에 그려진 것은 무엇이며 무엇을 의미하는가? ____________________
- 제목은 무엇이며 누가 그렸는가? ____________________

2. 연계 작품 탐구 활동지: 진경산수와 관념산수 비교하기

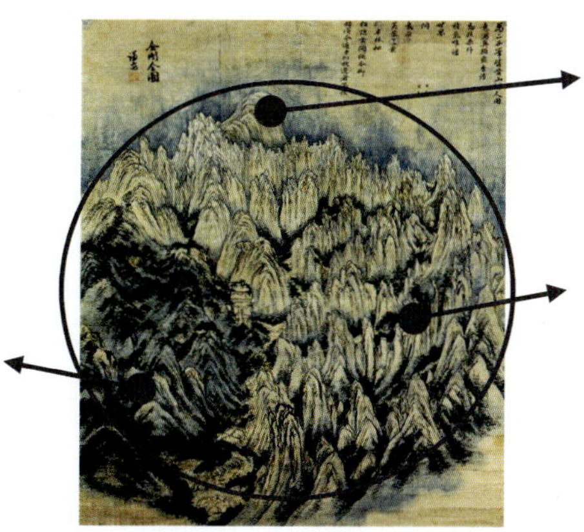

- 무엇을 그린 것인가?
- 시점은?
- 구도는?
- 토산과 암산은 무엇을 의미하는가?
- 태극이 가지고 있는 의미는?

활동지

- 어떤 모습을 그린 것인가?
- 시점은?
- 죽마고우는 누구였는가?
- 한옥집과 소나무와 바위는 무엇을 의미하는가?
- 세 개의 물줄기가 의미하는 것은?
- 이 그림을 왜 그렸는가?

3. 진경산수화가 가지는 미술사적 의미를 서술하시오.

4. 관념산수와 진경산수의 차이점을 서술하시오.

관념산수화	진경산수화

5. 무엇을 알게 되었으며, 어떤 생각의 변화를 가지게 되었나요?

활동지 오감으로 체험하는 조형 요소와 원리

학교 학년 반 번 이름

♥ 첫 번째 특별한 종이 만들기: 오감으로 '선' 체험하기

빨간 볼펜으로 열리는 감각

조건. 감각을 예민하게 느끼기 위해 언어 감각은 닫습니다.(쉿!!!!)
다 완성하고 난 종이는 나중에 작품을 위해 사용되니 버리지 말고 뒷면에 반 번호 이름을 쓰세요.

활동 과정에서 느껴지는 여러 가지 느낌을 마인드맵을 통해 적어 보고 생각을 확장시켜보세요.			
시각	청각	촉각	느낌

♥ 두 번째 특별한 종이 만들기: 맛을 느낌으로! 맛으로 '색' 체험하기

맛으로 표현해 보는 감각

모둠별로 먹을 수 있는 액체나 가루 종류를 4가지 준비해 옵니다.
모둠의 대표가 선택한 4개의 종이컵에 담긴 것을 맛보고 그 느낌을 색으로 표현해 봅니다.
다 완성하고 난 종이는 나중에 작품을 위해 사용되니 버리지 말고 뒷면에 반 번호 이름을 쓰세요.

활동 후 느낀 점을 적어보세요.

활동지

♥ 세 번째 특별한 종이 만들기: '질감' 체험하기

프로타주 기법으로 표현해 보는 시각과 촉각

이 세상의 모든 물건은 제각기 다른 질감을 가지고 있습니다. 주변 물건들의 질감을 프로타주 기법을 통해 표현해 봅시다.

완성하고 난 종이는 나중에 작품을 위해 사용되니 버리지 말고 뒷면에 반 번호 이름을 쓰세요.

프로타주 기법이란?
나뭇가지, 잎, 천 등 입체감이 있는 사물의 표현 위에 종이를 대고 문질러 나타난 무늬로 표현하는 기법

더 알고 싶어요!! - 다양한 미술 표현 기법 -	
그라타주	
바틱	
콜라주	
모자이크	
데칼코마니	
마블링	

활동지 나를 뽑아줘!

학교 학년 반 번 이름

포스터(Poster)란?	일정한 내용을 상징적인 그림과 간단한 문장으로 나타내어, 길거리나 사람의 눈에 많이 띄는 곳에 붙이는 인쇄물

MBTI 성격유형 검사란?	마이어스(Myers)와 브릭스(Briggs)가 만든 성격 유형 검사 도구. 스위스의 정신분석학자인 카를 융(Carl Jung)의 심리 유형론을 토대로 만든 도구이며 사람의 성격을 16가지의 유형으로 나누어 설명함.
	https://www.16personalities.com/

아이디어 스케치 활동

[조 건]

나를 홍보하는 포스터 작품에서 꼭 들어가야 할 요소	
1	다양한 글씨체를 활용하여 '나를 나타내는 문장' 문자 디자인하기
2	기본 프로필(이름, 생년월일)
3	나의 관심사
4	나의 꿈, 진로
5	내가 좋아하는 것 2가지 소개하기
6	나의 미래 캐릭터(진로 자화상)
7	나의 MBTI
8	배경은 내가 좋아하는 색, 혹은 패턴 활용하기

[예시 작품]

▶

조건을 바탕으로 아이디어 스케치를 제작합시다!

활동지

내가 마신 우유팩이 지갑으로!
(우유팩 지갑 도안)

학교　학년　반　번　이름

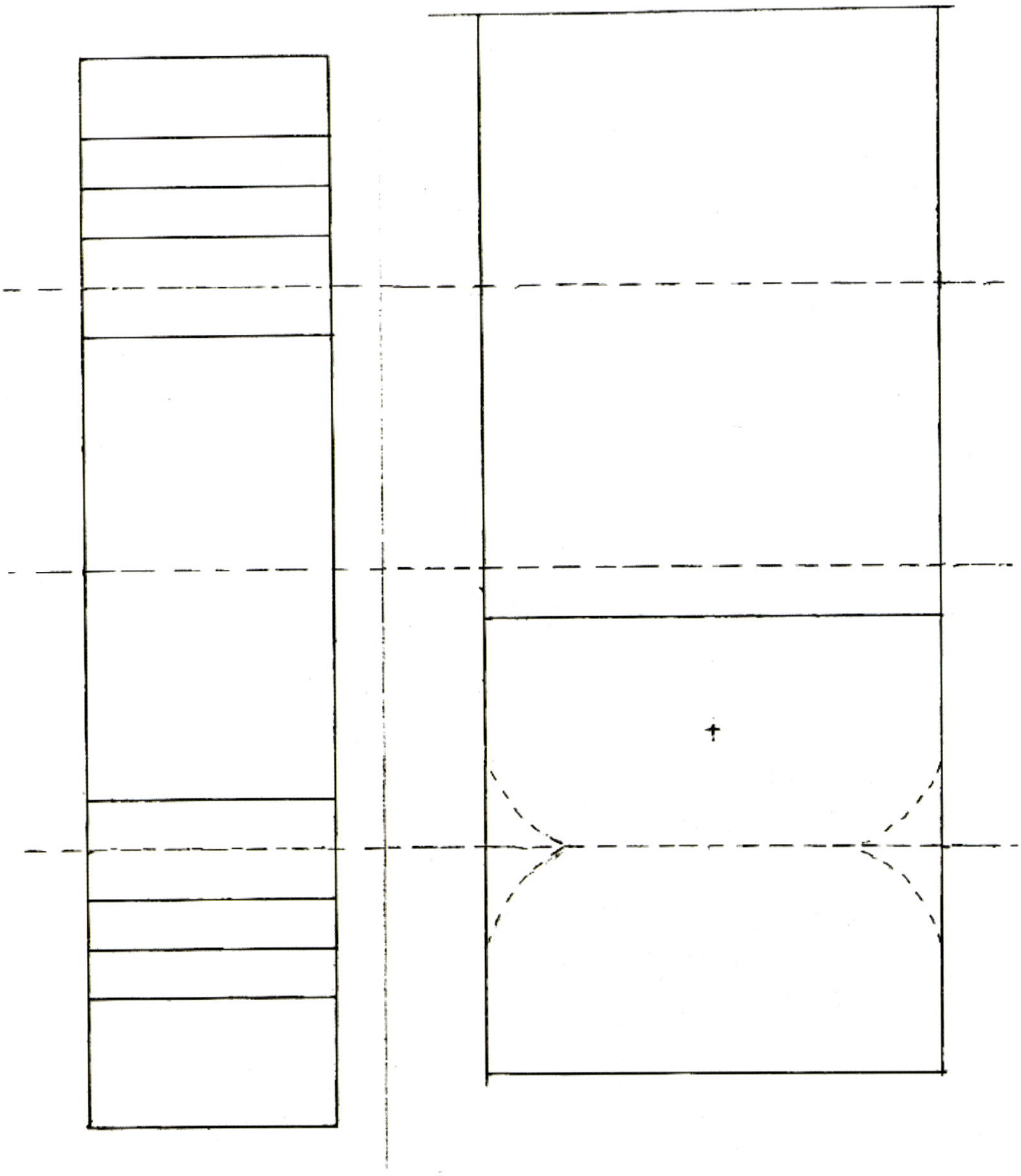

활동지 우리 학교 CIP 디자인

학교 학년 반 번 이름

활동 1	CIP 디자인에 대해 알아봅시다.
CIP 디자인이란?	
기본 시스템 (베이직)	
응용 시스템 (애플리케이션)	

<table>
<tr><td>활동 2</td><td colspan="5">우리 학교에 대해 알아보고 CIP 기본시스템 디자인을 해 봅시다.</td></tr>
<tr><td>교명</td><td></td><td>교화</td><td></td><td>교목</td><td></td></tr>
<tr><td>교훈</td><td colspan="5"></td></tr>
<tr><td>우리 학교의 특징
3가지 찾아보기</td><td colspan="5"></td></tr>
<tr><td colspan="2">내가 생각하는 우리 학교의
이미지를 한 문장으로 표현한다면?</td><td colspan="4"></td></tr>
<tr><td colspan="6">기본 시스템 디자인</td></tr>
<tr><td>디자인 콘셉트</td><td colspan="5"></td></tr>
<tr><td>전용 색상</td><td colspan="2">○○○○○</td><td colspan="3">색상:</td></tr>
<tr><td rowspan="2">로고타이프</td><td colspan="2"></td><td colspan="3"></td></tr>
<tr><td colspan="2"></td><td colspan="3"></td></tr>
<tr><td>마크</td><td colspan="5"></td></tr>
<tr><td rowspan="2">캐릭터</td><td colspan="2">캐릭터 이름:</td><td colspan="3">특징:</td></tr>
<tr><td colspan="5"></td></tr>
</table>

활동지 공공미술로 사회 문제 참여하기

학교　　학년　　반　번　　이름

피카소〈게르니카〉	1. 제목:	2. 화가:
	2. 무엇을 그렸나요?	
	3. 상징성을 찾아보세요. 1) 2)	 3) 4)
	4. 이 작품의 감상평을 적어보세요.	
도미에〈삼등열차〉	1. 제목:	2. 화가:
	3. 사실주의란?	
	4. 이 작품의 감상평을 적어보세요.	
임옥상〈귀로2〉	1. 제목:	2. 화가:
	3. 민중미술이란?	

♥ 우리 사회의 문제 중 '위안부' 문제에 대해 생각해 보고 공공미술 작품을 제작해 봅시다.
위안부 문제에 대해 자신이 알고 있는 사실을 적어 보세요.
영상을 시청하고 난 뒤 달라진 위안부 문제에 대한 자신의 생각을 적어 봅시다.

♥ 소녀상의 상징성을 알아보고 자신만의 생각대로 상징을 바꿔 보세요.

1. 소녀상 도안을 보고 도화지에 스케치해 주세요. (도안 제공)
   - 스케치를 할 때 옷이나 소품을 바꿔주세요.

2. 내가 선택한 동물:
   그 의미:

3. 빈 의자 위에 이미 세상을 떠난 할머니를 위한 선물
   1) 내가 정한 선물:
   2) 그 이유는?

4. 할머니들에게 해 드리고 싶은 말:

활동지 소녀상 도안

학교 학년 반 번 이름

활동지 랜드마크 맨홀 뚜껑 디자인

학교　　학년　　반　　번　　이름

랜드마크 (Land mark)란?	어떤 지역을 대표하거나 다른 지역과 구별되는 지형이나 시설물

정보 수집하기		
내가 선택한 나라		[예시 작품] 
↳ 대표 랜드마크는?		
그 나라의 특산물 (유명한 상품, 음식 등)		
내가 선택한 랜드마크의 특징		

아이디어 스케치 활동(위의 정보를 바탕으로 아이디어 스케치를 해 봅시다!)

활동지 반반 소묘

학교　　학년　　반　번　　이름

소묘란?	기본적으로 단색을 사용하여 형태, 명암, 비례 등을 파악하는 미술의 기초과정
콜라주(collage)	종이 · 천 · 쇠붙이 · 나뭇조각 등 다양한 재료를 화면에 직접 붙이는 표현 방법

정보 수집하기

명암이란?	물체의 밝고 어두움을 뜻합니다.

흰색　◀◀◀◀　회색　▶▶▶▶　검정

10　9　8　7　6　5　4　3　2　1　0

고명도　◀◀◀◀　중명도　▶▶▶▶　저명도

▶ 명도를 표현해봅시다. (명암 연습)
반반 소묘 활동에서 0 - 10까지의 명도를 활용하여 표현하세요.

10	9	8	7	6	5	4	3	2	1	0

0	1	2	3	4	5	6	7	8	9	10

활동지 이야기 한 그릇 (음식모형 만들기)

학교 학년 반 번 이름

조소란?	입체로 표현하는 조형물
제작 방법에 따른 조소의 구분	
조각	나무, 돌처럼 단단한 재료(목조, 석조, 비누 조각 등)
소조	찰흙, 지점토 등 가소성이 있는 재료(무른 재료)

정보 수집하기		
내가 선택한 음식은?		[예시 작품]   
↳ 음식의 조형적 특징은? (색, 질감, 형태 등)		
↳ 제작하기 위해 필요한 재료는?		
↳ 이 음식과 관련된 나의 이야기를 적어보세요.		

활동지

진로 픽셀 아트

학교　　학년　　반　　번　　이름

픽셀(Pixel)이란?	디지털 이미지를 이루는 가장 작은 단위인 사각형 점
비트맵	픽셀[점]로 이루어진 그림(jpg파일)
벡터	수학 좌표[선]법으로 그림(ai파일)

1	나의 꿈(진로)은?	
	↳ 관심 있는 분야도 괜찮아요.	
2	나의 꿈 분석하기	
	↳ (도구, 소품 등 포함) 3가지 이상 적고 이를 포함하여 디자인 하시오.	

☞ 픽셀 아트를 디자인하시오. (32X32) / 활동지를 참고하여 작품을 제작할 예정입니다.

활동지 컨서베이터가 되어보자

학교　　학년　　반　　번　　이름

컨서베이터 (Conservator)란?	미술 작품에 적절한 조치를 취하고, 보관 방법에 관해 연구하고 그에 따른 조치를 취하는 사람

작품 기록 카드
↳ 원본 이미지를 붙여 손상된 작품과 비교해봅시다.
▶ 작품 훼손 정도 기록하기(손상된 부분, 복원이 필요한 부분 등)

활동지

아트 게임으로 다 같이 예술하자 게임판 제작 활동지

	1st	2nd	3rd	4th
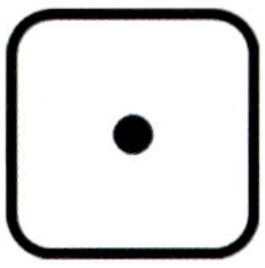				
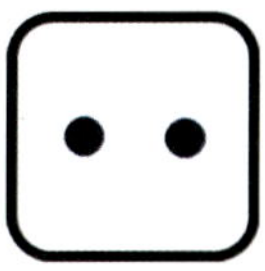				

활동지 작가의 팔레트

학교 학년 반 번 이름

색상이란?	색의 주요한 속성 중 하나. 색상은 보통 빨강, 파랑과 같은 이름으로 불린다.
명도란?	물체의 색이나 빛의 색이 지니는 밝고 어두움의 정도를 의미하며, 검정색을 0, 흰색을 10으로 본다.
채도란?	색의 선명도를 의미한다.
한색이란?	일반적으로 파랑, 감청, 남색과 같은 차가움을 연상하게 하는 색이다.
난색이란?	일반적으로 빨강, 주황, 노랑과 같은 따뜻함을 연상하게 하는 색이다.

작품 색상 분석 카드
선택한 작품의 이미지를 붙여주세요.

내가 선택한 작가는?	
작품 제목은?	
작가의 작품 색 분석하기	
작품에서 사용된 색상은?	
명도는?	
채도는?	
한색과 난색 분석	작가는 ( )을 많이 사용했다.
[심화퀴즈] 작가가 작품을 제작할 때 이 색상을 주로 사용한 이유는 무엇일까요? (스마트폰이나 태블릿PC 등의 매체를 활용하여 작가와 작품에 대한 설명을 읽고 유추해 봅시다.)	

활동지

세상에서 가장 비싼 바나나 (마우리치오 카텔란의 코미디언 작품 재해석하기)

학교　　학년　　반　번　　이름

 마우리치오 카텔란 [코미디언]	재구성한 나의 작품 (완성작을 프린트하여 오려 붙이세요.)

작품 제목		작품 제목	
		↳ 이유	
작품 가격		작품 가격 측정	
		↳ 이유	
오브제[1]		내가 선택한 오브제	
		↳ 이유	
카텔란의 작품을 감상하고 느낀 점 (현대미술에 대한 나의 생각)			

1) 오브제(Objet): 예술과 무관한 일상생활의 물건을 본래의 용도에서 분리하여 작품에 사용하는 것을 의미하는 용어

도와줘요~ 교과세특!

1. 나와 만나는 순간	
오감을 체험하는 조형 요소와 원리	청각, 시각, 촉각 등의 오감을 통해 선, 색 등의 조형 요소를 감각적으로 체험하고 그 느낌을 마인드맵을 통해 적어봄으로써 생각을 확장시켰음. 평범한 종이를 자신의 미적 표현으로 특별한 종이로 만든 뒤 이를 오리고 붙여서 추상화 작품을 제작함. 화면의 조형적 구성을 위해 조형 원리를 적절하게 잘 적용하여 창의적인 작품으로 완성함.
나를 알리는 홍보 포스터	포스터의 개념과 종류에 대하여 설명할 수 있으며, 포스터의 구성 요소를 바탕으로 작품을 제작함. 자신의 MBTI 성향과 진로를 연결할 수 있으며 탐색한 정보를 바탕으로 자신을 홍보하는 포스터를 창의적으로 제작하였음.
2. 지구를 지키는 미술	
자연에게 주는 선물, 대지미술	기존 미술의 상업성에 대한 비판으로 등장한 대지미술에 대해 이해하고 대표적인 대지미술 작품 감상을 통해 그 특징을 잘 파악함. 작품 전시 후 스스로 소멸하여 자연으로 돌아가는 대지미술의 특징을 잘 활용하여 자연의 재료인 찰흙을 활용하여 '자연에게 주는 선물'이라는 주제로 작품을 완성함. 나무에 눈, 코, 입을 만들어 주면서 '표정 나무'라는 제목으로 나무에게도 표정을 지을 수 있게 해주고 싶다는 자신의 창의적인 아이디어를 구체적으로 표현함.
환경 타이포그래피	환경 문제에 대한 심각성을 이해하고 환경 보호를 위한 자신의 생각과 의견을 논리적으로 발표함. 자신이 생각하는 환경 문제에 대한 단어나 문장 등을 활용하여 타이포그래피 디자인을 창의적으로 발상하고 문자의 조형성을 잘 살려 시각적으로 보기 좋게 완성함.
업사이클링 우유팩 지갑 만들기(밀크월렛)	업사이클링 디자인의 개념에 대하여 설명할 수 있으며, 환경과 관련된 사회 현상을 파악할 수 있음. 또한 수업을 통해 학습한 자원과 환경에 대한 자신의 생각을 자신감 있는 태도로 발표함.
업사이클링 양말목공예	
업사이클링 폐품 유리를 활용한 티코스터 디자인	

3. 삶과 함께하는 미술	
우리 학교 CIP 디자인	자신의 학교에 대해 온·오프라인을 통해 정보를 수집하고 자신의 경험을 바탕으로 학교의 대표적인 이미지와 특징에 대해 탐색해 봄. 이미지를 통일하여 어떤 단체의 이미지를 통합적이고 체계적으로 디자인하는 C.I.P에 대해 이해하고 기본 시스템과 응용 시스템을 창의적으로 디자인함. 특히 교화인 장미의 이미지와 색상을 기본 콘셉트로 하여 로고, 캐릭터 등을 디자인하고 C.I.P 안내판 제작 시 디자인 요소들을 적절하게 배치하여 완성함. 자신의 디자인을 전시하여 다른 사람들의 주목을 받음.
테마가 있는 우리 동네 인포그래픽 지도	다양한 정보를 한눈에 알아보기 쉽게 시각적으로 표현하는 인포그래픽의 특징을 파악하고 간단한 언어 정보를 시각 이미지로 표현해 보는 활동을 통해 인포그래픽 디자인의 기초를 습득함. 자신이 살아온 동네를 다양한 관점에서 관찰하고 '친구들과 같이 가기 좋은 핫플'이라는 특색 있는 지도의 주제를 정한 뒤 상점의 특징을 나타낸 아이콘 등을 적절하게 활용하여 창의적인 인포그래픽 지도를 완성함. 이를 통해 무심히 지나쳤던 자신의 동네에 대해 관심과 애정을 가지게 되었으며 공동체 의식을 함양함.
피카소의 눈으로 본 우리 세상	피카소 작품의 시대적, 사회적 맥락에 대하여 발표함. 또한 작품을 통해 사회적 문제점을 모색하여 해결 방안을 제시할 수 있음. 입체파의 미적 형식과 다양한 표현 방법을 바탕으로 창의적인 작품을 제작함.
텍스트와 이미지로 메시지 던지기	미술의 기능과 역할에 대해 생각해 보고 사회 문제를 반영하여 그린 화가들의 작품 감상을 통해 미술의 사회적 역할에 대해 깊이 있게 이해함. 바버라 크루거의 작품 세계를 탐색하고 텍스트와 사진 이미지를 통해 강렬한 사회 비판적인 메시지를 전달하는 그녀의 작품 형식을 차용하여 자신이 관심 있는 사회 문제에 대해 표현함. 개인의 문제뿐만 아니라 자신이 속한 공동체의 문제에 공감하고 미술을 통해 자신의 생각과 의견을 드러내는 과정을 통해 성숙한 민주 시민 의식을 기름.

<table>
<tr><td>문화 다양성을 만나다</td><td>문화 상대주의의 관점에서 사회를 바라보며 다름과 다양성을 인정하는 적절한 사례를 온오프라인 정보 검색을 통해 찾아봄. 다양성을 다루는 포스트모더니즘 미술 작품들을 감상하고 동시대 미술의 흐름에 대해 이해함. 다양성을 표현할 수 있는 주제 중 나라별 신호등을 그림으로 표현하였고 이를 통해 다름을 인정하는 성숙한 민주 시민 의식과 공동체 의식을 기름.</td></tr>
<tr><td colspan="2">4. 시각문화 속으로 풍덩</td></tr>
<tr><td>슬기로운 학교생활 비즈 픽토그램</td><td>시각 정보 전달의 장점과 단점에 대해 서로 이야기를 나누어 보고 시각 문화에 대해 생각해 보는 계기가 됨. 쉬빙 작가의 상징적 아이콘만으로 만들어진 책의 일부분을 해석하여 문장으로 적어보고 서로 발표해 보면서 시각 이미지가 주는 전달력에 대해 잘 알게 됨. 언어, 나라 등이 달라도 누구나 한눈에 이해하기 쉬운 픽토그램의 특징을 이해하고 간단한 정보를 픽토그램으로 바꾸어 보는 기초 픽토그램 디자인 연습을 함. 학교생활에 필요한 픽토그램은 어떤 것이 있는지 파악해 보고 비즈를 활용하여 창의적이고 입체적인 픽토그램을 만듦. 간결한 이미지로 표현하고자 하는 의미를 잘 전달하며 의사소통 역량을 기름.</td></tr>
<tr><td>세계 속 맨홀 뚜껑 디자인</td><td>랜드마크의 개념에 대하여 발표할 수 있으며 세계 속 다양한 랜드마크에 대하여 이해함. 미국의 랜드마크인 자유의 여신상을 주제로 자유의 여신상의 푸른 청동의 색과 어울리는 바다의 이미지를 맨홀 테두리로 디자인하여 완성도 높은 작품을 제출함.</td></tr>
<tr><td>창업 디자인</td><td>창업 디자인의 개념에 대해 이해하고 자신의 창업 프로젝트를 세워봄. 네이밍의 중요성과 기법을 바탕으로 상점의 이름을 '나빌레라'라고 정하고 네일 창업 분야에 맞게 사람들의 이목을 끌 수 있는 개성적인 로고와 캐릭터 등을 디자인함. 창업에서 일어날 수 있는 문제 상황 중 '돌잔치 한복에 어울리는 네일 디자인'이라는 교사가 제시한 미션에 대해 자신의 진로인 피부 미용과 관련하여 모둠원과 같이 해결해 나가는 활동을 통해 실제 상황에 대한 문제 해결력과 응용력을 기름.</td></tr>
</table>

5. 다양한 발상	
종이의 꿈	주제와 소재를 정하는 아이디어 발상에 대해 이해하고 공항에서 동생을 잃어버린 자신의 경험을 바탕으로 종이 입체 조형물을 제작함. 그림을 그리지 않고 오직 종이의 재료적인 특징을 살려 비행기를 입체적으로 완성하였음. 다른 학생들 앞에서 작품의 의미에 대해 자신감 있는 목소리와 재치 있는 입담으로 설명하면서 주목을 받음.
초현실주의 입체 부조	초현실주의 화가들의 작품 감상을 통해 초현실주의의 개념과 특징, 기법에 대해 이해함. 콜라주, 오토마티즘, 프로타주 등의 초현실주의 기법 중 데페이즈망에 대해 자세하게 알아보고 서로 다른 두 물체의 낯선 만남으로 기이한 느낌을 표현하기 위해 두 가지 소재인 사람의 귀와 문어를 선택하고 이를 지점토를 사용하여 입체적으로 완성함. 특히 문어 다리의 특징을 세심하게 관찰하고 보는 이로 하여금 실재감이 느껴지게 표현하여 초현실주의 미술의 특징을 잘 드러냄.
예술가의 도시락	콜라주 기법의 유래와 개념에 대해 시각 자료를 통해 이해함. 종이, 잡동사니 등 다양한 재료로 콜라주 작품을 만든 화가들의 작품을 감상하면서 우연적 효과에 의한 창의적인 표현을 익힘. 특히 콜라주와 페인팅이 합쳐진 콤바인 페인팅의 개념을 알아보고 무작위의 여러 가지 재질감을 가진 재료들의 모음인 예술가의 도시락을 이용하여 도시락 뚜껑에 콤바인 페인팅으로 자신의 예술적 충동과 감각에 의한 우연적 효과의 조형성을 잘 표현함.
6. 주제 표현	
반반 소묘	소묘와 콜라주의 개념에 대하여 구체적으로 발표할 수 있으며 명암의 단계에 대한 이해를 바탕으로 사물을 사실적으로 관찰하여 높은 완성도의 작품을 제출함.
이야기 한 그릇(음식 모형 만들기)	조소의 개념과 제작 방법에 따른 조각과 소조의 차이점에 대하여 발표할 수 있음. 음식의 색, 질감, 형태 등의 조형적 특징을 살려 대상을 사실적으로 표현함. 수업에 대한 높은 이해도를 바탕으로 친구와의 갈등 상황이 해결되었던 음식인 떡볶이와 튀김을 친구와 함께 협동하여 제작함.

명화와 만난 오목판화	판화의 종류와 오목판화의 개념에 대해 자세하게 설명할 수 있고 오목판화의 특성을 활용하여 세심하게 홈을 새겼으며 전체적으로 완성도가 높은 작품을 제작함.
7. 디지털 속의 미술	
증강현실로 장면 연출하기	현실과 가상의 대상이 같이 존재하는 증강현실의 개념에 대해 이해함. 증강현실 앱을 활용하여 창의적이고 재미있는 장면의 아이디어를 발상하고 자신이 주인공이 되어 증강현실 대상과 같이 적절한 제스처로 연출하여 창의적 아이디어를 시각적으로 구체화시킴.
디지털 감성 일러스트	디지털 기술과 미술의 만남으로 탄생한 미디어 아트의 개념을 이해하고 그 출발점인 백남준의 작품을 비롯하여 미디어 파사드, NFT 아트에 대해 알아봄. 미래 미술 문화에 대해 토론해 본 뒤 누구나 디지털 기술로 예술에 접근할 수 있다는 것을 알게 됨. 평범한 사물을 선택하고 그 사물이 자신에게 어떤 말을 걸어올지 상상을 하며 문장을 완성함. 선택한 사진을 관찰한 뒤 태블릿 드로잉 앱의 다양한 기능 등을 활용하여 디지털 일러스트레이션을 자신의 감성을 담아 완성함.
진로 픽셀 아트	비트맵과 벡터의 공통점과 차이점에 대하여 설명할 수 있으며, 디지털 화상을 구성하는 단위인 사각형의 픽셀에 다양한 색을 배열하여 작품을 제작함. 자신의 진로인 교사의 특징을 잘 파악하고 이를 구현하기 위해 노력하였으며 사전에 픽셀 아트와 관련된 애플리케이션을 검색하여 연습하는 과정을 통해 높은 완성도의 작품을 제출함.
사진을 활용한 페이퍼 차일드	반 고흐에 대한 정보를 바탕으로 작품을 재해석하였으며, 자신이 관심을 가지고 연구하는 대상으로 '손소독제'를 선택함. 손소독제를 통해 코로나19의 시대를 살아가는 우리와 반 고흐의 시대를 비교 분석하여 발표함.
VR 미술관	가상 현실(VR)의 개념에 대하여 설명할 수 있으며 일상생활 속에서 활용되는 VR의 예를 발표함. 전시 계획 활동에서 전시 주제 및 전시 공간 구성에 대한 구체적인 아이디어를 제시하였으며 프로그램을 활용하여 공간을 사실적으로 구현함. VR 체험 활동에서 사용 방법을 먼저 터득하여 학생들에게 알려주는 등 적극적인 자세로 수업에 임함.

8. 미술사의 재발견	
미술 감상 방법 이제 어렵지 않아요!	펠드먼의 미술 감상 4단계에 대해 이해하고 브뤼헐의 '농민의 결혼식'이라는 북유럽 르네상스 작품을 감상 단계별 질문에 맞춰 자세히 관찰하고 내용을 유추해 나가는 감상 활동을 통해 미술 문화 이해 역량을 기름. 특히 '묘사하기' 단계에서 그림에 그려진 소재를 찾아보는 감상 퀴즈 활동에 누구보다 적극적으로 참여하여 학급에서 가장 많은 소재를 찾아 칭찬을 받음.

도판 및 자료 목록

들어가는 말

〈대추 한 알〉, 장석주, 5쪽

1. 나와 만나는 순간(감각, 탐색, 반응, 지각, 정체성 역량)

1-1. [오감으로 체험하는 조형 요소와 원리]:

〈그랑드자트섬의 센강, 봄〉, 조르주 쇠라, 1888년, 20쪽, **〈물고기를 안고 게를 탄 어린이〉**, 이중섭, 연도 미상, 20쪽, **〈빨강, 노랑, 파랑의 구성〉**, 몬드리안, 1942년, 20쪽, **〈붉은 방〉,** 앙리 마티스, 1908년, 20쪽, **〈털〉**, 직접 촬영, 20쪽

1-2. [나에게로 떠나는 상상여행]:

〈몽유도원도〉, 안견, 1447년, 27쪽, 28쪽, **〈인왕제색도〉**, 정선, 1751년, 28쪽, **〈금강전도〉,** 정선, 1734년, 28쪽

1-3. [프리다 칼로에게서 배우는 긍정의 힘]:

〈두 명의 프리다〉, 프리다 칼로, 1939년, 35쪽

1-4. [나를 알리는 홍보 포스터]:

〈영덕 대게 축제 홍보 포스터〉, 영덕군청 홈페이지(https://www.yd.go.kr/), 37쪽, 42쪽, **〈이제석 광고연구소〉**, http://www.jeski.org/index_n.php?category=main2, 42쪽

2. 지구를 지키는 미술(생태환경, 지속 가능한 발전)

2-1. [자연에게 주는 예술가의 선물]:

〈나선형의 방파제〉, 로버트 스미스슨, 1970년, 50쪽, **〈둘러싸인 섬〉**, 크리스토와 잔클로드, 1980~83년, 50쪽, **〈아폴로니안 개스킷〉**, 짐 데네반, 2009년, 50쪽, **〈Rowan leaves with hole〉**, Andy Goldsworthy, 1987년, 50쪽

2-2. [환경 타이포그래피 디자인]:

〈5분 안에 지구가 멸망하는 애니메이션〉, https://youtu.be/WfGMYdalCIU, 52쪽

2-6. [폐품 유리를 활용한 티코스터 디자인]:

〈구엘 공원〉, 안토니오 가우디, 직접 촬영, 74쪽

3. 삶과 함께하는 미술(지구 공동체, 민주시민으로서의 삶, 공동체 역량)

3-1. [우리 학교 C.I.P. 디자인]:

〈코카콜라〉로고, 81쪽, 82쪽, **〈펩시〉**로고, 81쪽, 82쪽

3-2. [테마가 있는 우리 동네 인포그래픽 지도]:

〈학교, 치킨, 엄지척, 아파트 아이콘〉, 출처: flaticcon.com, 91쪽

3-3. [피카소의 눈으로 본 우리 세상]:

〈게르니카〉, 피카소, 1937년, 99쪽

3-4. [개념미술, 텍스트와 이미지로 메시지 던지기]:

〈당신의 몸은 전쟁터이다〉, Barbara Kruger, 1989년, 102쪽, 106쪽, **〈미술로 보여질 필요가 없는 종이 위의 작업 드로잉과 그 외의 다른 시각적인 것들〉**, 멜 보크너, 1966년, 106쪽, **〈코미디언〉**, 마우리치오 카텔란, 2019년, 106쪽, **〈천 년〉**, 데이미언 허스트, 1990년, 106쪽, **〈Art and Culture evidence〉**, 존 라담, 1966년, 106쪽, **〈Las Meninas II〉**, Michael Craig-Martin, 2001년, 107쪽, **〈하나이면서 셋인 의자〉**, 조셉 코수스, 1965년, 107쪽

3-5. [공공미술로 사회문제 참여하기-소녀상]:

〈러버덕(Rubber duck)〉, 플로렌타인 호프만(Florentijn Hofman), 2007년, 109쪽, **〈Square-M, Communication〉**, 유영호 작, 2013년, 109쪽, **〈게르니카〉**, 피카소, 1937년, 110쪽, **〈삼등열차〉**, 오노레 도미에, 1862년, 111쪽, **〈트랑스노냉의 거리〉**, 오노레 도미에, 1834년, 111쪽, **〈귀로2〉**, 임옥상, 1983년, 111쪽, **〈위안부 문제 영상〉**, 유튜브 영상, 112쪽,
〈소녀상의 상징성 사진〉, 정의기억연대 홈페이지(http://womenandwar.net/kr/peace-statue), 112쪽, **〈우리의 빛〉**, 김신일, 서울광장 공공미술 프로젝트-2017년, 117쪽, **〈대구, 부산 공공미술〉**, https://allaboutkkorea.wordpress.com/, 117쪽

3-6. [문화 다양성을 그리다]:

〈휴마네 프로젝트〉, 안젤리카 다스, 2012년, 118쪽, 120쪽, 문화 다양성 테스트 사이트 이미지, test.ollybolly.org, 119쪽, **〈당신의 몸은 전쟁터이다〉**, Barbara Kruger, 1989년, 124쪽, **〈Self-portrait as a Heel Part Two〉**, 바스키아, 1982년, 124쪽, **〈하나이면서 셋인 의자〉**, 조셉 코수스, 1965년, 124쪽, 〈Touching North〉, Andy Goldsworthy, 1989년, 124쪽, **〈오데사 기념비〉**, 크리스티앙 볼탕스키, 1991년, 124쪽, **〈아티스트는 출석 중〉**, 아브라모비치, 2010년, 124쪽, 125쪽

4. 시각 문화 속으로 풍덩

4-1. [슬기로운 학교생활 비즈 픽토그램]:

〈지서〉, 일부 페이지 인용, 쉬빙, 130쪽, 131쪽, 135쪽, **〈공공 픽토그램 이미지〉**, 134쪽

4-2. [랜드마크 맨홀 뚜껑 디자인]:

〈경북 포항시, 경북 군위군 맨홀 사진〉, 직접 촬영, 136쪽

4-3. [미술로 디자인하는 CREATIVE 창업 스토리]:

〈코카콜라〉로고, 147쪽

4-4. [올든버그의 작은 것을 크게 만들기]:

〈Square-M, Communication〉, 유영호, 2013년, 158쪽, **〈스프링〉**, 클라스 올든버그, 2006년, 158쪽, 160쪽

5. 다양한 발상

5-1. [종이의 꿈]:

〈LONG LONG TIME FLOWER NO.191〉, 나난, 169쪽

5-2. [초현실주의 입체 부조]:

〈Son of Man〉, 마그리트, 1964년, 170쪽, 175쪽, **〈못 박힌 시간〉**, 마그리트, 1938년, 174쪽, **〈리스닝 룸〉**, 마그리트, 1952년, 174쪽, **〈헤겔의 휴일〉**, 마그리트, 1958년, 174쪽, **〈심금〉**, 마그리트, 1960년, 174쪽, **〈날개 단 배의 출항〉**, 블라디미르 쿠시, 2000년, 175쪽, **〈붉은 모델〉**, 마그리트, 1935년, 175쪽, **〈해돋이 해변〉**, 블라디미르 쿠시, 1996년, 175쪽, **〈어릿광대의 사육제〉**, 호안 미로, 1925년, 175쪽, **〈나뭇잎의 관습〉**, 막스 에른스트, 1926년, 175쪽, **〈메이 웨스트의 얼굴〉**, 살바도르 달리, 1935년, 176쪽, **〈Leap of faith〉**, 에릭 요한슨, 176쪽, **〈나비 사과〉**, 블라디미르 쿠시, 176쪽

5-3. [예술가의 도시락]:

〈침대〉, 로버트 라우션버그, 1955년, 182쪽, **〈브리콜라주 참고 이미지〉**, 도서출판 주식회사 아들과 딸, SBS 김병만 정글의 법칙, 183쪽, **〈푸른 누드 3〉**, 앙리 마티스, 1952년, 183쪽, **〈Mother〉**, 데이비드 호크니, 1985년, 184쪽, **〈화가 후안 그리스를 위한 앵무새〉**, 조셉 코넬, 1953년, 184쪽, **〈Junk portraits〉**, 잭 프리맨, 2009년, 184쪽

6. 주제 표현

6-1. [반반소묘]:

〈동기 유발 참고 영상〉, 생활의 발견- 실사 그림 고수(https://youtu.be/Q_kBZ0o3q_c), 188쪽

7. 디지털 속의 미술

7-1. [증강현실로 상상의 장면 연출하기]:

〈arloopa〉, 애플리케이션 이미지 인용, 212~214쪽, **〈Halo Ar〉**, 애플리케이션 이미지 인용, 216쪽

7-2. [디지털 감성 일러스트]:

〈ibisPaint〉, 애플리케이션 이미지 인용, 219~220쪽, **〈TV 부처〉**, 백남준, 1974년, 221쪽, **〈프로젝션 매핑, 미디어 파사드〉**, 오픈씨 사이트 인용(http://opensea.io/collection/rekguy), 222쪽, **〈벨기에 브뤼셀 덱시아 타워〉**, 222쪽

7-3. [진로 픽셀 아트]:

〈8비트 화가〉, 앱 이미지 인용, 226~229쪽

7-4. [아트 필터를 통해 반 고흐의 세상 이해하기]:

〈구글 아트 앤 컬처(google art & culture)〉, 사이트 인용, 232쪽, 234쪽, 238쪽, **〈별이 빛나는 밤에〉**, 반 고흐, 1889년, 234쪽, 240쪽, **〈닥터 후 시즌5 10화〉**, https://youte.be/ubTJI_UphPk, 235쪽

7-5. [VR미술관]:

〈국립현대미술관 홈페이지〉, https://www.mmca.go.kr/, 243쪽, **〈유니티 홈페이지〉**, https://unity.com/kr, 244쪽

7-6. [빛으로 그리는 세상-라이트 드로잉]:

〈라이트 드로잉 이미지〉, 경남신문 기사 사진 인용(http://www.knnews.co.kr/news/aricleView.php?idxno=1154002), 249쪽, 251쪽, **〈켄타우로스(Centaur)〉**, 파블로 피카소, 1949년, 251쪽, **〈1963년 5월 25일의 사선〉**, 댄 플래빈, 1963년, 255쪽, **〈CMYK코너(CMYK Corner)〉**, 2012년, 256쪽, **〈3D 프린티드 프레임과 LED〉**, 256쪽, **〈날씨 프로젝트 단파장 전등〉**, 올라푸르 엘리아손, 2003년, 런던 테이트모던 설치 장면(Photo Andrew Dunkley & Leith), 256쪽, **〈블랙라이트 형광테이프 설치〉**, 구글 이미지, 257쪽

8. 미술사의 재발견

8-1. [미술 감상! 어렵지 않아요]:

〈농민의 결혼식〉, 피터르 브뤼헐, 1568년, 261쪽, 263쪽, 267쪽, **〈피터르 브뤼헐 자화상〉**, 피터르 브뤼헐, 267쪽

8-2. [컨서베이터가 되어보자!]:

〈격자무늬의 옷을 입은 여인〉, 이갑경, 복원 전후 이미지, 국립현대미술관 보존과학실, 서울신문 기사 인용, https://www.seoul.co.kr/news/newsView.php?id=20200610023006, 268쪽, **〈동기 유발 영상〉**, 비디오 머그(예술품이 수명을 다하면 어떻게 해야 할까?) 화면 인용(http://youtu.be/vUKjJ-uL21Q), 270쪽

8-3. [아트 게임으로 다 같이 예술하자]:

〈무제〉, 칸딘스키, 275쪽, **〈어릿광대의 사육제〉**, 호안 미로, 1925년, 275쪽, **〈Limanora〉**, 프랭크 스텔라, 1994년, 275쪽, **〈게르니카〉**, 피카소, 1937년, 276쪽, **〈빨강, 검정, 파랑, 노랑, 회색의 구성〉**, 피트 몬드리안, 1920년, 279쪽, **〈구성8〉**, 칸딘스키, 1914년, 279쪽, **〈검은 사각형〉**, 말레비치, 280쪽, **〈no.31〉**, 잭슨 폴록, 1950년, 280쪽

8-4. [작가의 팔레트]:

〈반 고흐 팔레트〉, 구글이미지(https://www.instagram.com/p/B6F5aFJgOcs/?igshid=119ihewgvsgn1/ 이하 팔레트 이미지 출처 같음), 282쪽, 284쪽, **〈오베르 교회〉**, 반 고흐, 오르세 미술관, 284쪽, **〈모네 팔레트〉**, 구글이미지, 284쪽, **〈수련〉**, 클로드 모네, 마르모탕 모네 미술관, 284쪽, **〈피카소 팔레트〉**, 구글이미지, 284쪽, **〈아비뇽의 처녀들〉**, 피카소, 뉴욕 근대 미술관, 284쪽, **〈달리 팔레트〉**, 구글이미지, 285쪽, **〈기억의 지속〉**, 달리, 뉴욕 근대 미술관, 285쪽, **〈샤갈 팔레트〉**, 구글이미지, 285쪽, **〈에펠탑의 신랑 신부〉**, 샤갈, 퐁피두 현대미술관, 285쪽, **〈드가 팔레트〉**, 구글이미지, 285쪽, **〈드가 무대 위 발레 리허설〉**, 뉴욕 메트로폴리탄 미술관, 285쪽, **〈수련〉**, 모네, 마르모탕 모네 미술관, 286쪽, 288쪽, 289쪽, **〈인상 해돋이〉,** 모네, 마르모탕 모네 미술관, 289쪽, **〈10색상환〉,** 먼셀, https://namu.moe/w/10%EC%83%89%EC%83%81%ED%99%98, 290쪽

8-5. [명화 입체 터널]:

〈명화 입체 터널 제작 이미지〉, 퍼니스쿨 사이트 www.funnyschool.com, 294쪽

8-6. [민화로 만드는 입체 소원 액자]:

〈모란도〉, 구글이미지, 302쪽, **〈화조화〉**, 구글이미지, 302쪽, **〈잉어도〉**, 구글이미지, 302쪽, **〈책가도〉**, 구글이미지, 302쪽, **〈까치와 호랑이〉**, 구글이미지, 302쪽, **〈연화도〉**, 구글이미지, 302쪽, **〈십장생도〉**, 구글이미지, 302쪽, **〈송학도〉**, 구글이미지, 302쪽, **〈수박〉**, 구글이미지, 303쪽, **〈포도〉**, 구글이미지, 303쪽, **〈어해도〉**, 구글이미지, 303쪽, **〈토끼〉**, 구글이미지, 303쪽

8-7. [너와 내가 함께 만들어가는 꽃밭]:

〈숲〉, 김종학, 2011년, 306쪽, **〈나 하나 꽃 피어〉**, 조동화, 307쪽, 308쪽, **〈탄생화 찾기〉**, 네이버 검색 이미지, 308쪽

8-8. [세상에서 가장 비싼 바나나]:

〈바나나〉, 직접 촬영, 312쪽, 〈코미디언〉, 마우리치오 카텔란, 2019년, 314쪽, **〈데이비드 다투나 퍼포먼스 장면〉**, http://www.cagliariartmagazine.it/mangiata-da-un-visitatore-la-banana-di-cattelan/, 315쪽

8-9. [Here and Now!]:

〈토마토 케찹〉, 직접 촬영, 321쪽, **〈테이크 아웃 컵〉**, 마이클 크레이그마틴, 데일리 한국 뉴스 이미지 인용(https://daily.hankooki.com/news/articleView.html?idxno=810316), 323쪽

9. 부록

활동지. [나에게로 떠나는 상상여행]:

〈몽유도원도〉, 안견, 1447년, 329쪽, **〈금강전도〉,** 정선, 1734년, 329쪽, **〈인왕제색도〉**, 정선, 1751년, 330쪽

활동지. [공공미술로 사회 문제 참여하기]:

〈소녀상의 상징성 사진〉, 정의기억연대 홈페이지(http://womenandwar.net/kr/peace-statue), 336쪽, 337쪽

활동지. [세상에서 가장 비싼 바나나]:

〈코미디언〉, 마우리치오 카텔란, 2019년, 345쪽

학생 작품

형남중학교 학생들, 영덕고등학교 학생들, 영덕중학교 학생들, 경북생활과학고 학생들, 석전중학교 학생들, 인평중학교 학생들, 구미여고 학생들, 상모고등학교 학생들, 석적고등학교 학생들

저자 약력

김유미

미술교육학 석사, 경북의 중등 미술 교사로 15년 이상 재직 중. 수업 개선 및 자료 집필로 교육부 장관상 2회 수상 등, 미술 교육 현장 전문가로서 교육과정, 평가, 수업 개선 및 연구 활동에 참여하고 현장에서는 학생들과 소통하며 미술 수업의 전문성 신장을 위해 노력하는 미술 교사.

최소라

미술교육학 석사, 경북의 중등 미술 교사로 5년 이상 재직 중. 큐레이터 재직 경력, 2022 개정 미술과 현장 전문가 활동, 2022 경북 교육과정 연구위원 활동, 미술과 수업 및 공간 개선 등의 강의 다수

정선혜

미술학 석사, 경북 중등 미술 교사 및 장학사로 20년 이상 재직 중이며 교실 수업 개선 및 학교 예술 교육 유공 교원으로 교육부 장관상 수상, 미술과 교육과정과 수업 개선을 위한 강의 다수

한 권으로 끝내는 미술 수업 가이드북

2023년 2월 28일 1판 1쇄 발행
2024년 12월 25일 1판 4쇄 발행

저 자 : 김유미 · 최소라 · 정선혜
발행인 : 한 정 주
발행처 : 교 육 과 학 사

저자와의 협의하에 인지생략

경기도 파주시 광인사길 71
전화 (031)955-6956~8 / 팩스 (031)955-6037
Home-page : www.kyoyookbook.co.kr
E-mail : kyoyookbook@daum.net
등록 : 1970년 5월 18일 제2-73호

낙장 · 파본은 교환해 드립니다.
Printed in Korea.

정가 25,000원
ISBN 978-89-254-1763-9